CON-TEXTOS
literarios hispanoamericanos

6 actos y 9 cuentos contemporáneos

Teresa Méndez-Faith

Saint Anselm College

Holt, Rinehart and Winston, Inc.

Fort Worth   Chicago   San Francisco   Philadelphia
Montreal   Toronto   London   Sydney   Tokyo

Photo credits and permissions acknowledgments appear on page 229.

Publisher Nedah Abbott
Acquisitions Editor Vincent Duggan
Senior Project Editor Ines Greenberger
Production Manager Lula Als
Design Supervisor Renée Davis

Library of Congress Cataloging-in-Publication Data
Main entry under title:

Con-textos literarios hispanoamericanos.

   1. Spanish language — Readers. I. Méndez-Faith,
Teresa.
PC4117.C58   1985   468.6'421   85-12692

ISBN 0-03-063844-5

Printed in the United States of America

   5 6 7   0 9 0   10 9 8 7

Holt, Rinehart and Winston, Inc.
The Dryden Press
Saunders College Publishing

In Memoriam

A Angel Rama y Marta Traba, inolvidables maestros de quienes aprendí
a leer y analizar un texto en su respectivo contexto,
a ver y apreciar un cuadro en cuanto expresión estética de un ideal ético,
ex toto corde.

Prefacio

CON-TEXTOS literarios hispanoamericanos es una antología de teatro y cuento que reúne quince textos contemporáneos breves —seis piezas cortas y nueve cuentos—, anotados y cuidadosamente glosados para su uso en cursos intermedios de lengua (incluyendo clases de conversación) como también en cursos de introducción al cuento, al teatro, o a la literatura hispanoamericana en general.

Toda antología implica, necesariamente, un trabajo de selección y tiene, por lo tanto, ciertas limitaciones. En el caso de *CON-TEXTOS*, hemos hecho todo lo posible por reflejar la producción literaria —en ambos géneros— de las varias regiones geográficas hispanoamericanas: México, el Caribe, América Central y América del Sur. Similar ha sido el criterio literario de selección. Creemos que las obras aquí incluidas son altamente representativas del panorama literario actual de Hispanoamérica, en cuanto reflejan temas, estilos y preocupaciones formales recurrentes tanto en su teatro como en su cuentística presentes. Entre dichas obras figuran las de cinco destacadas escritoras, algunas ya muy conocidas a nivel nacional e internacional aunque en general todavía no debidamente representadas en las antologías en circulación. Finalmente, dos comentarios con respecto al uso del adjetivo «contemporáneos» en relación a los textos de *CON-TEXTOS*: en primer lugar, todos los autores antologados han nacido en este siglo (entre 1914 y 1942) y, con sólo una excepción —Julio Cortázar, recientemente fallecido (febrero de 1984)—, siguen dedicados a sus actividades creativas. Y en segundo término, todas las obras incluidas han sido publicadas durante los últimos treinta años y ninguna antes de 1956.

Quizás valdría la pena hacernos ahora una «auto mini-entrevista» con preguntas similares a las que les hemos formulado a los diversos autores de *CON-TEXTOS* para aclarar algunos puntos relacionados con la preparación de esta antología. Por ejemplo:

—¿Cómo nace *CON-TEXTOS*?

—Pues. . ., nace de una serie de ideas en torno a nuestra concepción de literatura y a sus múltiples posibilidades pedagógicas en clases de lengua y conversación en general, en cursos de civilización y cultura o de panoramas literarios en particular. *CON-TEXTOS* trata de relacionar literatura y vida, literatura y sociedad, llamando la atención a una variedad de temas —sociales, políticos, económicos o culturales— explícitos o implícitos en los textos seleccionados y que son, por un lado, representativos de Hispanoamérica y, por otro, de interés general para cualquier lector.

—¿Cuáles son algunos de los objetivos de *CON-TEXTOS*?

—En primer lugar y esencialmente quisiéramos que la antología cumpla la doble función clásica de «enseñar y divertir» o «enseñar divirtiendo». Uno aprende sólo si quiere aprender. Despertar el interés de los lectores, divirtiendo si fuera posible, constituye un método seguro de incentivar ese deseo de aprender, innato en todo ser humano. En segundo lugar, *CON-TEXTOS* aspira a que los estudiantes o lectores en general lleguen a una comprensión de la compleja realidad social de Hispanoamérica a través de su literatura.

—¿Cómo se puede «enseñar y divertir» al mismo tiempo?

—Seleccionando cuidadosamente los textos de tal manera que sean interesantes y variados, breves pero completos (sin acortar ni simplificar los textos), dando información adecuada en torno a cada uno de ellos, que ayuden a su comprensión «contextual» y global.

—¿Qué temas tratan estas obras?

—La mayoría de las selecciones caen dentro de dos categorías, aunque varias combinan, con dosis variadas, ambas preocupaciones temáticas: las que reflejan la realidad social y política actual de Hispanoamérica (tradicional en la literatura hispanoamericana de hoy y de ayer) y las que investigan los problemas existenciales del ser humano contemporáneo, temas característicos de la producción literaria mundial, escrita a partir de la década de los cincuenta en general.

Agreguemos —además de lo expresado en esta «auto mini-entrevista»— que todos los textos de *CON-TEXTOS*, sin excepción, han sido usados (leídos, discutidos, parcial o totalmente representados algunos) en varias clases de lengua y literatura, en niveles intermedios de cursos de lengua, de conversación, de civilización y cultura, de introducción al cuento, al teatro o a la literatura hispanoamericana contemporánea en general. Las quince obras incluidas son las que han tenido más éxito a lo largo de una década de enseñanza en diversas universidades y «junior colleges» y con distintos tipos de estudiantes. Cada una de las dos secciones en que se divide *CON-TEXTOS* va precedida por una introducción general al teatro breve y al cuento hispanoamericanos contemporáneos respectivamente, que sirven para dar una visión histórica, aunque panorámica, de cada uno de esos dos géneros. Si bien hay pequeñas diferencias en el nivel de dificultad lingüística de las obras antologadas, todas han sido glosadas para facilitar su comprensión, con un criterio pedagógico práctico y uniforme: dando sinónimos o explicaciones en español, dentro de lo posible, o proporcionando el equivalente en inglés de palabras o expresiones de no muy alta frecuencia, de falsos cognados y en general de frases o conceptos difíciles o de significación cultural específica. Tanto en la sección teatral como en la sección cuentística hemos ordenado los textos por orden de accesibilidad: los más fáciles al principio y los más difíciles al final. Tal es el caso de las tres obras relativamente más complejas/difíciles: la pieza de Vodanovic en la primera parte y los dos últimos cuentos —de Augusto Roa Bastos y de Rosario Ferré— en la segunda, respectivamente. No obstante, cada capítulo y cada sección genérica de *CON-TEXTOS* han sido preparados como unidades independientes entre sí, para dar máxima flexibilidad a quienes deseen usar la antología. Los profesores pueden empezar por la sección «teatro» o por la sección «cuento», intercalar ambos géneros, variar el orden de presentación de las obras, discutir primero todos los textos de un determinado país o región, etc. En fin, las posibilidades son múltiples.

Cada una de las selecciones literarias de *CON-TEXTOS* ha sido rodeada, como lo sugiere el título, de un «contexto» significativo y consta de las siguientes partes:

I.   NOTA BIOGRÁFICA
     introducción general sobre el escritor/la escritora, con una lista de sus contribuciones literarias y algunos datos explicativos o informativos sobre la obra escogida

II.   FRENTE AL TEXTO
     a. *el texto*, en su totalidad, debidamente glosado
     b. *preguntas generales*, destinadas a recrear los varios elementos del texto (anécdota, personajes, información general) y a facilitar su comprensión

III.   EN TORNO AL TEXTO
     a. *ejercicios de vocabulario*, variados y de formato diverso
     b. *temas generales para discusión oral o escrita*
     c. *sugerencias temáticas suplementarias*

IV.   MÁS ALLÁ DEL TEXTO
     uno o dos temas para pensar y opinar, relacionados con la obra, pero aplicados al «contexto» de la realidad social y cultural de los lectores; de validez, importancia e interés actuales

V.   TEXTO EN CONTEXTO: UNA PERSPECTIVA ENTRE MUCHAS
     una mini-entrevista con el autor/la autora, enfocada a aclarar o comentar ciertos aspectos de la génesis del texto en particular, a dar algunas ideas personales con respecto al proceso creativo y a presentar un «contexto» más en torno al texto —de interés especial por situar al escritor frente a su propio texto—, aunque queremos enfatizar que conside-

ramos la interpretación del escritor/de la escritora como una más entre las varias que se puedan dar al texto. Para esta sección, cada escritor(a) entrevistado(a), es, esencialmente, un lector más de *CON-TEXTOS*. De ahí que hayamos puesto la entrevista al final del capítulo y no antes.

Sólo nos queda ahora expresar nuestro profundo agradecimiento a los numerosos estudiantes, colegas y amigos que a lo largo de estos meses nos han brindado su desinteresada ayuda en la preparación de este manuscrito. La lista es larga y sería prácticamente imposible mencionarlos a todos. Sin embargo, inmensa e impagable es nuestra deuda con Elisabeth Heinicke, Lorraine Ledford y Nicolás Wey; muy especial nuestra gratitud para Ray y Eddie, dos compañeros y colaboradores insustituibles. Todos ellos saben muy bien que *CON-TEXTOS* no hubiera sido posible sin su generosa colaboración, sin esa constante comprensión y apoyo que nos han dado en todo momento. Otro millón de gracias a todos y cada uno de los escritores por la entrevista concedida y por la cuidadosa lectura que han hecho del respectivo material «contextual» preparado para los capítulos dedicados a sus obras. Doble es el agradecimiento para dos de los escritores de *CON-TEXTOS:* Fernando Alegría y Carlos Solórzano por sus detalladas lecturas y valiosas sugerencias con respecto a las dos introducciones genéricas sobre el cuento y el teatro, respectivamente. En fin, un manuscrito no tiene más remedio que mejorar cuando le ha tocado en suerte ser revisado, leído, releído y cuidadosamente comentado por media docena de colegas que le han dedicado tantas horas de tiempo y paciencia. Ese ha sido el caso de *CON-TEXTOS* e infinito es nuestro reconocimiento para esos seis admirables lectores-críticos y críticos-lectores: los profesores John Cull, University of Illinois; Juan Manuel Marcos, Oklahoma State University; Edgar Paiewonsky-Conde, Hamilton College; Katharine C. Richards, Texas A and M; Helen Ryan, University of Akron, y Gladys Varona-Lacey, Tufts University. A todos ellos, nuestro más sincero agradecimiento. Demás está decir que *CON-TEXTOS* debe una grandísima dosis de gratitud a todo el equipo editorial de Holt, pero muy especialmente a Nedah Abbott, Vincent Duggan, Ines Greenberger, Julie Hansen, Ana Hochmann y Gina Protano, cuya activa colaboración y mutuo esfuerzo han hecho posible la publicación de esta antología.

T.M.F.

Contenido

BREVE INTRODUCCIÓN al teatro hispanoamericano contemporáneo

DURANTE las últimas tres décadas el teatro hispanoamericano ha logrado notables conquistas y si bien no ha alcanzado aún la reputación internacional de que goza hoy día la narrativa —especialmente la novela latinoamericana contemporánea—, cuenta actualmente con una producción comparable, tanto en cantidad como en calidad, con lo mejor del teatro europeo y mundial en general.

Aunque el teatro hispanoamericano contemporáneo nace, crece y florece a lo largo de[1] este siglo, hay actividad teatral en estas tierras desde antes de la conquista. No nos proponemos detallar aquí la historia del teatro hispanoamericano, pero sí queremos aislar algunos aspectos significativos que pueden ayudar a dar una visión contextual de los elementos de forma (estructuración y estilo) y contenido (temas recurrentes) que caracterizan al teatro actual.

Hay evidencias de que existieron representaciones teatrales en América antes de la conquista, especialmente entre los mayas (del Yucatán), los aztecas (de la parte central de México) y los quechuas (del Perú y alrededores). En estas obras predominaban los temas reli-

---

[1] a lo largo de *throughout*

giosos e históricos. Tres de los pocos textos prehispánicos que han llegado hasta nuestros días son: el *Ollantay* (escrito en lengua quechua), *El Rabinal Achí* (en maya-quiché) y *El Güegüense* (en náhuatl), comedia que se sigue representando hoy día en algunas partes de México. A raíz de² la conquista nace un teatro de origen religioso y evangelizante, cuyo propósito principal es convertir a los indígenas. Con muy pocas excepciones (Juan Ruiz de Alarcón y Sor Juana Inés de la Cruz durante el Barroco, en México; y Gertrudis Gómez de Avellaneda en el siglo XIX, en Cuba), la época colonial no produjo dramaturgos originales y el teatro de la Colonia siguió muy de cerca los modelos de la Madre Patria. Hacia fines del siglo XVIII, durante el XIX y a lo largo de las tres primeras décadas de este siglo, ciertas compañías teatrales europeas, y especialmente españolas, hacían giras regulares³ a Hispanoamérica divulgando así las obras y las técnicas teatrales europeas del momento.

No es hasta fines del siglo pasado —en que la gran mayoría de los países hispanoamericanos producen su propia versión del teatro costumbrista español (caracterizado por la sátira de las costumbres regionales)— cuando se empieza a vislumbrar⁴ un teatro verdaderamente hispanoamericano. En efecto, los primeros autores nacionales son los costumbristas ya que sus obras reflejan, por primera vez, preocupaciones y temas intrínsecamente americanos. El punto culminante de este teatro costumbrista es el teatro rural de tendencia naturalista del Río de la Plata (Argentina y Uruguay), conocido como «teatro gauchesco» que nace, aunque parezca mentira, en una pista de circo⁵. Efectivamente, en 1884, un empresario de Buenos Aires, José Podestá, decide representar en su pista de circo la pantomima de *Juan Moreira* (1879), por él mismo adaptada de una novela argentina de Eduardo Gutiérrez. La representación —que incluía un diálogo de carácter coloquial y danzas argentinas populares— tuvo mucho éxito y a esta primera obra gauchesca siguieron varias otras sobre los problemas y las terribles condiciones económicas en que vivían los gauchos, agravadas después por el gran número de inmigrantes que llegaron a la Argentina a principios de este siglo. Sin embargo, y con excepción de este teatro gauchesco y de algunas piezas aisladas, la mayoría de las obras dramáticas (en general costumbristas o de un realismo crudo) producidas hasta fines de los años veinte caen dentro de la categoría de «mediocres».

Desde 1928 y durante las décadas de los años treinta y cuarenta

---

² A raíz de **Como consecuencia de** / ³ hacían giras regulares *made regular tours* / ⁴ vislumbrar *foresee* / ⁵ pista de circo *circus ring*

empiezan a surgir, en varias ciudades hispanoamericanas, una serie de teatros experimentales y universitarios de importancia fundamental en el desarrollo del teatro contemporáneo actual. Entre ellos, los movimientos teatrales más conocidos son los de México, con la fundación del Teatro Ulises en 1928; Argentina, con el Teatro del Pueblo de Buenos Aires en 1930; Cuba, con los inicios de formación del Teatro La Cueva en 1928; y Puerto Rico, con el movimiento iniciado por la generación de 1930 para culminar después con la formación del Ateneo de Puerto Rico en 1938 y del grupo Areyto en 1941. En algunos otros países que actualmente cuentan con una actividad teatral importante, el movimiento de renovación es un poco posterior: tal es el caso de Chile, con la creación de grupos teatrales en la Universidad de Chile en 1941 y en la Universidad Católica en 1943; de Venezuela, que a partir de 1945 cuenta con grupos como el de Teatro Nuevo; y de Colombia, con la fundación del TEC (Teatro Experimental de Calí) en 1955, para dar tres ejemplos representativos.

Incluimos en nuestra definición de «teatro hispanoamericano contemporáneo» las obras teatrales escritas después de la segunda guerra mundial, más o menos a partir de 1950. No se trata de una delimitación rigurosa o arbitraria sino de una división práctica y que presenta ciertas características generales recurrentes. En casi todos los casos, estas obras reflejan los esfuerzos y logros técnicos de los grupos experimentales iniciados en las décadas anteriores (como lo hemos visto en el párrafo anterior) junto a una temática nueva, fruto de la angustiosa experiencia de la segunda guerra mundial y de las corrientes filosófico-artísticas desarrolladas durante esos años. Ante la crueldad y el sufrimiento recientes, nace una renovada preocupación por investigar las relaciones del hombre con Dios, con el mundo, con sus semejantes[6]. En mayor o menor grado, el teatro hispanoamericano contemporáneo refleja la influencia de la filosofía existencialista —con su interés por la condición humana y sus problemas de comunicación, aislamiento y soledad— e incorpora las técnicas del teatro del absurdo y de la vanguardia[7] en general. Sin embargo —y debido indudablemente a las enormes dificultades de orden político, económico y social, que siempre ha tenido Latinoamérica—, una temática recurrente en el teatro hispanoamericano de todos los tiempos es la relacionada con los problemas socio-económicos y políticos existentes.

---

[6] semejantes *fellowmen* / [7] vanguardia *Refers to the "Avant-garde" movement centered mainly in Paris during the twenties and thirties. The movement is known for its innovative nature and its impact on all art forms. The original "Avant-garde" theater was much influenced by Dadaism, Surrealism, and Expressionism.*

Las obras de un acto y el teatro breve en general —en cuanto nueva modalidad genérica independiente y de contenido trascendente— son también posteriores a la segunda guerra mundial, producto de esa última y angustiosa posguerra. Si bien ya existían obras cortas desde mucho antes (por ejemplo, el «entremés» o entreacto renacentista y el sainete del siglo pasado), el entremés (como su nombre lo indica) generalmente se presentaba entre los actos de obras más largas y el sainete, por su tono cómico y liviano, sólo se limitaba a divertir y a tratar asuntos livianos e intrascendentes. El teatro breve tiene una serie de ventajas sobre el teatro clásico tradicional tanto para el escritor (por su brevedad, puede escribirse con mayor rapidez) como para el actor (puede memorizarlo también más rápidamente), para el productor (menor costo de producción y de montaje en general, mayor flexibilidad y movilidad) como para el espectador (mayor capacidad de concentración al poder ver toda la obra sin ninguna interrupción). De ahí que haya sido practicado regularmente, o en algún momento de su carrera dramática, por reconocidos dramaturgos europeos y americanos —Synge, O'Neill, Wilder, Tardieu, Tennessee Williams, etc.— y que haya figurado en el repertorio de grupos teatrales de la fama del Théâtre Libre d'Antoine en París o del Abbey Theatre en Dublín.

En Hispanoamérica, el teatro breve ha tenido un éxito increíble: entre los estudiantes de teatro, que lo usan como ejercicios de práctica actorial[8]; en los clubes de teatro universitario y de teatro aficionado[9]; en los grupos de teatro de creación colectiva, muy abundantes hoy en Colombia y Cuba, especialmente; en los teatros experimentales, etc. Un ejemplo significativo de la popularidad e importancia de las obras breves lo constituye el movimiento de «Teatro Abierto» argentino, iniciado en 1981, que hasta la fecha ha producido un promedio[10] de 20–30 obras cortas (de un acto) anuales. Por otra parte, en los congresos y festivales internacionales de teatro, la obra de un acto es el candidato ideal por su relativa «transportabilidad» (puede representarse con un número mínimo de actores), como se puede comprobar, por ejemplo, de la lista de obras representadas en dos festivales recientes de teatro latinoamericano: el de Caracas en el 82 y el de La Habana en el 83.

Las obras cortas aquí incluidas —limitadas a seis por razones de espacio y de la índole[11] de esta antología— son en todo sentido representativas de la actual producción teatral hispanoamericana. Los seis dramaturgos antologados han nacido en los años veinte y treinta y han

---

[8] actorial **para actores** / [9] teatro aficionado *amateur theater* / [10] promedio *average* /
[11] índole *nature, character*

empezado su producción dramática a partir de la década de los cincuenta; cubren un área geográfica amplia que incluye el Cono Sur (Argentina y Chile), México y el Caribe. Finalmente, tanto el teatro mexicano como el argentino, los dos más importantes del momento, están ambos doblemente representados, con dos obras mexicanas y dos argentinas, respectivamente.

Dentro del panorama del teatro hispanoamericano de posguerra, los seis dramaturgos representados —Hernández y Solórzano (México), Bortnik y Dragún (Argentina), Vodanovic (Chile) y Morales (Puerto Rico)— ocupan actualmente primerísimo lugar en el contexto teatral de sus respectivos países y con sus obras han ayudado a definir las características del teatro hispanoamericano contemporáneo, a darle la vitalidad y la alta calidad ética y estética de que hoy goza. Quizás su mayor contribución radica en que han producido un teatro nacional y trascendente al mismo tiempo, que además de conservar sus elementos peculiares y distintivos, contiene rasgos de indudable valor universal.

T.M.F.

Luisa Josefina Hernández

(MEXICANA, n. 1928)

ESTA destacada escritora mexicana nació y se educó en Ciudad de México. Hizo estudios de teatro y se especializó en literatura inglesa en la UNAM (Universidad Nacional Autónoma de México), donde posteriormente ha enseñado cursos de literatura y ha sido también directora de la carrera de drama en la Facultad de Filosofía y Letras. Profesora, novelista y autora de una respetable producción dramática, Luisa Josefina Hernández ha recibido varias becas nacionales e internacionales, incluyendo una de la Fundación Rockefeller que le hizo posible estudiar en los Estados Unidos.

El teatro de Luisa Josefina Hernández es un teatro básicamente realista, donde por medio de la penetración sicológica de sus personajes se descubre una serie de conflictos que dificultan o hacen imposible la satisfacción de ciertas necesidades humanas básicas como el amor y la comunicación a todo nivel: entre esposos, novios o amantes, padres e hijos, madres e hijas, amigos, familiares o seres humanos en general. Sus primeras piezas teatrales datan de los años cincuenta. Algunos títulos representativos de ese período son: *Aguardiente de caña* (1950), su primera obra teatral (ganó el primer premio en el concurso[1] de las Fiestas de Primavera de 1951); *Botica modelo* (1951; obtuvo el premio del periódico *El Nacional* en 1954); *Los duendes* (1952); *Los sordomudos* (1953); *Los frutos caídos* (1956), considerada como una de sus dos obras maestras —juntamente con *Los huéspedes reales* (1957)— y que en 1957 ganó un premio importante en el Festival Dramático del Instituto Nacional de Bellas Artes, y *Arpas blancas y conejos dorados* (1959). A partir de los años sesenta, Luisa Josefina Hernández empezó a desarrollar un teatro de carácter más didáctico donde se revela la influencia del teatro épico de Brecht y donde se propone reflejar la realidad mexicana actual y al mismo tiempo investigar sus raíces históricas y míticas. Entre estas obras se pueden incluir: *Escándalo en Puerto Santo* (1962), *Historia de un anillo* (1962), *Quetzalcóatl* (1968), *El urogallo* (1970), *La paz ficticia* (1974) y *Popol Vuh* (1974). Su producción más reciente incluye, entre otras, *Auto del divino preso* (1976), *Apócrifa* (1980) y *Jerusalén/Damasco* (estrenada[2] en Caracas en 1980).

Los cuatro «diálogos» reproducidos en esta antología provienen de la segunda serie de *La calle de la gran ocasión,* escritos en 1980–82. (La primera serie fue publicada con ese mismo título en 1961.) Estos «diálogos» se caracterizan por su brevedad, su gracia, su poesía y su cuidadosa estructuración, y el conjunto de las dos series constituye un verdadero microcosmos de la realidad mexicana en particular y de la latinoamericana en general. En ellos, como en otras obras de esta escritora, encontramos personajes (en su mayoría femeninos) en situaciones extremas, frustrados, víctimas de sus circunstancias, pero que no obstante expresan sus quejas, investigan las causas de su situación y constantemente cuestionan el orden establecido. Los cuatro «diálogos» aquí incluidos dramatizan pequeños y grandes problemas que afectan a un gran sector social y que, en mayor o menor grado, existen tanto en la sociedad mexicana como en las demás del mundo contemporáneo.

[1] concurso *contest* / [2] estrenada *(which) opened*

A • *Frente al texto*

LA CALLE DE LA GRAN OCASIÓN
(cuatro diálogos de la segunda serie)

I

Un vaso de cerveza, un trago[1] y . . . ¡tu mente empieza a funcionar normalmente, tus pensamientos se vuelven lúcidos y tu resolución es tan fuerte como una roca!

Dostoievski («Crimen y castigo»[2])

[1] trago *drink* / [2] *«Crimen y castigo»* Crime and Punishment

VIEJOS 1 Y 2

1. Pues sí, amigo mío, ya ve usted cómo pasan las cosas en esta vida.
2. En la muerte, dirá usted[3].
1. Es lo mismo. Estamos vivos y cinco minutos después, podemos ya no estarlo.
2. Más a mi favor.
1. Bueno, vamos a cambiar de tema.
2. Es como el amor. Amamos o no. Nadie puede decir con naturalidad que no ama; para decirlo es necesario pensar en el amor.
1. Como usted quiera, amigo mío. ¡Qué terrible es la muerte repentina! Ayer, a estas horas, aquí estaba don Ernesto, hablando con nosotros. Casi no se entiende.
2. No señor, no se entiende. Como le decía. . .
1. Así ocurrió con mi hermano mayor, se acostó a dormir y no despertó nunca.
2. ¡Qué curioso! También murió así mi hermano mayor. La muerte y el sueño son la misma cosa, ni duda cabe[4].
1. Está usted equivocado. La vida y el sueño son idénticos, pero la muerte y el sueño. . . es mucho decir.
2. Soy católico y el cura lo dijo en el sermón. Despertaremos de la muerte para encontrarnos con la resurrección.
1. Pues yo soy buen lector y hay una obra de teatro en verso que se llama «La Vida es Sueño»[5].
2. Mire usted. . .
1. No estoy dispuesto a discutir. No tiene caso[6]. Lo sorprendente de la muerte de don Ernesto es que había motivos para suponer que gozaba de mejor salud que nunca.
2. No lo parecía. ¿Cuáles motivos?
1. No está uno para hablar mal de los desaparecidos: «De los muertos nada que no sea bueno hay que decir». . . o algo por el estilo[7]. Pero don Ernesto había dejado de tomar[8] hace tres meses.
2. ¿Y eso le parece una razón para mejorar la salud? Justamente porque dejó de tomar se había vuelto exigente[9], irritable, podría decirse que envidioso.
1. Pues. . . sí. Sí.
2. Al fin me da usted la razón en alguna cosa. Aquí entre nos: ¿cómo puede funcionar bien el organismo si ha estado impregnado de alcohol durante veinte años y de pronto[10] se lo suspenden?

---

[3] dirá usted *you mean* / [4] ni duda cabe *no doubt about it* / [5] *La . . . Sueño* Life is a Dream *Famous play by the Spanish Pedro Calderón de la Barca (1600–1681).* / [6] No tiene caso. *There is no point in it.* / [7] o. . . estilo *or something like that* / [8] había. . . tomar *had stopped drinking* / [9] exigente *demanding* / [10] de pronto *suddenly*

1. Esa es una idea que a pocos se les ha ocurrido.
2. Es tan cierto. . . mi hermano, el que murió durante el sueño, es la
   prueba viva[11].   40
1. La prueba muerta.
2. No es broma[12].
1. De ninguna manera. ¿Qué iba usted a decir?
2. Eso. También hacía tres meses que era abstemio. Ideas de los doctores,
   de su mujer y hasta de sus hijos, quienes así demostraron su   45
   ingratitud. El pobre tuvo que enfrentarse con una multitud y su-
   cumbió; le falló la voluntad y dejó de tomar.
1. Seguramente empezó a perder peso[13].
2. Adelgazó[14], se puso pálido, no podía dormir y no le interesaba hablar
   con nadie.   50
1. Ahora me doy cuenta de que a mi hermano le pasó lo mismo. No me
   había fijado. El también dejó de tomar.
2. Lo cual demuestra mi teoría: dejar de tomar es tan grave, que hasta se
   pierden los temas de conversación. Mi pobre hermano tenía el
   cerebro vacío.   55
1. Ahora que me acuerdo, el mío también. Dejar de tomar es muy peligroso.
2. Hay que resistirse a las influencias familiares, no hay que dejarse
   conmover[15].
1. De ninguna manera. Hagámonos fuertes y vamos a pedir otro ron[16],   60
   yo invito.
2. Gracias amigo mío. La amistad nos ha hecho ver la vida de la misma
   manera.

II

The magician is real but his magic is unreal.

Gospels of Sri Ramakrishna.

DANIEL Y ROSITA

ROSITA. ¿Con que[17] muy entusiasmado con Uri Geller[18]?
DANIEL. Cómo no. Yo nunca había visto cosa igual. Le mete fuerza a los   65
   relojes parados y se echan a andar.
ROSITA. Dice la propaganda que los compone[19], no que los echa a andar.
DANIEL. Eso no me consta[20]. Pero retuerce[21] las llaves. Un amigo mío se
   declaró incrédulo y luego no pudo subir a su coche ni entrar en su
   casa porque sus llaves estaban como tirabuzones[22].   70

---

[11] es. . . viva *is living proof* / [12] No es broma. *It's not a joke.* / [13] perder peso *lose weight* / [14] Adelgazó *He got thin* / [15] dejarse conmover *let oneself be moved* / [16] ron *rum* / [17] ¿Con que. . .? *So . . . ?* / [18] Uri Geller *Israeli, said to have extraordinary psychic powers* / [19] compone *fixes* / [20] Eso. . . consta. *I can't say (prove) that.* / [21] retuerce *twists* / [22] tirabuzones *corkscrews*

ROSITA. ¿Y eso le asombra mucho?

DANIEL. Pues sí. Le asombra a todo el mundo. ¿No ve que ese hombre viaja por el mundo exhibiéndose como una maravilla?

ROSITA. Y cobrando[23].

DANIEL. Sí. ¿Por qué no?   75

ROSITA. Porque no. El tiene solamente un poder y los poderes son dones de Dios. Uno no puede cobrar lo que recibe gratis.

DANIEL. ¿Cómo? Pero Rosita, si así es todo. ¿No se da cuenta de que Dios ha hecho absolutamente todo lo que hay sobre la tierra y sin embargo, hay que pagarlo? Parece usted comunista.   80

ROSITA. Usted sabe bien que yo no podría ser comunista. Ellos son herejes[24].

DANIEL. Hay de todo. Es que estamos metalizados[25]. No es por nada y no lo tome a mal, pero yo vengo cada semana a hacerme una limpia[26] desde que trabajo en el gobierno y usted me la hace porque tiene   85
poderes. ¿Le gustaría que no le pagara?

ROSITA. Es muy distinto[27], Daniel. Eso quería que me dijera. Usted gana la paz y la salud, por eso me paga. Si va usted a ver a Uri Geller, no gana nada y sin embargo le paga.

DANIEL. Bueno, compro un boleto[28] para verlo, como a cualquier artista.   90

ROSITA. Igual que paga usted por ver un. . . ¿cómo se llama? ¡Strip tease!

DANIEL. No. No es igual. Es muy distinto lo que se siente al ver un cuerpo de mujer. Lo de Uri Geller es admiración por sus. . . dones.

ROSITA. Como si fuera malabarista[29].

DANIEL. Eso sí. El se parece mucho a un malabarista: hace prodigios. O a   95
un mago[30].

ROSITA. Los cirqueros[31] se pasan años practicando para aprender su oficio. Esto no es un oficio.

DANIEL. Bueno, Rosita. No se ponga así[32]. Si no es tan grave. Digamos que es una especie de fenómeno.   100

ROSITA. Como la mujer gorda del circo.

DANIEL. La gorda da lástima. El señor Geller produce una gran admiración.

ROSITA. Pero ¿por qué?

DANIEL. Porque altera la materia inanimada con su pura fuerza mental.   105

ROSITA. No es cosa del otro mundo. ¿Cómo podría dedicarme a hacer limpias si no fuera porque también tengo la fuerza para espantar el mal?

DANIEL. El mal no es materia.

---

[23] Y cobrando. *And charging for it.* / [24] herejes *heretics* / [25] estamos metalizados *we're obsessed with money ("metal")* / [26] a. . . limpia *to be cleansed of evil spirits* / [27] distinto **diferente** / [28] boleto *ticket* / [29] malabarista *juggler* / [30] mago *magician* / [31] cirqueros **personas que trabajan en un circo** / [32] No. . . así. *Don't get that way.*

ROSITA. No, no es. Es peor. Es un principio activo contra el cual debemos   110
luchar.

DANIEL. Pues sí, de eso estoy convencido; por eso me hago las limpias.
Pero Uri Geller agarra[33] una cuchara de metal y se la envuelve en un
dedo como si fuera de trapo[34].

ROSITA. ¿Y eso es lo que lo impresiona a usted?   115

DANIEL. Sí Rosita. Me impresiona.

ROSITA. Me alegro. A ver. Mire usted. ¿Ya vio?

DANIEL. ¿Qué es eso?

ROSITA. Acabo de enredarme en un dedo[35] una cuchara. Igual que Uri
Geller. Si nunca lo había hecho es porque no vale la pena[36]. Muy   120
estúpida me parecería mi vida si ganara el dinero retorciendo llaves
y cucharas y sacudiendo relojes.

DANIEL. ¿De manera que usted puede hacer todo eso y si no lo hace es
porque no quiere?

ROSITA. ¿Usted qué cree, Daniel?   125

DANIEL. Sepa usted que yo no vuelvo a hacerme una limpia ni en sueños.
Esas cosas se admiran en el teatro, pero no en la vida privada. ¿Qué
tal si[37] al hacerme la limpia se le va la mano[38]? No. Puede usted
disponer de su tiempo y mucho gusto de haberla conocido.

V

Amore, amore, gaudio tormento. . .[39]
          acto I

RAMONA, JULIÁN

RAMONA. ¡Qué bueno que viniste! Siéntate. Me estaba muriendo de   130
ganas de hablar contigo. . . bueno, había hecho un esfuerzo para
sintetizar lo que quiero decirte y también para reunir un poco de
valor. Tengo una amiga muy inteligente y me dijo que necesito
valor. No, no me interrumpas. . . Ay, mira, lo que yo quiero es no
volverte a ver. Nunca mientras viva. Porque me has engañado[40] y   135
eso es humillante. Primero me dijiste que eras soltero, luego viudo[41]
y después divorciado. Cuando íbamos en que eras viudo me con-
venciste de que me acostara contigo y hasta ahora que estoy embarazada[42] confiesas que eres casado. ¡Y vienes a verme como si
nada hubiera ocurrido! Eso se llama cinismo. Pero yo tengo otra   140
noticia que darte antes de que te vayas para toda la vida. A ver qué
dices: ¡voy a tener gemelos[43]! El doctor quiso escuchar el corazón del

---

[33] agarra *grabs, grasps* / [34] trapo *rag* / [35] enredarme en un dedo **ponerme alrededor
de un dedo** / [36] no. . . pena *it's not worth it* / [37] ¿Qué tal si. . .? *What if . . . ?* /
[38] se. . . mano **se excede, limpia más de lo necesario** / [39] Amore. . . tormento. . . *(Italian)
Love, love, bliss-torment . . .* / [40] engañado **mentido** / [41] soltero. . . viudo *single, then a
widower* / [42] embarazada *pregnant* / [43] gemelos *twins*

niño y encontró dos corazones de dos niños. Y sabías perfectamente
bien que soy católica; una mujer católica no puede hacer lo que yo
he hecho, de manera que me he pasado días y días confesándome   145
con diferentes sacerdotes[44] para ver si hay alguno a quien se le
ocurra una solución satisfactoria desde el punto de vista religioso,
porque social y moralmente ya estoy desprestigiada[45]. Dirás que la
culpa es mía[46] y que si soy tan católica no debería de haberme ido
contigo a Taxco. . . Dos días y ya[47]. . . ¿Qué es un pecado de dos   150
días frente a la eternidad? Se lo pregunté al padre[48] y me contestó
que ése era precisamente uno de los inconvenientes del pecado[49]:
puede ser una acción instantánea y nos condena para siempre;
matar una persona lleva apenas[50] unos segundos. . . Quizá tiene
razón, pero yo no estoy convencida porque cuando una está para   155
cumplir los 40 años y no se ha casado se siente como un nido de
telarañas[51]. Lo que no se me ocurrió pensar es que un hombre de
sesenta años, como tú, está lleno de telarañas y si se trata de pecar[52]
y de eso estoy segura, lo mismo da con un viejo que con un joven,
religiosamente hablando, pero no en la práctica. . . Allí sí me fa-   160
llaron mis precauciones, eso demuestra que no soy calculadora. Y
voy a tener gemelos. Todo doble. Mi familia hubiera soportado que
yo tuviera un hijo, ¡pero dos! ¿Me entiendes? ¡Dos es un escándalo
doble! Una mujer con mi moral siempre tiene los hijos uno por
uno. . . ¡no, no es cierto! ¡quién sabe qué estoy diciendo! Estoy muy   165
nerviosa, es como. . . uno no es ninguno, pero dos son dos. ¿No era
así? Mi amiga dijo eso a propósito. . . ¿de qué? De un novio que
había tenido y luego. . . ¡ay no! Eran dos novios que había tenido,
claro. Bueno no importa[53], yo sólo te he tenido a ti. . . ¿Por qué no
me interrumpes? Me oyes como si fuera lluvia. Trata de entender lo   170
que estoy diciéndote. Voy a tener gemelos. Eso quiere decir que
cuando esté en el sanatorio[54] van a traerme no un perrito sino dos
perritos. ¡Ay, ya me confundiste, Julián, el silencio confunde! Pero
no, no es confusión, es que el hecho de tener varios niños al mismo
tiempo me recuerda a las gatas, no, a las perras. Bueno, a las dos.   175
Dos ya son varios, Julián. Si sigues mirándome así, voy a darte una
sacudida[55]. ¿Cómo puedes ser tan insensible al dolor ajeno[56]? ¡A
ver, dí algo, estoy esperando!

JULIAN. ¿Qué? ¿Cómo dices?

RAMONA. ¡Cómo! ¿no tienes el aparato puesto[57]? Si sabes que desde hace   180

---

[44] sacerdotes *priests* / [45] desprestigiada *discredited* / [46] la. . . mía *it's my fault* / [47] y
ya *and that was it, and that was all that was needed* / [48] padre **sacerdote** / [49] pecado
sin / [50] lleva apenas *barely takes* / [51] telarañas *cobwebs* / [52] pecar *sinning* / [53] no
importa *it doesn't matter* / [54] sanatorio **hospital privado** / [55] sacudida *shaking* /
[56] dolor ajeno *someone else's pain* / [57] ¿No. . . puesto? *Aren't you wearing your hearing aid*
("apparatus")?

20 años eres sordo, ¿cómo te atreves a no ponerte el aparato? ¡Contéstame!

JULIAN. Soy un poco duro de oído.

RAMONA. ¡Póntelo inmediatamente!

JULIAN. ¿Qué? 185

RAMONA. ¡Que te pongas el aparato! ¡Y no estés manoseándome[58]!

JULIAN. No lo traje, a veces se me olvida. Ha de ser mi subconsciente, porque me molesta mucho el ruido. Si tienes algo urgente que decir dímelo a gritos.

RAMONA. Ah. Pues. . . ¡que voy a tener gemelos! 190

JULIAN. ¡Gemelos! ¡Qué maravilla! Siempre he tenido hijos simples y ahora voy a tener dobles.

RAMONA. ¡Ni que fueran literas[59]! ¡Quiero que nos casemos por la iglesia!

JULIAN. No soy creyente y por eso nunca lo he hecho.

RAMONA. Afortunadamente. Si no crees en el matrimonio religioso, 195 nada te cuesta hacerme ese favor.

JULIAN. Bueno. ¿Qué más decías?

RAMONA. Que necesito diez mil pesos mensuales para mantenerme, porque con dos niños no voy a poder trabajar.

JULIAN. ¿Cuánto? 200

RAMONA. ¡Diez mil! Diez, como los dedos de las manos.

JULIAN. Ah, cinco mil. Está muy bien, apenas me alcanza[60].

RAMONA. Pero necesito. . . Bueno, si no te alcanza, no vale la pena gritar. No me toques que me pones nerviosa. Bueno, no importa tanto. Después de todo es el mismo pecado y con el agravante de que la 205 eternidad es tan larga y tú tan viejo, que más vale pájaro en mano que cien volando. . .[61]

VI

Los dioses enloquecen[62] primero a los que quieren perder.

Eurípides (Las Bacantes)

DELIA. LA LOCA

LOCA. Perdona, pero yo creo que debías pintarte las uñas[63].

DELIA. ¿Cómo decía usted?

LOCA. Las uñas, se te verían mejor si te las pintaras. 210

DELIA. Sí. . . puede ser.

LOCA. ¿A dónde vas?

DELIA. A trabajar. Soy maestra.

LOCA. ¡Tan bonito enseñar! Claro, yo ya sabía que eras maestra.

---

[58] ¡Y. . . manoseándome! *And stop putting your hands all over me!* / [59] ¡Ni. . . literas! *One would think you were talking about beds!* / [60] apenas me alcanza *I can hardly afford it* / [61] más. . . volando. . . *a bird in the hand is better than two in the bush . . .* / [62] enloquecen **vuelven locos** / [63] pintarte las uñas *polish your nails*

DELIA. ¿Se me nota[64]?   215

LOCA. No. Sabía porque soy tu hija.

DELIA. . . . .

LOCA. ¿Cómo te llamas?

DELIA. Si soy tu mamá, has de saber muy bien como me llamo.

LOCA. Sí, pero quiero que me lo digas. ¿A dónde nos bajamos[65]?   220

DELIA. Me bajo en la terminal, luego tengo que tomar un pesero[66] y si se me hace tarde[67] un taxi.

LOCA. A ver si no nos cansamos mucho. Mejor tomamos un taxi. ¿Cómo dijiste que te llamabas?

DELIA. No dije nada. ¿Cómo te llamas tú?   225

LOCA. Andrés. Puedes decirme Andresito.

DELIA. Ah, ¿Y a dónde vas?

LOCA. A enseñar contigo. Me gusta mucho salir.

DELIA. Ah. . . y de dónde. . . ¿por dónde queda[68] tu casa?

LOCA. Tú y yo vivimos en la calle de Hoyo.   230

DELIA. ¡Qué calle será ésa!

LOCA. En una colonia en donde las calles se escriben de un modo y se dicen de otro.

DELIA. Será Polanco, o Anzures. Hoyo, Hoyo. ¿Qué calle será?

LOCA. No importa porque ya no vivo allí. Anoche estuve de visita en un   235
hospital, pero me salí. . . para verte.

DELIA. ¿Nadie se dio cuenta?

LOCA. Sí. Pero les dio miedo detenerme. Cuando quiero hacer algo y me llevan la contraria me pongo muy fuerte. Tienen miedo a que les pegue[69].   240

DELIA. Mira nada más. Hoyo. . . ¡Ohio! Esa es, ¿verdad?

LOCA. Puede ser. No me interesa porque ya no vivo en el hospital. No tiene chiste haberlo adivinado[70].

DELIA. Eso veo. ¿Cómo se llama el hospital?

LOCA. No te lo puedo decir porque cuando me acuerdo me da mucho   245
coraje[71] y pego muy fuerte. Claro, se enojan conmigo y no me tratan bien. No. No puedo decirlo.

DELIA. No. . . no te molestes.

LOCA. Siempre te he querido mucho. Como eres mi mamá, puedo darte un beso. ¿Me dejas?   250

DELIA. Pues. . . sí.

LOCA. Ahora, yo te voy a pedir uno.

DELIA. Mejor ya no nos damos besos. Tengo catarro[72].

---

[64] *¿Se me nota? You can tell?* / [65] *¿A. . . bajamos? Where do we get off?* / [66] pesero **taxi colectivo muy barato** *(The fare used to be "un peso.")* / [67] si. . . tarde *if it gets late* / [68] *queda* **está** / [69] Tienen. . . pegue. *They're afraid I'll beat them up.* / [70] No. . . adivinado. *It's no fun now that you've guessed it.* / [71] me. . . coraje *it makes me very angry* / [72] Tengo catarro. *I have a cold.*

LOCA. No le hace, a mí no se me pega[73]. Ahora dime: «Tengo catarro, Andresito».   255

DELIA. Tengo catarro Andresito. No me abraces tan fuerte, nos vamos a caer.

LOCA. Tú me levantas porque soy tu hija. ¿O no?

DELIA. Claro que te levantaría.

LOCA. Lo sabía desde que te vi. Mi mamá es buena conmigo y me da   260
gusto en todo. ¿Verdad que me quieres mucho?

DELIA. Sí Andresito. Oye, ya me a voy a bajar.

LOCA. ¿Ya llegamos?

DELIA. Sí. Tenemos que despedirnos.

LOCA. No nos despedimos porque voy contigo. Me gusta mucho acom-   265
pañarte. Ten cuidado al bajar. Los metros van muy rápido.

DELIA. Vas a aburrirte[74] en mi clase.

LOCA. No importa, después me llevas al cine. ¡Estoy tan contenta!

DELIA. ¿Por qué?

LOCA. Tenemos todos los días del año para pasear juntas: los cines, las   270
calles, los parques. Esa tiene que ser la felicidad. No hay que recordar a dónde vivimos, ni quiénes somos, ni a dónde vamos. Ni
quiénes fueron nuestros padres. Esto es la felicidad.

DELIA. Puede ser. Vamos.

PREGUNTAS

1. La autora usa el subtítulo de «diálogos» para referirse a esta serie de obritas suyas. ¿Cree usted que es apropiado dicho subtítulo? ¿Por qué?

2. Según su opinión, ¿por qué hemos incluido estos «diálogos» en la sección «teatro» y no en la sección «cuento» de esta antología? ¿Qué diferencias generales hay entre un cuento y una obra de teatro?

3. ¿Qué tipo de personajes encontramos en estos «diálogos»? ¿Cómo los describiría usted? (¿clase social?, ¿ocupación?, ¿intereses?, ¿educación?)

4. En el «diálogo» I, ¿dónde están los dos viejos?

5. ¿De qué hablan? ¿Cree usted que es realista esa conversación? ¿Por qué?

6. Al principio, ¿están de acuerdo los dos viejos? ¿Y al final? Explique.

7. Según el «diálogo» II, ¿qué es lo que puede hacer Uri Geller? ¿Ha oído usted hablar de esa persona? ¿Cree que realmente él puede hacer todo eso?

8. ¿Qué piensa Daniel de Uri Geller? ¿y Rosita? ¿y usted?

9. ¿Dónde cree usted que tiene lugar este «diálogo»? ¿Por qué?

10. ¿Qué relación hay entre Daniel y Rosita? ¿Cómo se gana la vida ésta? Y Daniel, ¿dónde trabaja?

11. ¿Por qué al final Daniel decide no visitar más a Rosita?

12. ¿Dónde tiene lugar el «diálogo» V?

13. ¿Cuál es el problema de Ramona? Explique.

14. ¿Quién es Julián? ¿Qué relación hay entre él y Ramona?

15. ¿Escucha él la explicación que le da Ramona al principio? ¿Por qué?

---

[73] No. . . pega *It doesn't matter. I won't catch it.* / [74] Vas a aburrirte *You'll get bored*

16. ¿Qué sabemos de Ramona? ¿Y de Julián? (¿edad?, ¿religión?, ¿estado civil?, ¿situación económica? ¿social?)
17. Al final, ¿hay algún cambio en la situación o relación de Ramona y Julián? ¿Por qué?
18. En el «diálogo» VI, ¿dónde se encuentran Delia y La loca? ¿Se conocían ellas antes?
19. ¿Qué sabemos de Delia? ¿Y de La loca?
20. ¿Qué quiere o qué necesita La loca? ¿Cómo reacciona Delia al final del «diálogo»? ¿Qué piensa usted de eso? ¿Qué haría usted en su lugar?

B • En torno al texto

AMPLIACIÓN DE VOCABULARIO

A. **Familia de palabras:** Dé una o más palabras relacionadas con los siguientes verbos. (En cada caso, los diálogos contienen por lo menos una palabra de la misma familia que el verbo dado.)

> EJEMPLOS: a. oír   **oído**
>
> b. admirar   **admiración, admirable, admirador**

1.	pensar	8.	gobernar
2.	amar	9.	besar
3.	morir	10.	esforzarse
4.	leer	11.	divorciarse
5.	sorprender	12.	pecar
6.	conversar	13.	llover
7.	poder	14.	confundir

B. **Antónimos:** En cada una de las siguientes oraciones, sustituya la palabra subrayada por otra de sentido opuesto, usada en los «diálogos».

> EJEMPLOS: a. ¿Me siento tan bien!   **mal**
>
> b. Engordó y se volvió irritable.   **Adelgazó**

1. Me gustan esos monólogos.
2. Tiene un carácter muy débil.
3. Ustedes dos, ¿viajan solas?
4. Seguramente empezó a ganar peso.
5. Mi hermano destruye muchos relojes por semana.
6. ¡Esto es igual, señora!
7. ¿Quieres enseñar francés?
8. Dudo que él sea soltero.
9. Desgraciadamente ya no viven aquí.
10. Esto está peor así, ¿no lo crees?
11. Así ocurrió con mi hermano menor.
12. La verdad es que no tengo enemigos.

TEMAS PARA DISCUSIÓN ORAL O ESCRITA

1. Todos estos «diálogos» están precedidos por un epígrafe o cita de otros textos. Discuta la manera en que cada una de esas citas se relaciona con el «diálogo» correspondiente.

2. Comente el título general de esta serie de «diálogos», *La calle de la gran ocasión*, y su relación con cada «diálogo» en particular.

3. En el «diálogo» I, la muerte de don Ernesto hace que los dos viejos hablen del problema del alcoholismo. ¿Qué deducen ellos? ¿Es irónica esta conclusión? ¿Por qué? Comente.

4. Escoja los «diálogos» II *(Daniel y Rosita)* y VI *(Delia. La loca)* y analice, en cada caso, **a.** la relación que se establece entre los personajes; **b.** la importancia o significación de la conversación en la vida de cada uno de dichos personajes; y **c.** el tipo de resolución a que llegan al final. Compare y contraste ambos «diálogos», empezando por el título (por ejemplo, ¿por qué no vemos la conjunción «y» en el «diálogo» VI?). . .

5. ¿Cuál es el tema del «diálogo» V *(Ramona. Julián)*? ¿De qué manera dicho «diálogo» refleja la situación particular de Ramona y de qué manera se ve allí la situación general de otras mujeres. . .? ¿De qué mujeres? Comente.

SUGERENCIAS TEMÁTICAS SUPLEMENTARIAS

1. Algunos de estos «diálogos» dan la sensación de que no están terminados, de que están incompletos. . . ¿Cree usted que eso tiene que ver con la naturaleza misma de estas obritas. . .? ¿o lo considera usted una falla de los «diálogos»? Explique.

2. Según su opinión, ¿qué se propone la autora en estos «diálogos»? ¿Qué está tratando de comunicar a sus lectores o espectadores? Comente.

3. Si usted tuviera que clasificar (o reclasificar) estos «diálogos» para una historia de la literatura hispanoamericana, ¿los incluiría usted entre las obras dramáticas o entre las de ficción? ¿Por qué? Explique.

4. Analice los «diálogos» desde una de las siguientes perspectivas: **a.** sociológica (¿A qué clase social pertenecen estos personajes? ¿Qué problemas sociales se reflejan en los «diálogos»?), **b.** sicológica (¿Qué problemas personales se descubren allí? ¿Qué posibles soluciones se dan?) o **c.** literaria (¿Cómo están estructurados los «diálogos»? ¿Qué características parecen recurrir en todos ellos? ¿Dónde tienen lugar? ¿Cómo terminan?).

5. Deduzca la fórmula para escribir «diálogos» y escriba un breve «diálogo» de su propia invención. (No olvide incluir, como la autora, un epígrafe o cita al principio.)

C • Más allá del texto

SALIENDO DEL TEXTO: PARA PENSAR Y OPINAR

Algunos de los problemas reflejados en estos «diálogos» son aplicables, en mayor o menor grado, a cualquier sociedad y también a la de este país en particular. El alcoholismo, el sexismo, la situación de las madres solteras y las consecuencias derivadas para sus hijos, las escuelas o educación posible para niños con problemas mentales, la vida diaria en las instituciones u hospitales para enfermos mentales, son todos problemas que existen también en nuestra sociedad. Escoja uno de esos problemas —el que más le interese o el que conozca mejor— y discútalo en clase dando sus ideas, sus preocupaciones y tal vez sus posibles soluciones/sugerencias para mejorar la situación actual.

D • *Texto en contexto: Una perspectiva entre muchas*

CONVERSANDO CON LUISA JOSEFINA HERNÁNDEZ

(MINI-ENTREVISTA)

TMF: ¿Qué nos puede decir de sus «diálogos»? Por ejemplo, ¿cuántos ha escrito? ¿Cuántas «series»? ¿De qué fecha son, más o menos?

LJH: Hasta el momento, he escrito dos series: la primera es de unos veinte diálogos y fueron escritos en 1961; la segunda (de donde provienen los cuatro aquí incluidos) es de treinta y estos diálogos los escribí entre 1980 y 1982.

TMF: ¿Las dos series llevan el mismo nombre de *La calle de la gran ocasión*?

LJH: Sí. . . La primera serie ya ha sido publicada como libro y salió con ese título; la segunda ha sido publicada parcialmente en revistas y cuando salga como libro llevará el nombre de *La calle de la gran ocasión II*. Quizás vuelva a hacer otra serie, en cuyo caso se llamará *La calle de la gran ocasión III* y así en adelante. . .

TMF: ¿Cómo nacen sus «diálogos»?

LJH: En realidad, estos diálogos (los de la primera serie y los de la segunda también tienen la misma intención) se originan por una razón didáctica. Aunque llevo veintiocho años de ser maestra de teoría dramática y crítica novelística en la UNAM, noté que mis alumnos tenían dificultades de encontrar textos fáciles para sus exámenes de actuación[1]. . . y a ellos les dediqué estos diálogos.

TMF: ¿Se inspiran dichos «diálogos» en situaciones específicas, vividas por usted, escuchadas, totalmente imaginadas. . .?

LJH: Mis fuentes son sucesos vistos[2], escuchados, o que me han contado otras personas. Mi papel en ellos es de cronista, o sea que mi realidad

---

[1] actuación *acting*   /   [2] Mis. . . vistos *My sources are events I've seen*

personal funciona en tanto he tenido oportunidad de escuchar o de saber estos sucesos. Ahora, como estos diálogos son para estudiantes, no hay lugar preciso, ni acotaciones de edad[3], carácter o movimiento. Eso es el trabajo del estudiante. . . o del director.

TMF: Y en el caso específico de los «diálogos» aquí reproducidos, ¿se tratan de situaciones imaginadas o escuchadas por usted. . .?

LJH: Los cuatro diálogos que utiliza usted son conversaciones escuchadas, por raro que parezca. . . La verdad es que la gente dice más cosas de las que uno espera. La fatalidad es tener un oyente interesado. . .

TMF: ¿Por qué el título general de *La calle de la gran ocasión* para estos «diálogos»?

LJH: Se llaman así porque están elegidas situaciones «especiales», o sea «grandes ocasiones» para hacer una decisión a tomar una actitud.

TMF: Según su opinión, ¿qué función cumplen los epígrafes que preceden todos estos «diálogos»?

LJH: Pues, mi intención es que esos epígrafes sirvan para guiar en la comprensión general del sentido de lo que el diálogo contiene. En escena puede decirlos uno de los actores o un tercero. . . Además, los epígrafes sirven para marcar una división entre un diálogo y otro. . .

TMF: ¿Se han presentado varias veces estos «diálogos»?

LJH: Sí, han sido puestos en escena[4] prácticamente cientos de veces en escuelas de teatro de todo el país. . . Los que usted usa, por lo menos seis veces cada uno. . . y uno de ellos en inglés, en la radio de San Francisco.

TMF: ¿Qué lugar ocupan estos «diálogos» en el resto de su labor literaria?

LJH: Escribo novelas, teatro y crítica. . . Estos diálogos ocupan un lugar aparte; nunca me ha llevado más de tres cuartos de hora escribir uno. Me divierten y han resultado de utilidad; eso es todo y no pretenden más.

---

[3] acotaciones de edad *stage directions about age* / [4] puestos en escena *performed*

Carlos Solórzano

(GUATEMALTECO, n. 1922)

AUNQUE nació en Guatemala, la producción dramática de Carlos Solórzano está más identificada con el teatro de México, país donde reside desde 1939. Allí estudió y completó una doble carrera universitaria: en 1945 terminó arquitectura y un año después (1946) obtuvo el título de Doctor en Letras en la Universidad Nacional de México. Ese mismo año fue a Francia, donde estudió arte dramático hasta su regreso a México en 1952. Aquí fue nombrado Director del Teatro Universitario, cargo[1] que ocupó durante diez años (1952-62). Fue Director del Museo Nacional de Teatro y actualmente es catedrático[2] en la Facultad de Filosofía y Letras. Entre 1976 y 1982 fue además Coordinador del Teatro de la Nación. En 1954 inició la organización de los Grupos Teatrales Estudiantiles de la Universidad de México, fecha que también coincide con los principios de su carrera de dramaturgo.

La obra dramática de Solórzano incluye tres piezas largas (tres actos)

---

[1] cargo *position* / [2] catedrático **profesor universitario**

—*Doña Beatriz* (1952), *El hechicero* (1954) y *Las manos de Dios* (1956)— y seis obras breves (un acto): *La muerte hizo la luz* (1952), *Los fantoches* (1958), *Mea culpa* (1958), *El Crucificado* (1958), *El sueño del ángel* (1960) y *El zapato* (1965). Varias de estas obras han sido traducidas a otras lenguas (inglés, francés, alemán, ruso), incluidas en antologías literarias diversas y representadas en Europa y América.

   Los fantoches representó al teatro mexicano en el Festival del Teatro de las Naciones que tuvo lugar en París en 1963. Como en *Las manos de Dios,* una de las obras más conocidas de Solórzano, *Los fantoches* fusiona, exitosamente, lo costumbrista y local —como es la costumbre tan mexicana de la «Quema del Judas» en la que se inspira esta obra— con lo universal y general. Esto último se logra a través del contenido metafísico, del cuestionamiento existencial, del elemento religioso y, en especial, a través del simbolismo explícito e implícito en todos y cada uno de los personajes de este microcosmos —representativo de nuestra relación con Dios— que es el mundo de *Los fantoches.*

A • *Frente al texto*

LOS FANTOCHES
(mimodrama para marionetas)

PERSONAJES

EL VIEJO, que hace a los muñecos
SU HIJA, Niña

LOS FANTOCHES[1]

LA MUJER, que ama
EL JOVEN, que trabaja
EL ARTISTA, que sueña
EL CABEZÓN, que piensa
EL VIEJITO, que cuenta
EL JUDAS, que calla

Lugar: Este mundo cerrado.

   DECORADO

Un almacén[2] en que se guardan muñecos de «carrizo»[3] y papel pintado en el estilo popular. Se ven por todas partes figuras grotescas y coloridas.

---

[1] fantoches *puppets* / [2] almacén *warehouse* / [3] muñecos de «carrizo» *puppets made of spiky reeds*

Una sola pequeña ventana en lo alto de uno de los muros grisáceos[4]. Una   5
pequeña puerta.

Al correrse el telón[5] está la escena en penumbra[6], luego entra por la
ventanilla un rayo de luz que va aumentando y entonces se ve a los
fantoches en posturas rígidas que recuerdan las del sueño. Al hacerse la
luz total se van incorporando uno tras otro con movimiento de panto-   10
mima. Este movimiento se alternará, a juicio del director con movimientos reales y otros rítmicos según la ocasión.

ACLARACIÓN AL LECTOR EXTRANJERO

Esta obra tiene su origen en la costumbre mexicana de la «Quema del
Judas». El sábado de Gloria, consumada la Pasión de Cristo[7], el pueblo   15
da salida a su deseo de venganza, todos los años, quemando en las calles
públicamente, unos muñecos gigantescos hechos en bambú y papel pintado a los que se ata una cadena de petardos en las coyunturas[8] y a lo
largo de todo el cuerpo, con lo cual se castiga, simbólicamente, al traidor
más grande de la Humanidad.   20

Los muñecos han ido cambiando poco a poco y adoptando diferentes formas de hombres y mujeres que representan a los personajes más
populares del momento, en la política, el cinematógrafo, etc., pero sub-
sisten otros tradicionales en el arte popular como el Diablo y la Muerte.

En «Los fantoches» se ha elegido una serie de muñecos, especial-   25
mente significativos para el gusto del Autor, para hacerse representar
con ellos un drama contemporáneo, de la misma manera que algunos
pintores mexicanos han hecho la trasposición de «Los Judas» a las artes
plásticas para sugerir con ellos la existencia de un mundo que, tras su
brillante colorido aparente, encierra un fondo desgarrado y cruel.   30

Los personajes vestidos todos con mallas coloridas de manera
caprichosa[9], tendrán la cara pintada del mismo color del vestido y
representarán «tipos» conocidos dentro de la tradición de los muñecos de
arte popular de la manera siguiente:

EL JOVEN. Representa un atleta con grandes músculos, la cara rubi-   35
cunda y el andar fanfarrón[10]. Grandes ruedas rojas en las mejillas.
Pelo brillante hecho con piel de conejo teñida de negro. Lleva un
tambor colgado del cuello.
EL VIEJITO. Figura muy conocida, representa un anciano jorobado[11], de
cara picaresca y andar defectuoso. Pelo y barbas hechos con piel de   40
borrego[12].

---

[4] grisáceos *grayish* / [5] telón *theater curtain* / [6] en penumbra *semidarkness* / [7] El. . .
Cristo *The Saturday before Easter, after the Passion of Christ has finished* / [8] se ata. . .
coyunturas *is tied a string of explosives at the joints* / [9] vestidos. . .caprichosa *all dressed in
crazily colored leotards* / [10] andar fanfarrón *boastful way of walking* / [11] jorobado
hunchbacked / [12] piel de borrego *lambskin*

LA MUJER. *Vestido blanco, en el que son muy visibles «los picos» del*
    bambú[13]. Es «la muñeca del arte popular»[14]. Ojos muy grandes,
    enormes pestañas y las mejillas muy rojas. Pelo rojizo que cae en
    cascada. 45

EL ARTISTA. *Representa un «joven romántico». Traje a rayas[15], patillas y*
    bigote con grandes puntas y gran corbata. Una gorra negra.

EL CABEZÓN. *Es una de las figuras más conocidas en el arte popular:*
    Gran cabeza de calabaza hecha de cartón por la que asoma una
    cara pintada del mismo color que la calabaza. Vestido con hojas. 50
    Andar inestable a causa del gran peso de la cabeza.

EL JUDAS. *Cara y vestido verdes con dos grandes serpientes en los*
    brazos, «las sierpes de la maldad», en cuyas cabezas centellean[16]
    los ojos cobrizos[17].

EL VIEJO QUE HACE LOS MUÑECOS. *Representa la figura de un anciano con* 55
    hábito monacal blanco hasta el suelo. Gran barba y peluca larga
    hecha de fibra blanca.

LA NIÑA, SU HIJA. *Representa una «muerte catrina»[18] vestida de niña,*
    blanco, con volantes y encajes[19]. Gorra, medias y zapatitos
    blancos. Máscara de la «Muerte sonriente»[20]. 60

Durante la representación irá cambiando la luz solar hasta ha-
cerse brillante y luego convertirse en luz de tarde para terminarse en luz
azul de luna. Todos los fantoches llevan pintados un cartucho en el
pecho y las ramificaciones en el cuerpo como un sistema circulatorio
visible[21]. 65

EL JOVEN. *(Incorporándose.)* Ya es de día.

EL VIEJITO. Uno más. *(Se moverá siempre como si le dolieran las articu-*
    laciones.)

EL JOVEN. Es un hermoso día.

EL VIEJITO. Dices siempre lo mismo al despertar. 70

EL JOVEN. No hay que perder el tiempo. A trabajar. *(Se sienta y se apo-*
    dera de un tambor. Con este tambor, a veces sonoro, a veces sordo
    expresará el latido del corazón[22] y la naturaleza de sus emociones.)

---

[13] «los picos» del bambú *the sharp points of the bamboo (reeds she is made of)* / [14] Es «la. . .
popular». *It's "the traditional doll of popular art." (Here* «la MUJER» *is one of a number of typical
puppets in which figures of women are dressed in a variety of regional costumes.)* / [15] a rayas
striped / [16] centellean *glitter* / [17] ojos cobrizos *copper-colored eyes* / [18] «muerte catrina» *in Mexican popular art, a skeleton figure dressed in sophisticated 19th century cloth-
ing* / [19] volantes y encajes *ruffles and lace* / [20] «Muerte sonriente» *"Smiling Death" (a
typical mask)* / [21] llevan. . . visible *have painted on their chests an (explosive) cartridge with
lines branching over their bodies, like a visible circulatory system* / [22] latido del corazón
heartbeat

LA MUJER. Ah. . . ya empezaste a trabajar. . . Hagan que se calle[23]. *(El*
  JOVEN la ve embelesado[24] mientras baja el ruido del tambor. La   75
  MUJER se despereza[25] con voluptuosidad.) Qué sueños tan acaricia-
  dores.

EL JOVEN. *(Hosco.)* Deberías trabajar tú también.

EL ARTISTA. Sí. . . pero en algo bello, algo artístico, como yo. . .

EL JOVEN. Ja. . . Ja. . . *(Golpea fuerte.)*   80

Comienza el golpeteo sonoro.

LA MUJER. ¿Qué haces?

EL ARTISTA. Estoy cambiando estas rayas color de rosa, que el viejo me
  ha pintado, por otras color violeta.

LA MUJER. *(Coqueta.)* Me gusta lo que haces; pero ¿no hacías lo mismo   85
  ayer?

EL ARTISTA. No, ayer cambié las rayas violeta por otras color de rosa.

LA MUJER. *(Con admiración ingenua.)* Debe de ser difícil.

EL JOVEN. *(Golpeando.)* Es absurdo.

EL ARTISTA. Pero es bello. Tú no eres artista. No puedes saber. . .   90

EL VIEJITO. ¿Quieres callarte con ese maldito ruido? Vas a volvernos
  locos —qué tonto es—.

EL JOVEN. Sí. *(Con ira.)* Ya sé lo que piensan de mí. . .: Un burro de
  carga. . . *(Golpea aún más fuerte.)*

LA MUJER. ¿Por qué te enojas?. . . ¿Sabes?. . . Tienes un pelo que me   95
  gusta. Tú eres el único a quien el viejo *(señala para fuera)* ha puesto
  un pelo tan brillante.

EL JOVEN. *(Arrobado[26], suspende el trabajo.)* ¿Te parece?

LA MUJER. Me gusta el pelo brillante.

EL ARTISTA. Cualquier pelo puede ser brillante si lo pintas de negro. . .   100

EL VIEJITO. Eso se dice a tus años.

EL ARTISTA. Yo con el arte puedo hacer que parezca lo que no es.

EL VIEJITO. Tú eres un fanfarrón[27].

EL ARTISTA. ¿Cómo te atreves? *(Se lanza contra el VIEJITO pero la MUJER*
  se interpone y los separa.)   105

EL VIEJITO. Ay. . . Ay. . .

LA MUJER. ¿Qué pasa?

EL VIEJITO. Me has lastimado[28] con uno de los picos de tu vestido. *(Al*
  JOVEN.) ¿Quieres callarte tú, imbécil?

LA MUJER. Déjalo. . . *(Al CABEZÓN que está sentado con la cabeza entre*   110
  las manos.) Y tú ¿qué haces?

---

[23] Hagan. . . calle. *Make him be quiet.* / [24] la ve embelesado *looks at her in rapture* / [25] se
despereza *stretches* / [26] Arrobado **Embelesado** / [27] fanfarrón *braggart* / [28] Me has
lastimado. . . *You've hurt me* . . .

EL CABEZÓN. Pienso; para algo me ha hecho el viejo esta cabeza tan grande.

LA MUJER. *(Coqueta.)* Me gustan las cabezas grandes.

EL CABEZÓN. *(Al principio la ve arrobado, luego se endurece.)* No; debo   115
pensar todo el día.

LA MUJER. *(Desilusionada.)* ¿Para qué?

EL CABEZÓN. Para saber.

LA MUJER. Saber ¿qué?

EL CABEZÓN. Lo que se puede deducir. . . Por ejemplo; como llegar a esa   120
ventana, como alcanzar la luz[29].

LA MUJER. Me gusta esta penumbra.

EL CABEZÓN. *(Burlón[30].)* A tí, todo te gusta.

LA MUJER. No. . . no soy tan tonta. . . A veces también me aburro.

EL CABEZÓN. ¿Por qué no tratas de pensar?   125

LA MUJER. No puedo. . . Mira qué cabeza tan pequeña me ha puesto el viejo. . . *(Al ARTISTA.)* Tal vez tú puedas ayudarme.

EL ARTISTA. ¿A qué?

LA MUJER. A suprimir estos picos de mi vestido. Me separan de todo. . . Te daré un beso. *(Se acerca al ARTISTA.)*   130

EL ARTISTA. *(Gritando.)* Ay. . . Ay. . . Me has pinchado.

LA MUJER. *(Riéndose.)* Es divertido. Así no me aburro. . . ¿Y tú viejito?

EL VIEJO cuenta con movimiento mecánico unos papeles que tiene en la mano.

EL CABEZÓN. *(Poniéndose de pie increpa al VIEJO.)* No me deja pensar por   135
estar contando esos papeles. Todo el día haces lo mismo. . . Es estúpido.

LA MUJER. *(Con simpatía.)* ¿Tienes muchos?

EL CABEZÓN. Claro. . . Como lleva mucho tiempo encerrado aquí, ha ido juntando esos papeles de colores que son restos de los materiales   140
con que el viejo nos hizo.

EL VIEJITO. ¿Y qué?. . . No molesto a nadie. . .

EL CABEZÓN. No puedes pasarte todo el tiempo contando.

EL JOVEN. Déjalo. . . Métete en tus asuntos[31]. *(Golpea fuerte.)*

EL CABEZÓN. *(Cubriéndose los oídos.)* ¿Quién puede pensar en nada   145
cuando se está rodeado de idiotas. . .?

EL JOVEN. Ya estoy harto de eso[32]. . . Te voy a romper esa cabezota. . . *(Se abalanza contra él pero tropieza y cae de bruces[33]. Todos ríen. . .)*

EL CABEZÓN. ¡Idiotas!

---

[29] alcanzar la luz *to reach the light* / [30] Burlón *Mocking* / [31] Métete en tus asuntos *Mind your own business.* / [32] estoy. . . eso *I'm fed up with that* / [33] cae de bruces *falls flat on his face*

LA MUJER.   No se peleen. . . ¿Es mucho pedir que podamos vivir en paz?   150
   (Al VIEJO*)* ¿Y ese papel rojo?
EL VIEJITO.   *(Enseñándole.)* Es resto del material con que el viejo hizo un
   diablo. Sólo tengo tres. Son muy valiosos.
EL ARTISTA.   A mí me gustan sólo los rosas y los violetas.
EL VIEJITO.   No valen nada. . . Hay muchos. . .   155

*De pronto, otra figura que estaba en la penumbra se pone de pie con
movimientos angustiosos y contorsionados. Es* JUDAS. *Siempre estará de
espaldas al público. Los fantoches lo ven asombrados.*

LA MUJER.   Se ha levantado.
EL JOVEN.   *(Golpeando.)* Siempre se levanta tarde. . . Es un holgazán[34]. . .   160
LA MUJER.   Hoy me parece más alto que otros días.
EL VIEJITO.   *(Contando.)* Es igual que siempre. Te gusta engañarte a ti
   misma[35].
LA MUJER.   Bueno. . . Es como si no supiera algo de lo que pasa aquí. . . Me
   hago la ilusión de que hay algo nuevo que descubrir.   165
EL VIEJITO.   Nunca hay nada nuevo en ninguna parte. *(Comienza a con-
   tar, ahora en voz alta.)* Uno, dos, tres. . .
EL CABEZÓN.   *(Dando un violento manotazo.)* Ah, no. . . En voz alta
   no. . .

El VIEJO *sigue contando en voz alta.*   170

LA MUJER.   Hoy sé algo nuevo de él. *(Señala a* JUDAS.*)* Sé que tiene un
   nombre.
EL VIEJITO.   *(Distraído.)* ¿Un nombre?
LA MUJER.   Sí. Ayer oí a la niña decirlo. Se llama Judas.
EL VIEJITO.   ¿Judas?   175
EL JOVEN.   *(Tirando violentamente del brazo de la* MUJER.*)* ¿Te gusta? di
   ¿te gusta?
LA MUJER.   *(Contenta.)* ¿Estás celoso?. . . Me gustan las dos serpientes de
   oro que el viejo le puso en los brazos. Quisiera verle la cara. *(Al
   JOVEN, provocativa.)* ¿Crees que es guapo?   180
EL JOVEN.   *(Brutal.)* No tengo tiempo para pensar en eso. Tengo que
   trabajar. *(Vuelve a su lugar y sigue el golpeteo silencioso.)*
EL VIEJITO.   Dicen que hizo algo malo.
LA MUJER.   No lo creo. . . Tiene un cuerpo hermoso. . . Además, si fuera
   malo, el viejo no lo habría puesto aquí, encerrado con nosotros.   185
EL CABEZÓN.   A lo mejor, el viejo es malo también.
LA MUJER.   ¿Cómo puede ser malo si nos ha hecho a imagen y semejanza
   suya?

---

[34] holgazán   *lazy bum, good-for-nothing*   /   [35] Te. . . misma.   *You like to deceive yourself.*

EL CABEZÓN. Tenemos cabeza y piernas y brazos como él, pero no somos
    iguales.   190
EL VIEJITO. Es que él es ciego. . . nos hace al tacto. No sabe cómo es él, ni
    cómo somos nosotros. . . *(A la MUJER.)* ¿O tú crees que alguno aquí
    es perfecto, tú con ese vestido lleno de picos. . .?
LA MUJER. Cállate. No todo es tan feo aquí. . . Estamos juntos, podemos
    hablar, caminar. Estamos viviendo el tiempo. ¿Qué más quieres?   195
EL CABEZÓN. Lo que nunca he podido comprender es por qué nos tiene
    encerrados.
EL JOVEN. Ya nos tocará nuestro turno de salir.
LA MUJER. Sí, como los que se fueron ayer, y antier y todos los días.
EL JOVEN. ¿A dónde habrán ido?   200
EL ARTISTA. A distintos lugares. . . A la libertad.
LA MUJER. ¿La libertad? ¿Qué es eso?
EL ARTISTA. No lo sé bien. . . Algo que está fuera de aquí; algo azul y
    brillante, una meseta elevada, o la cresta más alta en el oleaje del
    mar[36].   205
LA MUJER. Me gustaría ir ahí. . . A la libertad. . .
EL JOVEN. ¿Para qué?
LA MUJER. Pues. . . para alcanzar algo que no tengo. *(Se palpa el pecho.)*
    De pronto he sentido como si esto me pesara más.
EL VIEJITO. No te preocupes. El viejo nos ha puesto a todos la misma   210
    cantidad de polvo negro y un cartucho del mismo tamaño.
EL CABEZÓN. Creo que ese cartucho es lo que nos atormenta.
LA MUJER. Quizás. Me has puesto triste.
EL CABEZÓN. Bah. . . Todos los días te levantas muy alegre, te entristeces
    otro rato y luego cantas. Todos los días igual.   215
LA MUJER. Es cierto. Resulta monótono. ¿No?
EL JOVEN. Lo monótono es la felicidad.
EL VIEJITO. Sólo así se llega a viejo.
EL ARTISTA. Lo que ustedes no saben es que el polvo que llena el cartucho
    tiene un nombre.   220
TODOS. ¿Un nombre?
EL ARTISTA. Sí. Lo vi ayer. . . En la caja que traía el viejo decía: Pólvora,
    explosivo.
EL CABEZÓN. *(Se pone de pie violentamente.)* Explosivo. Eso es. . . Es lo
    que se siente. . . algo que va a estallar. . .   225
EL VIEJITO. *(Poniéndose también de pie.)* Yo no siento eso. . . A mí me
    duelen las coyunturas. Sobre todo las de las manos.
EL CABEZÓN. *(Irónico.)* Es de tanto contar. ¡Explosivo!. . . Sí. . . algo que
    va a estallar aquí y aquí y aquí. *(Se palpa los lugares en que tiene los*
    cartuchos.)   230
LA MUJER. Basta.

---

[36] oleaje del mar   *sea surf*

EL JOVEN. *(Al* CABEZÓN.*)* Idiota. ¿No ves que la asustas[37]?
EL CABEZÓN. *(Sentándose.)* Yo también me asusté. . .

Silencio. De pronto JUDAS *comienza una pantomima de angustia, siempre de espaldas.*

235

LA MUJER. ¿Qué hace?
EL VIEJITO. Se tortura.
LA MUJER. ¿Por qué?
EL VIEJITO. Por remordimientos. . .[38]

Mientras JUDAS *hace su pantomima, el* VIEJO *cuenta en voz alta, el* JOVEN   240
martillea fuertemente, el ARTISTA *se pasea viendo al cielo con actitud de
ensueño, el* CABEZÓN *con la cabeza entre las manos se revuelve frenético
en su asiento, la* MUJER, *en mitad de la escena ve al vacío como en éxtasis.
De pronto cesa el movimiento de espasmo y todo vuelve a la normalidad.*

LA MUJER. *(Al* VIEJITO.*)* ¿Tú crees que volverán?   245
EL VIEJITO. ¿Quiénes?
LA MUJER. Los que se fueron.
EL ARTISTA. Si están libres, ¿a qué han de volver?
EL VIEJITO. Llevo aquí mucho tiempo oyéndoles decir, cuando se mar-
chaban, que habrían de volver algún día, pero no, aquí nadie   250
vuelve, el que se va, no vuelve jamás.

Se oyen pasos afuera y luego la risa de la NIÑA.

LA MUJER. Es el viejo barbudo. . .
EL VIEJITO. Viene con la niña, con su hija. . .
LA MUJER. Ah. . . Siempre que ella viene alguien se va. . . Tal vez me   255
toque ahora mi turno para ir a la libertad.
EL JOVEN. O a mí. . .
EL ARTISTA. O a mí. . .
EL VIEJITO. Sería justo que me sacaran a mí. Llevo aquí encerrado tanto
tiempo.

260

*Los fantoches quedan estáticos en actitud de ofrecerse. Se descorre el
cerrojo[39], la puerta se abre y entra el* VIEJO BARBUDO, *llevado de la mano
por la* NIÑA, *vestida de blanco, que entra dando saltitos.*

LA NIÑA. Me gustan estos fantoches. . . Si no fuera por ellos, ¿qué haría
yo? La luz no es buena aquí. . .   265

---

[37] la asustas *you frighten her*   /   [38] Por remordimientos. . . *Out of remorse . . .*   /   [39] cerrojo *bolt*

EL VIEJITO. *(Mueve la cabeza con una sonrisa ausente.)* Jo. Jo. Jo.

LA NIÑA. Pero no importa. Los escojo al azar[40]. *(Se pasea delante de los fantoches. De pronto en medio de una risa loca se pone a girar y a girar y en el lugar donde suspende su giro señala. . .)* Éste.

EL VIEJITO. *(Que ha esperado con los ojos cerrados.)* ¿Quién es?   270

LA NIÑA. Resultó ser el Judas. . . Me gusta este Judas. . . vamos. . . es tu turno. *(Lo empuja. El* JUDAS *inicia una marcha torpe, como si protestara, en una breve pantomima trata de increpar a los otros que lo ven asombrados.)* Ya les tocará a ellos también. . . *(La* NIÑA *lo empuja violentamente, el* JUDAS *sale girando como perdido en el   275 aire, detrás de él la* NIÑA, *llevando de la mano al* VIEJO BARBUDO *que anda con torpeza[41].)*

Se cierra la puerta tras ellos. Los fantoches vuelven a sus posturas normales.

LA MUJER. *(Triste.)* Se lo llevaron a él. . . Le vi la cara. Era guapo. . .   280

EL ARTISTA. *(Airado.)* ¿Por qué le dan la libertad a Judas? Era un traidor.

EL JOVEN. ¿Traidor?

EL ARTISTA. Sí, entregó a alguien, por algo que le dieron. No conozco bien la historia.

EL JOVEN. Siempre estuvo aquí.   285

EL VIEJITO. No. Era otro como él. . . Pero no era el mismo. Mañana, el viejo le pondrá el cartucho explosivo a otro igual. Nunca ha faltado aquí un Judas. Siempre está de espaldas[42], sin hablar.

LA MUJER. Somos menos ahora.

EL JOVEN. Es triste.   290

EL ARTISTA. Triste y monótono.

EL VIEJITO. No es importante. Nada es importante.

EL CABEZÓN. Mira. . . por la ventana. . .

EL VIEJITO. *(Indiferente.)* ¿Qué?

EL CABEZÓN. Me parece que están colgando a Judas. . . Es la niña la que   295 lo cuelga de una cuerda.

EL VIEJITO. No veo nada. Ni me importa.

LA MUJER. Ni yo veo. *(Se para en puntas[43].)*

EL ARTISTA. *(Al* CABEZÓN.) Préstame tus hombros. . . Me subiré sobre de ti y veré. . . Les contaré lo que pasa. . .   300

EL JOVEN. Yo quiero ver. . .

EL CABEZÓN. *(Lo hace a un lado[44] violentamente.)* Soy yo el que debe ver. Vamos. . . Ayúdenme.

---

[40] Los. . . azar. *I choose them at random.* / [41] con torpeza *clumsily* / [42] Siempre. . . espaldas *He always has his back turned* / [43] Se. . . puntas. *She gets up on tiptoe.* / [44] Lo. . . lado *He pushes him aside*

*El JOVEN, el ARTISTA y el CABEZÓN se suben uno en los hombros del otro. El
CABEZÓN ve por la ventana.*   305

EL JOVEN. ¿Ves algo?
EL CABEZÓN. Sí, Judas cuelga. . . la niña le acerca una cosa encendida. . .
  ¿qué va a pasar? *(De pronto se oye un violento estallido de cohetes*[45]
  acompañado de la risa de la NIÑA y de un grito estridente del
  CABEZÓN.) No. . .   310

Caen los fantoches al suelo arrastrando los papeles del VIEJITO.

EL VIEJITO. Imbéciles. . . Mira lo que han hecho con mis papeles. . . *(Se
  inclina a recogerlos.)*
EL CABEZÓN. *(Balbuciendo.)* ¿Qué pueden. . . importar. . . tus papeles. . .
  ante lo que. . . ha pasado. . .?   315
TODOS. ¿Qué ha pasado?
EL CABEZÓN. La niña. . . acercó la cosa encendida al pecho. . . al cartucho. *(Todos se llevan la mano al pecho.)* Y de pronto. . . se hizo una
  luz más fuerte que la luz del día. . . Un río de fuego recorrió el
  cuerpo de Judas dejándole al descubierto los ejes que lo soste-   320
  nían. . . Luego, una sacudida[46] violenta. . .
TODOS. ¿Y después?
EL CABEZÓN. *(Hundiendo la cara entre las manos.)* Nada. . . Judas. . . Ya
  no era nada. . .
EL JOVEN. ¿Cómo?. . . Si era Judas era algo. . .   325
EL ARTISTA. Era Judas y era a la vez otra cosa. . .
LA MUJER. O dejó de ser Judas y se convirtió en algo diferente.
EL CABEZÓN. No. . . No era nada. ¿Me oyen? Nada, polvo, cenizas[47]. . .
  nada. . .
EL JOVEN. Pero entonces. . . ¿Eso es lo que les pasa a los que se van?   330
LA MUJER. Y eso. . . nada. . . ¿Qué es?
EL CABEZÓN. Yo lo vi. *(Con desesperación.)* Nada.
AL ARTISTA. Ahora recuerdo. En el cajón del polvo negro decía: pól-
  vora. . . explosivo. . . Peligro de muerte.
LA MUJER. *(Con estupor.)* Muerte ¿es eso?. . . ¿Ser nada?. . .   335
EL CABEZÓN. No lo comprendo. Lo vi y no puedo comprenderlo, con esta
  cabeza tan grande sobre los hombros.
EL VIEJITO. *(Indiferente.)* Bah. Tonterías. Voy a contar mis papeles. *(Se
  sienta a contar.)*
EL JOVEN. No te servirán de nada. Están hechos con el mismo material   340
  que nosotros. El día menos pensado[48]. . . pum. . . al aire, al viento.

---

[45] estallido de cohetes *explosion of fireworks* / [46] sacudida *jolt* / [47] cenizas *ashes* /
[48] El. . . pensado *Any day*

EL VIEJITO. No. . . esto es algo, se puede tocar, contar. *(Cuenta en voz alta.)* Mil doscientos tres, mil. . .

EL JOVEN. *(En un arrebato de ira[49] se lanza sobre él, le arrebata los papeles y comienza a romperlos.)* Mira lo que hago con tus papeles.   345

EL VIEJITO. No. . . No. . . son míos. *(Le arrebata algunos y se sienta en un rincón, con aire medroso[50] y triste.)*

EL ARTISTA. Peleándose. Idiotas. . . Todos somos idiotas. ¿Qué esperamos aquí? Les pregunto.

LA MUJER. ¿Esperar? Nada. Estamos viviendo.   350

EL ARTISTA. Si ése ha de ser nuestro fin, vamos a juntarnos todos, acerquemos a nosotros una cosa encendida y volaremos por el aire en un solo estallido, como una bomba gigantesca y todos ésos como nosotros a quienes el viejo no ha puesto aún el terrible cartucho en el centro del cuerpo y mis rayas de colores y tus papeles y tu vestido   355
con picos. . . Tal vez ésa. . . es la única libertad que podemos desear.

LA MUJER. No. . . yo quiero convertirme en otra cosa. . . Algo que salga de mí. . . quiero, quiero.

EL CABEZÓN. Un momento. Hay que recobrar la calma. Pensemos. A   360
Judas le sucedió. . . eso. . . porque era malo. . . era traidor. . .

EL JOVEN. Es verdad.

EL CABEZÓN. *(Con esfuerzo.)* Quiere decir que el viejo lo destruyó porque era malo.

EL JOVEN. Entonces el viejo es bueno.   365

EL ARTISTA. ¿Y si no es así? ¿Y si viene por cualquiera de nosotros y nos hace arder en el mismo fuego que a Judas?

LA MUJER. Cállate. *(Con tristeza.)* Entonces la vida aquí no tendría sentido. . .

EL ARTISTA. *(Intenso.)* Sería. . . La desesperación.   370

EL VIEJITO. Bah. . . los oigo hablar y no digo nada. Pero ya es tiempo de que me oigan. . . No hay nada de temible en lo que le pasó a Judas. . . Yo sé, desde hace tiempo, que a los fantoches como nosotros, hechos a semejanza de un anciano, ciego, que está sumido en la indiferencia[51], les llega un día en que todo se disuelve en el viento.   375
Pero pienso que ya es bastante hermoso sentir el peso de este envoltorio[52] negro en el centro del cuerpo y saber que eso le da sentido a nuestra presencia en este lugar. . . Yo lo sé desde hace mucho. . . pero creo que en el fondo hay que dar gracias a ese viejo que nos ha puesto aquí. . . pues hemos vivido, hemos estado haciéndonos   380
compañía, yo he tenido mis papeles de colores y a veces me ha sucedido que siento unas ganas muy grandes de gritar y si no lo he hecho fuertemente, es por temor de que este envoltorio se desbara-

---

[49] En. . . ira *In a fit of rage*   /   [50] medroso **de miedo, de temor**   /   [51] ciego. . . indiferencia
blind, sunk into indifference   /   [52] envoltorio *bundle*

tara[53] y me arrastrara en un incendio voraz y aniquilador[54]. . . *(Con tristeza.)* La niña no ha querido llevarme. . . siempre me pongo en   385
lugar visible. . . pero ya llegará. . . espero el momento.

LA MUJER. *(De pronto con frenesí, al JOVEN.)* Ayúdame tú a vivir en algo, que quede después de que yo arda para siempre. Dame un beso.

EL JOVEN. *(Señalando los picos.)* Me lastimaría.

LA MUJER. No importa. Acércate. . . Odio estos picos que no me dejan   390
sentirme confundida contigo, que no permiten nunca que dos sean uno solo, indivisible. . . Dos en uno. Sería bueno, para oponerle mayor resistencia a la niña.

EL JOVEN. Sería inútil. Dos cartuchos de pólvora negra arden más de prisa que uno solo. No hay defensa.   395

EL CABEZÓN. Es necesario inventar una.

EL ARTISTA. No. . . Ahora sé que todas las esperas conducen a la muerte. No hay defensa.

LA MUJER. *(Con un paso provocativo.)* Ayúdame —tú.

El JOVEN la sigue. Ella huye y se acerca al mismo tiempo. Cuando el   400
JOVEN está muy excitado, ella se deja caer. Él la levanta y sin reparar en los picos del vestido se confunde con ella en un abrazo y un beso espasmódicos[55]. . . Luego, se separan, ella se arregla el vestido y los cabellos. Él queda en el suelo como herido.

LA MUJER. Está bien. El viejo se encargará de lo demás.   405

EL JOVEN. *(Como soñando.)* ¿El viejo?

De pronto se oyen los pasos afuera precedidos por la risa de la NIÑA. Todos los fantoches se ponen de pie al mismo tiempo.

EL ARTISTA. Vienen otra vez. ¿A quién le tocará ahora?

EL JOVEN. No los dejemos entrar.   410

EL CABEZÓN. Todos contra la puerta. El peso[56] de cinco cuerpos es mayor que el de dos. Física pura.

EL VIEJITO. *(Con una risita.)* Es inútil. . . Ella empujará la puerta y ustedes se sentirán livianos. ¡Nuestro cuerpo! Es tan deleznable[57] que al menor soplo suyo caería hecho pedazos. Nuestro peso, el peso de   415
cinco fantoches, de diez, de mil, no bastaría para impedir que esa niña cruel con un dedo abriera la puerta y entrara a elegir entre nosotros.

EL JOVEN. Ya vienen.

EL ARTISTA. *(Con gran temor.)* A empujar.   420

---

[53] se desbaratara *would get undone, ruined* / [54] un incendio. . . aniquilador *a voracious and annihilating fire* / [55] se. . . espasmódicos *fuses with her in a spasmodic kiss and embrace* / [56] peso *weight* / [57] deleznable **frágil**

EL CABEZÓN. Con todas nuestras fuerzas. Así, con una viga[58]. *(Se apodera de una viga y todos juntos empujan.)* El brazo de palanca[59] es largo, ayudará. Eso es científico e indudable. . .

A pesar de que empujan con todas sus fuerzas se ve que la puerta va cediendo; los fantoches van retrocediendo atónitos. Entran la NIÑA y el VIEJO.   425

LA NIÑA. *(Burlona.)* No me querían dejar entrar. *(Ríe.)*
EL ARTISTA. No te rías.
LA NIÑA. ¿Por qué?
EL ARTISTA. Eres cruel.   430
LA NIÑA. No sé. Soy como soy. Mi padre es responsable de como soy.
EL ARTISTA. Pero ¿por qué? ¿Por qué nos haces esto? ¿Con qué derecho?
LA NIÑA. *(Divertida.)* ¿Derecho? No conozco esa palabra. . .
EL CABEZÓN. No comprendo cómo pudo entrar. Eso es contra todas las leyes de la ciencia.   435
LA NIÑA. ¿Por qué me ven tan extrañados? Es necesario que este lugar quede libre. Hay otros muñecos esperando a que mi padre les ponga las venas de pólvora.
LA MUJER. *(De rodillas a la NIÑA.)* Yo quiero. . . uno nuevo.
LA NIÑA. *(Se vuelve de espaldas con disgusto.)* Eso no es asunto mío.   440
LA MUJER. *(De rodillas al VIEJO.)* Quiero uno nuevo.
EL VIEJO BARBUDO. *(Sordo.)* ¿Eh?
LA MUJER. Dame un pequeño fantoche con una pequeña bomba nueva. Él y yo *(señala al joven)* nos hemos amado.

El VIEJO va a un rincón, toma un muñeco pequeño, y lo da a la MUJER.   445

LA MUJER. Lo quiero. Lo quiero. Duérmete y sueña. *(Lo arrulla cantando en voz baja.)*
LA NIÑA. *(Alegre.)* Es divertido. Todo esto me divierte mucho. Y bien. Hoy no elegiré al azar. Hoy vendrá alguien que me guste.
TODOS. ¿Quién?   450
LA NIÑA. *(Los ve con sonrisa cruel, mientras los fantoches en actitud de miedo retroceden.)* Tú *(señala al ARTISTA).*
TODOS. ¡El artista!
LA NIÑA. ¿Artista? Nunca oí palabra más tonta. ¿Qué quiere decir?
EL ARTISTA. Nada. . . algo que es aún más inútil que todo lo demás.   455
LA NIÑA. Vamos, de prisa. *(Lo empuja imperativa.)*
EL ARTISTA. No, no iré.
LA NIÑA. *(Riéndose.)* Se niega a ir.
EL ARTISTA. Conmigo tú no puedes nada.

---

[58] viga *beam* / [59] palanca *crowbar*

LA NIÑA. ¿No? 460

EL ARTISTA. No... yo hago que sea lo que no es, que el tiempo no transcurra, que el rosa sea violeta, que el sueño sea verdad, que la vida no termine.

LA NIÑA. *(Con asombro.)* ¡Estás loco!

EL ARTISTA. Sí... pero no puedes hacerme nada. Yo te ignoro a ti, tengo 465 el poder de olvidarte... de matarte en un pensamiento.

LA NIÑA. *(Impaciente.)* Vamos.

EL ARTISTA. No iré.

LA NIÑA. Voy a acercar a ti una llama[60] y todos ellos volarán contigo por el aire... 470

LA MUJER. No, mi pequeño.

EL JOVEN. *(Se adelanta y se encara con el ARTISTA.)* No... No tienes derecho. Es tu muerte. Sólo tuya.

EL ARTISTA. *(Con desesperanza.)* Ya sabía yo que me dejarían solo... en el último momento... 475

La NIÑA le da un empujón violento y sale tras él... El VIEJO BARBUDO se ha sentado mientras tanto de espaldas a los fantoches... Se oye otro violento estallido que los paraliza.

EL CABEZÓN. *(Se acerca al VIEJO BARBUDO con aire de pedir una explicación.)* ¿Por qué haces esto? Explícame. Quiero comprender. No sé si 480 lo que te propones es bueno o malo. Durante mucho tiempo pensé que esperábamos aquí algo luminoso, le habíamos llamado libertad... Ahora sé que desde que nos haces, pones dentro de nosotros, como condición para vivir, la bomba misma que ha de aniquilarnos... ¿Por qué entonces no nos haces felices? ¿O por qué no 485 haces que la destrucción sea la felicidad al mismo tiempo? Contesta. *(El VIEJO continúa de espaldas. El CABEZÓN se dirige a la MUJER.)* Háblale tú. Tal vez una mujer...

LA MUJER. *(Se acerca al VIEJO BARBUDO con gran comedimiento[61]. Lleva al pequeño muñeco en los brazos.)* Tú sabes que te he querido, que 490 pensaba en ti y te agradecía que me hubieras hecho diferente a ellos. Sabía que esa diferencia serviría para algo. Hoy sé que es sólo para prolongar nuestra estirpe[62] de fantoches pintados por tu mano, a tu capricho. Creí que nuestra tarea era la de ser felices y me gustaba todo y veía en nuestros colores la más variada colección de 495 hermosuras. Nunca me preocupé por comprender pero ahora, me has dado un pequeño muñeco nuevo y lo quiero. ¿Por qué tengo que querer lo que no comprendo? ¿Por qué no hablas? ¿Eres mudo además de ser sordo y ciego? Habla. *(Llora.)*

El VIEJO calla. 500

---

[60] llama *flame* / [61] comedimiento **moderación, cortesía** / [62] estirpe **raza, familia**

EL VIEJITO. Déjame hablarle. Yo soy viejo ya en este lugar. Por misterioso
que él parezca he vivido mucho tiempo junto a su misterio. *(Le
habla con familiaridad.)* No te pido explicaciones. Para mí es claro.
No hay mucho que comprender; pero yo como tú, soy viejo y sé que
nunca se es el mismo[63]. Cuando era joven también me desesperé y   505
pregunté, pero tú ¿nunca te has hecho preguntas a ti mismo? ¿No
has hallado la respuesta? Creo que en el fondo eres tan ignorante
como nosotros. Sin embargo podrías tener un gesto de piedad[64].
¿Por qué permitiste que esa niña se llevara al artista, que era joven,
y no a mí que tanto le he pedido que me lleve? He visto morir a   510
muchos jóvenes y siempre me ha causado horror. Pon una nueva
medida a tu ministerio[65], un poco de lógica, o ¿no puedes? ¿o lo que
quieres es que nunca estemos satisfechos de nada? Tú mismo ¿estás
satisfecho? Responde una vez, una sola vez.

EL JOVEN. No contesta. ¿No sabe hablar?   515

EL VIEJITO. Acaso nuestro error está en esperar de él una respuesta.

EL JOVEN. Mira, se ha quedado dormido. No ha oído nada.

EL VIEJITO. Está cansado como yo. Viejo y cansado.

LA MUJER. Pero entonces ¿qué hay que hacer para que nos oiga? Él
duerme pero ha dejado a esa niña loca con libertad para elegir. Ella   520
es la única que es libre. Todos nosotros atados de pies y manos con
estas terribles cuerdas y ella libre y desenfrenada. *(Al VIEJO gritán-
dole.)* ¿Es ésa la única libertad que has sido capaz de crear?

Se oye fuera de nuevo la risa de la NIÑA.

EL VIEJITO. Dios mío. . . Dios mío. . . ¿A quién se llevará ahora?   525

EL JOVEN. Valor. Hay que tener valor. *(Le tiende la mano a la MUJER que
se la toma con desesperación y permanecen así, asidos de la
mano*[66].*)*

EL CABEZÓN. Si yo pudiera comprender la psicología de este viejo. . .

La NIÑA, que venía corriendo, se detiene jadeante en el umbral[67] *de la*   530
puerta. Desde ahí observa a los fantoches con una mueca altanera[68].

LA MUJER. *(Apretando al muñeco pequeño.)* Que no sea yo. . . todavía.

EL JOVEN. *(Apretando con calor la mano de la MUJER.)* Ni tú, ni yo. . .

EL VIEJITO. Un tiempo antes. . . un tiempo después. . .

EL CABEZÓN. *(A la NIÑA.)* Dame tiempo para que yo pueda explicarme a   535
mí mismo. . .

LA NIÑA. *(Interrumpe alegre.)* Volveré a seguir mi costumbre. Elegiré,

---

[63] nunca. . . mismo *one is never the same, things are always changing* / [64] un. . . piedad *a
look of pity* / [65] Pon. . . ministerio *Make a new set of standards for your work* /
[66] asidos. . . mano *holding hands* / [67] umbral *threshold* / [68] mueca altanera **gesto
arrogante**

como siempre, al azar. *(Se lanza de nuevo a girar vertiginosamente en mitad de la escena: Los fantoches hacen una pantomima en torno a ella como queriendo escabullirse[69] del dedo de la* NIÑA *que*   540
señala al vacío.)
Música disonante.
LOS FANTOCHES. No. . . yo no. . . yo no.

El VIEJO *duerme tranquilamente. Súbitamente con un acorde disonante, fuerte, la* NIÑA *detiene su giro, en mitad de la escena, señalando con el*   545
índice al lunetario[70], con un gesto firme y amenazador, al mismo tiempo que se corre muy rápido el telón.

PREGUNTAS

1. ¿Cuántos y cuáles son los personajes de esta obra? ¿Qué representa cada uno de ellos?
2. ¿Qué diferencias hay entre los fantoches y los otros dos personajes?
3. ¿Cuál es el fantoche que debe permanecer siempre «de espaldas al público»? ¿Cómo explica usted esa indicación del autor?
4. Según la Mujer, ¿puede ser malo el Viejo que hace los muñecos? ¿Por qué?
5. ¿Qué entiende por «libertad» el Artista? ¿Para qué quiere ir «allí» la Mujer?
6. ¿Cree usted que el Cabezón tiene razón cuando dice: «Creo que ese cartucho es lo que nos atormenta»? ¿Qué contienen esos cartuchos?
7. ¿Qué función tiene la Niña en esta obra? ¿Cómo cumple ella esa función?
8. Después de que la Niña se lleva al Judas, ¿qué le pasa a éste? Describa lo que ve el Cabezón por la ventana.
9. ¿Cambian los fantoches después de saber lo que le pasó al Judas? ¿De qué manera? Dé algunos ejemplos.
10. ¿Cómo cambia la idea que tenía el Artista con respecto a la «libertad» después de la desaparición o «muerte» del Judas? Comente.
11. ¿Cree usted, como sospecha la Mujer, que la muerte es «ser nada»? ¿Tiene usted otra concepción de la muerte? Explique.
12. ¿Qué le pide la Mujer al Viejo barbudo? ¿Para qué quiere ella eso?
13. ¿Cómo es y cómo actúa el Viejo barbudo en esta obra? ¿Por qué cree usted que se lo representa de esa forma?
14. Al final de la obra, ¿a quién escoge la Niña? ¿Cómo explica usted esa selección?

B · En torno al texto

AMPLIACIÓN DE VOCABULARIO

A. **Palabras relacionadas:** Indicar el verbo correspondiente a cada uno de los sustantivos dados.

---

[69] escabullirse *to slip away* / [70] lunetario *audience*

MODELOS: la elección   **elegir**
el sueño   **soñar**

1.	la mentira	**7.**	el beso
2.	el giro	**8.**	la quema
3.	la muerte	**9.**	el abrazo
4.	el amor	**10.**	la vida
5.	la creación	**11.**	el recuerdo
6.	el olvido	**12.**	la esperanza

B. **Expresiones equivalentes:** Para cada una de las siguientes oraciones, sólo una de las dos respuestas posibles es equivalente a la expresión subrayada. Indique cuál es la frase sinónima.

1. ¿No estás harto de ese programa?
   a. estás por mirar   b. estás cansado de
2. Según Susana, esta obra puede interpretarse de varias maneras.
   a. De acuerdo con   b. A pesar de
3. Papá dice que eso es asunto suyo.
   a. es problema suyo   b. es un secreto suyo
4. ¿Por qué se ponen de pie cuando cantan el himno nacional?
   a. se tocan el pie   b. se levantan
5. Esas cosas se dicen a tus años, mi hijo.
   a. cuando uno es niño   b. a tu edad
6. Roberto y su novia caminaban por el parque asidos de la mano.
   a. tocándose las manos   b. tomados de la mano
7. Métete en tus asuntos y no me molestes más.
   a. Concéntrate en tus cosas   b. Guarda tus cosas
8. Hablábamos de Dios y de pronto Pedrito empezó a llorar.
   a. por supuesto   b. de repente
9. Jorge me dijo que el día menos pensado vendría a visitarnos.
   a. lo antes posible   b. en cualquier momento
10. ¿Realmente piensas que Antonio y Luisa se encontraron al azar?
    a. por casualidad   b. al final

TEMAS PARA DISCUSIÓN ORAL O ESCRITA

1. Al principio de la obra se nos indica que el lugar donde se desarrolla la acción es «este mundo cerrado». Sabemos además que el Viejo barbudo, que hace los fantoches, los crea «a imagen y semejanza suya». A partir de estos datos y de otros que usted encuentre en el texto, explore las posibles interpretaciones simbólicas de *Los fantoches* (e.g., ¿qué simbolizan los fantoches?, ¿el tambor que toca el Joven?, ¿el Viejo barbudo?, ¿la Niña?, ¿los cartuchos que todos los fantoches llevan pintados en el pecho?).
2. Según usted, ¿cómo logra el autor dar dimensión universal a una obra hecha a base de elementos locales y cuyo origen es la costumbre mexicana de la «Quema del Judas»? Comente.
3. Después de leer esta obra, ¿diría usted que Solórzano cree en Dios?, ¿en la justicia divina?, ¿en la fraternidad humana?, ¿en el libre albedrío?, ¿en la vida eterna? ¿Por qué sí o por qué no? Use pasajes del texto para apoyar sus respuestas.

4. Compare y contraste los personajes masculinos y femeninos en la obra. Por ejemplo, ¿qué cualidades se asocian con los hombres?, ¿y con las mujeres? Comente acerca de las posibles implicaciones de dichas caracterizaciones.

SUGERENCIAS TEMÁTICAS SUPLEMENTARIAS

1. Comente acerca del uso de «muñecos» en esta obra. ¿Qué impacto dramático o semántico puede lograr el autor creando la ilusión de que sus personajes son «fantoches» y no seres humanos? Explique.

2. ¿Cómo y dónde se reflejan ciertas ideas y preocupaciones existencialistas en esta obra? Dé ejemplos concretos.

3. El Viejo barbudo como Dios o Creador de la humanidad. Por ejemplo, ¿qué implicaría el hecho de que dicho Viejo sea no sólo ciego y sordo sino también mudo y totalmente indiferente a la suerte de sus «muñecos»?

4. Comente contextualmente las siguientes citas del texto e indique si usted cree que pueden interpretarse a nivel sicológico, social, religioso o metafísico.

    a. LA NIÑA: «¿Por qué me ven tan extrañados? Es necesario que este lugar quede libre. Hay otros muñecos esperando a que mi padre les ponga las venas de pólvora.»

    b. EL ARTISTA: «Ya sabía yo que me dejarían solo. . . en el último momento. . .»

    c. LA MUJER: «. . .Él duerme pero ha dejado a esa niña loca con libertad para elegir. Ella es la única que es libre. . .»

    d. EL VIEJITO: «. . .Nunca ha faltado aquí un Judas. Siempre está de espaldas, sin hablar».

C · *Más allá del texto*

SALIENDO DEL TEXTO: PARA PENSAR Y OPINAR

En esta obra de Solórzano, el conocimiento de la verdad, de lo que realmente pasa con los fantoches que dejan el cuarto, despierta en ellos una serie de sentimientos angustiosos: dudas, temores, pérdida de la fe y de la inocencia. *Los fantoches* parece sugerir que el conocimiento es peligroso, que saber es sufrir. ¿Qué piensa usted de esto? ¿Cree que cuanto uno más lee y estudia, necesariamente también cuestiona más y es fácil empezar a dudar, a perder la fe? Es común pasar por una época de crisis religiosa en la juventud, generalmente entre los doce y veinte años. ¿Experimentó usted alguna vez algún tipo de conflicto religioso, de cuestionamiento de sus valores? ¿Cree que su generación es menos religiosa que la de sus padres o abuelos? ¿Cree, como ha dicho Nietzsche, que «Dios está muerto»?

D • Texto en contexto: Una perspectiva entre muchas

CONVERSANDO CON CARLOS SOLÓRZANO

(MINI-ENTREVISTA)

TMF: ¿Qué nos puede decir de *Los fantoches*?

CS: Bueno, de mi teatro breve es la obra que yo más quiero. . . ¡porque es la que ha tenido mejor fortuna! Como usted sabe, un hijo al que le va bien siempre es bien querido, ¿no? *Los fantoches* fue estrenada[1] en 1958 y desde entonces ha sido traducida ya a varias lenguas: al inglés, al francés, al ruso, al italiano, al húngaro. . .

TMF: ¿Cuánto tiempo le llevó escribir esta pieza y cómo surgió la idea de usar marionetas[2] en el drama?

CS: En realidad la obra la escribí en muy breve tiempo, en no más de quince días. Resulta que un día, manejando el automóvil, al pasar por una esquina vi esos muñecos que se hacen en México —los Judas— y que se queman el Sábado de Gloria. Entonces al verlos, el impacto plástico de estas figuras —coloridas, gigantescas, un poco monstruosas pero también humanas, ingenuas— fue tan grande que me vino la idea así, en un momento, de distribuir en una serie de personajes, de «fantoches», varios personajes arquetípicos.

TMF: ¿Hay o había algo específico en esos «Judas» mexicanos que no tienen los muñecos o marionetas comunes?

CS: Sí, efectivamente. Había algo que me subyugaba, y es que estos muñecos llevan en el centro del cuerpo un gran cartucho de pólvora que estalla[3] de la misma manera que un día nuestro corazón estalla y dejamos de vivir. . .

TMF: . . .Y esos fantoches representan las diversas instancias de la vida de todo ser humano. . .

CS: Así es, y al levantarse el telón de esta obra —que siempre ha tenido muy buen efecto— ya se está diciendo eso porque están los muñecos en actitud estática y poco a poco empiezan a moverse en pantomima hasta que el movimiento llega a humanizarse, dando de esta manera la sensación del lento proceso dinámico que tiene todo ser humano: nace, empieza apenas a moverse —en una pantomima grotesca como es la del niño—, poco a poco adquiere un mayor desarrollo en sus movimientos y finalmente termina en otra pantomima grotesca que es la vejez. . . Todas estas figuras de los fantoches, *todas* están reunidas dentro de

---

[1] fue estrenada *opened* / [2] marionetas *puppets* / [3] cartucho. . . estalla *cartridge (filled with gunpowder) that explodes*

nosotros: el hombre y la mujer que nos dieron vida, el hombre potencial-mente apto para trabajar y amar, el que no lo es, la frivolidad que ocupa parte de nuestra existencia, el joven que somos en una época, el anciano que hemos de ser, el deseo de trascender. . . Es decir, los fantoches no sólo son figuras simbólicas fuera de nosotros, sino que representan también las varias etapas[4] de la vida.

TMF: Entonces, ese «mundo cerrado» donde se desarrolla la obra puede interpretarse también como simbólico de nuestro mundo interior, ¿no?

CS: ¡Claro! Ese «mundo cerrado» *es* nuestro interior, dentro del cual habitan todas esas presencias y ahí están y son partes de nosotros mismos. Desde el momento que observamos el exterior y llegamos a sospechar nuestra posible muerte, nuestra segura muerte —cuando el Cabezón observa la desintegración del «Judas»— es cuando viene toda la de-sesperación por no poder trascender.

TMF: Además de esa desesperación, otra idea predominante en la obra es la de que el azar[5] gobierna nuestra existencia. ¿Está esto relacionado con su formación académica, o la época que le tocó vivir. . .?

CS: Totalmente relacionado. Yo me formé en la Francia de la posguerra en el momento de la discusión existencialista y uno de los temas básicos del existencialismo es el azar. No hay otra ley que ésa. Y esa idea del azar encontró una buena expresión escénica en el baile de la niña cruel, que representa la muerte. En fin, *Los fantoches* es una obra del ser y del no ser y refleja las preocupaciones existencialistas de mi época de forma-ción.

---

[4] etapas *stages* / [5] azar *chance*

Jacobo Morales

(PUERTORRIQUEÑO, n. 1934)

FIGURA importante en el mundo artístico puertorriqueño por su valiosa contribución y activa participación en la televisión de su país, Jacobo Morales se ha destacado además como poeta, dramaturgo, director de teatro y libretista[1] de cine y televisión. Este actor-poeta nació y se educó en San Juan, donde también estudió en la Universidad de Puerto Rico. Se dedicó después al teatro, la radio y la televisión, primero como actor y luego como autor y director. A principios de los años setenta se inició como actor con un papel importante en *Bananas* (película de Woody Allen) y un par de años más tarde actuó junto a Barbra Streisand en *Up the Sandbox.*

Su producción literaria incluye dos colecciones poéticas: *100 × 35: Poesía,* Volumen I (1973) —su primer libro y el de autor nacional más vendido ese

---

[1] libretista   *script writer*

año en Puerto Rico— y *409 metros de solar y cyclone fence* (1978); y cuatro obras de teatro: *Muchas gracias por las flores: Cinco alegres tragedias* (1973), *Cinco sueños en blanco y negro* (1975), *Aquélla, la otra, éste y aquél* (1978) y *Una campana en la niebla* (1980). En 1980 estrenó[2] *Dios los cría*, película para la que escribió su primer guión de cine[3]. Dicha[4] película recibió varios premios internacionales y entre ellos dos muy importantes: uno en Cuba (Festival de La Habana) y otro en Francia (Festival Iberoamericano en Biarritz). Actualmente trabaja en el guión de *Nicolás y los demás*, su segundo proyecto cinematográfico.

Próximamente vendrá Bob Hope es uno de los cinco monólogos incluidos en *Muchas gracias por las flores: Cinco alegres tragedias*. En éste, como en los otros cuatro monólogos, el autor se sirve del humor, la ironía y la sátira para comentar una serie de temas válidos en cualquier tiempo y lugar —el amor y el odio, la vida y la muerte, la cordura[5] y la locura, la justicia y la injusticia— como también otros temas o preocupaciones más actuales, tales como la contaminación de la naturaleza, la destrucción de los valores humanos, lo absurdo de las guerras y especialmente el peligro de una guerra nuclear. En *Próximamente. . .* se enfatiza este segundo núcleo temático. La tragedia colectiva de un grupo de gente condenada a morir por culpa de experimentos nucleares que han contaminado las flores, los pájaros y las plantas del lugar se personaliza —a través de la tragedia personal del oficial del Ejército norteamericano cuya familia también va a morir— y al mismo tiempo se vuelve universal al no indicarse sitio o tiempo específico para la acción. Como comenta el mismo autor, tragedias como la dramatizada en el monólogo pueden suceder en cualquier momento «en lugares donde se guarden o se experimente con armas nucleares».

[2] estrenó *premiered* / [3] guión de cine *film script* / [4] Dicha *The above mentioned* / [5] cordura *sanity, common sense*

A • *Frente al texto*

PRÓXIMAMENTE VENDRÁ BOB HOPE (de: MUCHAS GRACIAS POR LAS FLORES)

(Al levantarse el telón vemos un oficial del Ejército[1] *norteamericano.)*

OFICIAL. Buenas noches, señoras y señores. A la verdad que eso de «señoras y señores» suena muy formal, y a mí la formalidad me

[1] Ejército *Army*

pone un poco nervioso, lo mismo que la escena. Tanto, que en los
ejercicios de graduación de la academia militar donde estudié,   5
tomé el diploma con la mano derecha y saludé con la izquierda.
Pero eso es nada, comparado con lo que me sucedió al iniciar un
discurso ante la matrícula[2] de un club. Se me quedó la mente en
blanco. No podía coordinar una sola idea. Dije tantas incoheren-
cias, que los presentes casi se murieron de risa. Me sentí muy   10
deprimido, pero me hice el propósito de reivindicarme. La siguiente
vez que fui invitado a hablar en público, lo escribí todo. Cuando
levanté la vista[3], luego de haber finalizado el discurso, noté que
todos dormían. Buenas noches, amigos. Y lo de «amigos» lo digo con
toda sinceridad. Quienes han sido amables con mi esposa y con mis   15
hijos, me hacen el mayor de los halagos[4]. Ella me ha dicho en
infinidad de ocasiones, que en ninguna ciudad se había sentido tan
a gusto[5] como en ésta. Y a mis hijos, nunca antes los había visto tan
felices y tan activos como aquí. Y digo «activos», por no decir tra-
viesos; porque a la verdad que esos cuatro pecosos se las traen[6].   20
Bueno, coloraos al fin. Llegará el día, amigos, en que los negros y los
amarillos y los cobrizos[7] y los blancos, en fin, todos, puedan vivir en
un mundo, libre de angustias y de violencia, en el que esté cimen-
tada, con bases indestructibles, la libertad, cuya preservación en el
mundo libre es el gran objetivo de nuestro país. Lo cierto es que aún 25
estamos en el proceso de forjar[8] esas bases. Son muchos los sacrificios que nos esperan. Pero estos sacrificios constituyen la segunda
etapa de los sacrificios cristianos originales. Serán muchos los ataques y las críticas de que seremos objeto aquellos que nos hemos
echado sobre los hombros la tarea de construir los caminos hacia el   30
mundo nuevo, donde habitará el hombre nuevo. No en el contexto
comunista, claro está. Nuestro Ejército, en estos momentos de la
historia, es algo así como una organización pacifista armada, y
nuestras armas nucleares, el más poderoso instrumento para ade-
lantar la instauración de la paz definitiva[9]. ¿Se imaginan qué sería   35
del mundo en la actualidad, si nuestra nación no gozara de la
supremacía en lo que a armas nucleares respecta? Nuestro presidente lamenta de todo corazón lo ocurrido. Quiero aclarar, oficialmente, que lo que sucedió no fue producto de la negligencia o de un
error. La causa directa es todavía un misterio, un fenómeno que   40
nuestros científicos están investigando afanosamente[10]. El resultado de sus investigaciones será informado a ustedes, en detalles, a
medida que se vaya produciendo. Se sospecha que los pájaros, el

---

[2] matrícula *members* / [3] Cuando. . . vista *When I looked up* / [4] halagos *flatteries* / [5] a
gusto *at home, at ease* / [6] esos. . . traen *there is more to those four freckled children than
meets the eye* / [7] cobrizos *copper-colored (people)* / [8] de forjar *of forging* / [9] para. . .
definitiva *to advance the establishment of definitive peace* / [10] afanosamente *eagerly*

aire y los insectos de los espacios circundantes[11] puedan ser cómplices. . . Mejor dicho, puedan haberse convertido en agentes con-   45
taminadores. La acción a tomar contra los pájaros, el aire y los
insectos está bajo estudio. Además, se mantiene estrecha vigilancia
contra cualquier amenaza de nacimiento de nuevas flores. Por
motivos de seguridad, el Ejército, en acción conjunta con el Gobierno local, ha instalado campamentos, con las facilidades nece-   50
sarias y en sitio seguro, en los que ha albergado[12] a varios miles de
residentes de zonas aledañas[13]. Estamos conscientes de que entre
éstos habrá familiares y amigos de ustedes; por tal razón, se están
haciendo los arreglos para que, a la mayor brevedad, puedan co-
municarse entre sí por la vía telefónica. Sus casas y sus pertenen-   55
cias permanecen igual a como las dejaron. Desde el helicóptero que
me trajo hasta aquí se podían divisar, en las áreas evacuadas,
algunas residencias con las puertas y las ventanas abiertas: cosa
que era muy arriesgada[14] antes de. . ., de lo sucedido. Los auto-
móviles estacionados y los árboles parecen formar parte de la   60
maqueta[15] de una ciudad que se exhibe con algún propósito. Se
distingue ropa colgada en algunos patios. También bicicletas, velo-
cípedos y otros juguetes que esperan por sus dueños. Timothy, me
pareció haber visto tu pelota de fútbol junto a la casita de muñecas
de Annie, y tu piscina[16] plástica, Fred, aún está llena de   65
agua. Es posible que antes de que finalice el verano la puedas usar
de nuevo, pero sin tratar de sumergir a Betsy por la fuerza. Hola,
Debbie. Tenía muchos deseos de verte. Amigos, para los que aún no
lo sepan, mi familia está entre ustedes. Imagino la fiesta que cele-
braremos el día en que los médicos les autoricen a abandonar este   70
aislamiento[17]. Todos recibirán atención médica de primer orden.
Con el fin de acelerar el suministro de equipo[18], medicamentos y
personal, para dar inicio a los tratamientos rápidamente, el Ejército
está terminando la construcción de un aeropuerto, que pasará a ser
propiedad de ustedes cuando todo se normalice. Además, cuando   75
las circunstancias lo permitan, se volverán a sembrar[19] de flores los
jardines y los campos, y se construirán, por cuenta del Ejército[20], las
escuelas y los centros de salud adicionales que estaban haciendo
falta, y una red de carreteras que estimulará el desarrollo comercial
de este sector. Pinta bien el futuro, amigos. Timothy, no he olvidado   80
que pasado mañana es tu cumpleaños. Me será imposible estar
junto a ti, pero contigo estarán mis pensamientos y mi bendición.

---

[11] circundantes *surrounding* / [12] ha albergado *has housed* / [13] aledañas **que están
cerca** / [14] arriesgada *dangerous, risky* / [15] maqueta *(architectural) model* / [16] piscina *swimming pool* / [17] aislamiento *isolation* / [18] Con. . . equipo *In order to speed up
the supply of equipment* / [19] sembrar **plantar** / [20] por. . . Ejército *on the Army's tab*

Bueno; pero no hay que dejar que la tristeza nos domine. Busquémosle el lado bueno a esta situación, ya que todo en la vida tiene su lado malo, pero también su lado bueno. El lado malo para los caballeros que aquí se encuentran, por ejemplo, es que no podrán tomarse un par de copas[21] en el bar al salir de sus trabajos; pero, por otra parte, no tendrán que trabajar ni que meterse en los tapones de tránsito. Para las damas, el lado malo consiste en que no podrán ir de compras ni al salón de belleza. ¡Ah!, pero podrán ver todas las novelas de televisión que deseen y platicar[22] a gusto con sus amigas. También habrá cine todas las noches, dominó y otros pasatiempos. Y adivinen quién les hará una visita en breve. Nada menos que Bob Hope. Sí, amigos, próximamente vendrá Bob Hope. Yo le he visto trabajar para las tropas en varias ocasiones. Es increíble. Recuerdo que una vez, al entrar a escena, le dijo a un soldado que tenía una larga cicatriz en curvas, y todavía con puntos[23]: «Amigo, ése es el zíper más raro que he visto en mi vida». Más adelante, durante esa representación, un sargento le preguntó a Hope si era cierto que el programa de monseñor Fulton Sheen tenía más teleaudiencia que el suyo. Hope contestó que era verdad y dio las razones: «No es porque monseñor Sheen sea más gracioso que yo —recalcó[24]—, sino porque tiene los mejores libretistas. Cuenta nada menos que con San Mateo, San Pablo, San Marcos, San Lucas y San Juan». Luego dijo que tenía una noticia importante para todos los soldados católicos. La noticia era que el Papa les autorizaba a comer Spam los viernes. ¡Qué Hope éste[25]! Finalizó su acto diciendo que todas las religiones tienen algo grande: «La hebrea —señaló— tiene el Viejo Testamento; la protestante, el Nuevo Testamento, y la católica, el bingo». ¡Cuánto daría por estar entre ustedes el día de su visita! ¡Cuánto lamento no haber estado contigo, Debbie, y con los niños, el día en que fueron al campo a cortar flores! ¿Por qué no hacemos una encuesta[26]? Levanten la mano los que se contaminaron con las flores de su propio jardín. *(Dirige su mirada hacia distintos sectores de la audiencia.)* ¡Ajá. . .! Ahora levanten la mano las que están aquí por causa de haber recibido regalos de flores de parte de sus novios, de sus maridos o de sus amantes. *(Vuelve a mirar.)* ¡Ah. . .! Los que se radiactivaron por haber asistido a funerales, levanten la mano. *(Mira otra vez.)* Bien. Y ahora quiero que la levanten los que. . . Mejor dejamos la encuesta para otro día. ¡Ah!, los días. . . Son largos estos días. . . Debo decirles. . . ¡Ah!, las palabras. . . ¡Ah!, Dios. Amigos: la verdad es que ustedes están en-

---

[21] tomarse. . . copas *to have a couple of drinks* / [22] platicar **hablar, charlar** / [23] una. . . puntos *a long, curved scar, still with stitches* / [24] recalcó **enfatizó** / [25] ¡Qué Hope éste! *What a card this Hope is!* / [26] encuesta *survey*

fermos. Muy enfermos. Tal vez, algunos no lograrán recuperarse. De hecho, existe la posibilidad de que nadie logre recuperarse. ¡Oh, Dios! Esto ha sido terrible. Pero piensen que estos sacrificios consti-   125
tuyen. . . *(Desbordándose emocionalmente.)* No constituyen nada. Todos ustedes van a morir por culpa de esta mierda[27]. A algunos les queda más tiempo; a otros, menos; pero van a morir. Ya el Ejército compró los ataúdes[28]. Los gastos de todos los funerales correrán por cuenta del Ejército, y ya se han hecho los planos para la construc-   130
ción de un nuevo cementerio, que también estaba haciendo falta y que inaugurarán ustedes. Esto forma parte del programa de ayuda militar a las áreas subdesarrolladas[29] y a las zonas de desastre. No me negarán que el Ejército merece un aplauso. Aplaudan. A la mayor parte de ustedes les quedan fuerzas todavía para aplaudir, e   135
incluso para practicar deportes, como el ping-pong, el billar, y quién sabe si hasta el tiro al blanco con dardos[30]. También les quedan fuerzas para hacerse el amor, esta vez sin tener que evitar los hijos, y fuerzas para reír y llorar y gritar y maldecirnos hasta quedar sin voz. ¡Carajo[31]! Yo ofrecería la vida de todos los hombres   140
bajo mi mando en este maldito proyecto, y mi vida por la de us- tedes. Yo también quisiera estar entre ustedes. *(Apoya sus manos en una división transparente imaginaria que lo separa del pú- blico.)* Y contaminarme. O matarlos ahora, porque su muerte será. . . Debbie, dentro de poco tiempo los niños empezarán a debi-   145
litarse por causa de graves desórdenes en el sistema gastrointesti- nal. Muy pronto les serán suministrados calmantes[32], y no medica- mentos, como les había dicho. Perdónenme por haberles mentido. Perdónenme por mi salud y por mi libertad. *(Golpea la división con los puños. Se escucha el sonido de los golpes.)* Abran; quiero estar   150
con ellos. Déjenme pasar. *(Se detiene.)* No, no, no llores, Debbie; no llores ahora. Abraza a los niños y diles. . . Diles que la otra vida existe, porque tiene que existir, y que nos reuniremos en el más allá. Porque eso es cierto: nos reuniremos en el más allá. *(Vuelve a golpear.)* Déjenme pasar, por Dios. No llores tú tampoco, Timothy.   155
(Enloqueciendo.) Mañana iremos a pescar. Todos. Acamparemos junto al río. Al atardecer haremos una fogata[33] y cenaremos. Annie pondrá al fuego los malvaviscos[34], y entre Fred y Debbie asarán la carne. Que Betsy no se acerque a la orilla. Tú y yo, Timothy, guardaremos las cañas y las carnadas[35]. Verás que mañana ten-   160
dremos más suerte. Después de la cena les haré cuentos. Había una vez en Hiroshima. . . Hiroshima. . . No, Hiroshima, no. Había una

---

[27] por. . . mierda *because of this dirty business* / [28] ataúdes *coffins* / [29] subdesarro- lladas *underdeveloped* / [30] el. . . dardos *throwing darts* / [31] ¡Carajo! *Damn it!* / [32] les. . . calmantes *they will be given tranquilizers* / [33] fogata *campfire* / [34] malvaviscos *marshmallows* / [35] carnadas *baits*

vez en Korea una colina llamada Kelly. . . No; ese cuento tampoco. Había una vez una aldea y unos niños en Vietnam. . . *(Se escucha estruendoso tableteo incesante de ametralladoras[36]. Se proyectan*   165
rojos parpadeos de luz hacia el área de acción del oficial. Este se mueve de un lado a otro, fuera de sí. Vuelve a golpear la división transparente imaginaria. Retrocede, se cubre los oídos. Casi se acuclilla[37]. Emite un alarido largo. Cesa el ruido de las ametralladoras y el parpadeo de luz. Luego de una pausa.) No volverán a   170
nacer flores. Nacerán brazos en la tierra, y manos pálidas en constante movimiento. Nacerán cabezas y ojos, y habrá enredaderas[38] de arterias e intestinos. La brisa olerá eternamente a carne podrida[39], y no habrá más susurros del viento, sino gemidos[40]; gemidos y gritos; gemidos, gritos y toses; gemidos; gritos, toses y   175
náuseas. Náuseas. Pronto empezarán a sentir náuseas y terribles dolores de estómago y, finalmente, desvanecimiento[41]. *(Vuelve a golpear.)* Déjenme entrar, déjenme entrar. . . Por favor. . . *(Sigue golpeando.)* No llores, Debbie; abraza a los niños. Déjenme entrar. . . *(Empieza a bajar el telón lentamente. Continúa golpeando.)*   180
Por favor. . . No quiero permanecer en libertad. . . La muerte será mi libertad. Déjenme entrar. . . Déjenme entrar. . .

PREGUNTAS

1. ¿Cómo visualiza usted el escenario de esta obra?
2. ¿Dónde y cuándo cree usted que tiene lugar este monólogo?
3. ¿Quién es el personaje que está hablando? Descríbalo brevemente.
4. ¿A quiénes les está hablando él? ¿En qué ocasión?
5. ¿De qué manera participan los espectadores en la acción dramática de esta obra? Explique.
6. ¿Qué le está diciendo y prometiendo a esa gente el oficial del Ejército norteamericano? ¿Está él diciendo la verdad? ¿Por qué?
7. ¿Qué les ha pasado a las flores, a los pájaros y a la gente que lo está escuchando?
8. ¿Por qué dice él que Bob Hope va a llegar pronto? ¿Para qué va a ir a ese lugar Bob Hope?
9. ¿Dónde está la familia del oficial? ¿Cuántos hijos tiene él? ¿Cómo se llaman ellos? ¿Y su esposa?
10. ¿Qué les dice él a sus hijos? ¿y a su esposa?
11. ¿En qué momento empieza a cambiar el tono del discurso del oficial? Según usted, ¿qué causa ese cambio? Explique.
12. ¿Por qué quiere estar él entre esa gente?
13. ¿Qué clase de cuentos imagina él que les va a contar a sus hijos cuando vayan a acampar? ¿Por qué rechaza él esas ideas?
14. ¿Cómo visualiza el oficial el final de toda esa gente?
15. Según su opinión, ¿qué pasa al final de esta obra?

---

[36] Se. . . ametralladoras. *The ceaseless rat-a-tat of machine guns is heard.* / [37] se acuclilla *squats down* / [38] enredaderas *vines* / [39] carne podrida *rotten flesh* / [40] gemidos *moans* / [41] desvanecimiento *faintness*

B · *En torno al texto*

AMPLIACIÓN DE VOCABULARIO

A. **Definiciones:** De la lista que sigue, identifique cada una de las palabras cuyas definiciones se dan a continuación. (Todas las palabras de la lista están contenidas en el monólogo.)

verano	pelota	graduación
aldea	piscina	corazón
cumpleaños	escuela	nación
familiares	cine	jardín
residencia	encuesta	televisión

1. Lugar donde uno va para ver películas.
2. Lugar con agua, donde uno puede nadar.
3. Lugar donde generalmente hay flores.
4. Lugar donde los niños van a estudiar.
5. Pueblo relativamente pequeño.
6. Grupo de todos los habitantes de un país.
7. Casa o apartamento donde uno vive.
8. Aniversario del nacimiento de una persona.
9. Bola que se usa para jugar al béisbol, por ejemplo.
10. Una de las cuatro estaciones del año.

B. **Modismos:** Sustituya la parte subrayada en cada oración por uno de los siguientes modismos (expresiones idiomáticas). Cuando sea necesario, haga los cambios gramaticales apropiados. (Todos los modismos de la lista están contenidos en el monólogo.)

morirse de risa	hacerse el propósito de
ser cierto	quedársele la mente en blanco (a alguien)
asistir a	en infinidad de ocasiones
sentirse a gusto	sucederle (algo a alguien)
el lado bueno	ser arriesgado

1. Mañana no tengo que ir a clase.
2. Susana estaba feliz y contenta en su nuevo apartamento.
3. Ellos se rieron muchísimo cuando les conté mi aventura.
4. ¿Es verdad que Laura está enferma?
5. La verdad es que me olvidé de todo.
6. Sólo quiero mencionarles el aspecto positivo del proyecto.
7. Tú decidiste trabajar más este año, ¿no?
8. ¿Qué le pasó a tu amigo?
9. Realmente pienso que es peligroso viajar allí ahora.
10. Jorge y yo hemos discutido lo mismo muchísimas veces.

TEMAS PARA DISCUSIÓN ORAL O ESCRITA

1. Discuta la personalidad del oficial. Compare y contraste sus palabras al principio y al final de la obra. Por ejemplo, ¿se produce algún cambio en él? ¿Cómo lo

notamos? ¿Cómo le afecta personal y sicológicamente la situación de las personas con quienes está hablando?

2.   Comente el título de la obra y su relación con el contenido del monólogo. Por ejemplo, ¿cuál es la significación o importancia de Bob Hope en esta obra? ¿Cómo relaciona usted a Bob Hope con la mentalidad militar?

3.   En *Próximamente. . .* no se nos dice ni dónde ni cuándo sucede la acción. Personalmente, ¿dónde cree usted que esta obra tiene lugar? ¿en Puerto Rico? ¿en los Estados Unidos? ¿en Vietnam? ¿en Nicaragua? ¿en Honduras? ¿Cuándo? ¿en un futuro muy próximo? ¿en el pasado? ¿nunca? Imagine un lugar concreto y una fecha específica para esta obra y descríbalos. Explique por qué ha visualizado ese escenario particular.

4.   Discuta *Próximamente. . .* como obra de contenido crítico. Por ejemplo, ¿qué se critica o denuncia en este monólogo? ¿Y cómo llega esa crítica al lector o espectador?

5.   Identifique el tema (los temas) de esta obra y coméntelo(s). Por ejemplo, ¿qué nos está diciendo el autor de los Estados Unidos? ¿de la proliferación nuclear? ¿de una posible guerra nuclear? ¿de la vida y la muerte?

SUGERENCIAS TEMÁTICAS SUPLEMENTARIAS

1.   Comente el uso del humor y la ironía en *Próximamente. . .* ¿Cuál es el efecto de la transición del humor al horror final?

2.   ¿De qué manera(s) es este oficial del Ejército norteamericano típico o atípico de otros oficiales de gobierno de esta sociedad o de cualquier otra sociedad? ¿Cree usted que él se da cuenta de las falsas esperanzas y promesas que está haciendo? Explique.

3.   Al final de la obra se mencionan Hiroshima, Korea, Kelly y Vietnam. ¿Por qué están aquí mencionados? ¿Qué relación tienen con el tema o el contenido del monólogo? Comente.

4.   Imagine que usted es un arqueólogo y años después de la destrucción de toda esa gente que murió contaminada, encuentra el diario de la esposa del oficial del Ejército norteamericano. Sólo pudo encontrar las páginas relacionadas con los últimos cuatro días antes de su muerte. ¿Qué lee en ese diario? ¿Qué escribió ella en cada uno de esos días finales?

5.   Y ahora imagine que usted es ese oficial del Ejército norteamericano y que está leyendo la última carta que recibió de su esposa: su carta de despedida. ¿Qué lee? ¿Qué le dice ella? ¿Cómo se siente? ¿Qué piensa del mundo, de la vida, de la muerte, del gobierno de su país?

C • Más allá del texto

SALIENDO DEL TEXTO: PARA PENSAR Y OPINAR

Hoy día, debido a la proliferación de armas nucleares, es prácticamente imposible no hablar de una posible guerra nuclear. ¿Qué piensa usted al respecto? ¿Cree que es posible evitarla? ¿Cómo? ¿Ha visto películas que discutan el tema, como por ejemplo *Silkwood* o *The Day After*? ¿Qué opinión tiene de esas películas? ¿Reflejan, según usted, las consecuencias de una catástrofe nuclear de manera realista? Comente.

D • *Texto en contexto: Una perspectiva entre muchas*

CONVERSANDO CON JACOBO MORALES

(MINI-ENTREVISTA)

TMF: ¿Cuándo y cómo se origina *Muchas gracias por las flores*?

JM: La idea la tuve hace muchísimos años, pero la obra fue escrita a principios de los setenta. Es mi primera pieza teatral y nace del deseo de iniciarme en el campo de la dramaturgia con temas virtualmente diferentes a los incluidos en mi poesía. Antes de *Muchas gracias. . .*, mi trabajo literario estaba concentrado más que nada en la poesía. . .

TMF: . . .género donde generalmente predomina una voz: la del poeta o la del «yo» poético. Muchos poemas podrían definirse como «monólogos» líricos. . . ¿Explica eso, quizás, su preferencia por el monólogo en esta obra?

JM: Quizás. . . Siempre me han gustado los monólogos, a pesar de que, en la vida real, me agrada más oír que hablar.

TMF: ¿Por qué menciona «las flores» en el título global y no las incluye en ninguno de los títulos de los monólogos que contiene la obra?

JM: No están en los títulos, es verdad, pero sí están presentes en cada uno de los monólogos. En todos ellos hay flores de algún tipo: se habla de ellas, se habla con ellas, se cortan flores, se las cuida, etc. Yo utilizo esas flores como elemento común, de enlace[1] en la obra. . . Aparte de ese detalle, cada monólogo es una unidad en sí y puede leerse, verse y comprenderse independientemente de los demás, sin tener que leer o ver el resto.

TMF: El subtítulo de *Muchas gracias. . .* es *Cinco alegres tragedias*. ¿Cuál es el propósito de ese subtítulo aparentemente contradictorio? ¿Cómo pueden ser «alegres» las «tragedias»?

JM: Le doy ese subtítulo con el propósito de añadirle[2] un elemento de ironía y humor. Siempre he creído que el humorismo en serio, el humor bien concebido, mueve más a la reflexión que el panfletarismo y la solemnidad.

---

[1] de enlace   *as a link*   /   [2] añadirle   *adding to it (the work)*

TMF: En el caso particular de *Próximamente vendrá Bob Hope,* ¿está inspirado en algún incidente específico o es pura ficción?

JM: En realidad, ni lo uno ni lo otro. . . Ese monólogo es una pieza de ficción basada en hechos que han ocurrido o que pueden suceder, en lugares donde se guarden o se experimente con armas nucleares.

TMF: ¿Hizo usted el servicio militar en el Ejército de los Estados Unidos?

JM: No, nunca estuve en el Ejército. Mi única experiencia militar (o cuasi militar) fue en los cincuenta, durante mis años de estudiante en la Universidad de Puerto Rico. Entonces era obligatorio recibir instrucción militar en el programa del ROTC[3]. Una tarde, mientras participaba en un ejercicio de marcha, y luego de haber recibido una reprimenda por marchar sin ganas, abandoné la fila a paso firme y todavía me están esperando. . .

TMF: Entonces nunca vio o escuchó una presentación de Bob Hope para los soldados estacionados en alguna parte del mundo. . .

JM: No, pero utilizo a Bob Hope como prototipo del apaciguador[4] demagógico, tan empleado por los sistemas opresores e imperialistas.

TMF: ¿Cree usted que su público puede interpretar *Próximamente. . .* de manera diferente a su propia interpretación, a la que usted intentó sugerir?

JM: No sólo que puede hacerlo sino que lo ha hecho muchas veces. Yo acostumbro dialogar con el público luego de las presentaciones de mis obras. Casi siempre se producen experiencias muy estimulantes. A veces me maravilla la capacidad del público (incluso de los niños) para captar sutilezas[5] y pequeños detalles. En ocasiones me dejan perplejo interpretaciones de simbolismos y mensajes que jamás pasaron por mi mente.

TMF: Además de autor de *Muchas gracias por las flores,* ¿trabajó usted como actor en alguno de los monólogos?

JM: Sí, en todos ellos. *Muchas gracias. . .* fue concebida como una obra teatral de cinco monólogos para un intérprete. En ocasión de su estreno[6] me asigné los cinco personajes, con la aprobación de su autor y director.

TMF: . . .de su autor: Jacobo Morales, ¿y director. . .?

JM: También el mismo: yo, Jacobo Morales. . .

---

[3] ROTC *Reserve Officers Training Corps* / [4] apaciguador *pacifier* / [5] sutilezas *subtleties* / [6] estreno *first performance*

Osvaldo Dragún

(ARGENTINO, n. 1929)

NACIÓ en la provincia de Entre Ríos. A los dieciséis años vino a vivir a Buenos Aires, donde empezaron sus actividades teatrales, primero como actor y director de teatro, y posteriormente como dramaturgo. En la década del cincuenta escribió y presentó sus primeras obras: *La peste viene de Melos* (1956), *Tupac Amarú* (1957), tres obras cortas reunidas bajo el título de *Historias para ser contadas* (1957), *Los de la mesa diez* (1957), *Historia de mi esquina* (1959) y *El jardín del infierno* (1959). En los años sesenta Dragún recibió el Premio Casa de las Américas dos veces: en 1963 con *Milagro en el mercado viejo* y otra vez en 1966 con *Heroica de Buenos Aires*. Otras obras suyas de esos años incluyen: *Y nos dijeron que éramos inmortales* (1963), *Amoretta* (1965), *Dos en la ciudad* (1967), *El amasijo* (1968) y *Un maldito sábado* (1968), una versión algo modificada de la anterior. La crítica social a través de la sátira, el humor negro y el uso de la exageración grotesca, son elementos presentes en todo el teatro de Dragún. Sus temas, aunque tienen su origen en la situación socioeconómica y humana de su país, son, no obstante, universales porque giran en torno a[1] la soledad del hombre actual, a la incomprensión generacional, a la falta de caridad social, al desempleo y a la degradación humana general en un mundo cada vez más mecanizado y tecnológico, problemas que hoy día afectan, en mayor o menor grado, a todo el planeta.

Durante la década del setenta, Dragún se dedicó más que nada a la práctica teatral, dirigiendo obras y dando conferencias sobre teatro. Eso explica que prácticamente no escribiera nada nuevo durante esos años. Sin embargo, su importancia dentro del panorama teatral argentino actual es cada vez mayor. En 1981, Dragún tuvo un papel fundamental en la formación de un grupo teatral integrado por autores, directores y actores deseosos de revitalizar el teatro argentino contemporáneo. De esa preocupación inicial nació en Buenos Aires «Teatro Abierto», un movimiento socio-teatral único en la historia del teatro hispanoamericano actual. Empezando con un grupo de veintiún autores, veintiún directores y más de cien actores (todos trabajando sin recibir sueldo alguno, por puro amor al arte), en julio de 1981 se abrió el ciclo anual de «Teatro Abierto» con la presentación de veintiuna obras de un acto. Desde entonces el ciclo ha continuado ininterrumpidamente, con éxito y entusiasmo renovados año tras año[2]. Además de su importante labor de liderazgo[3] teatral general, últimamente Dragún ha presentado tres obras más: *El obelisco* (originalmente presentada en «Teatro Abierto 81»), *Hoy se comen al flaco* (en «Teatro Abierto 83») y *Al violador* (1984).

Historia del hombre que se convirtió en perro, una de las obras más conocidas del teatro hispanoamericano contemporáneo, forma parte de las *Historias para ser contadas.* A estas historias debe Dragún gran parte de su fama internacional, ya que han sido exitosamente representadas tanto en Hispanoamérica como en Europa y en los Estados Unidos. Como en otras obras suyas, en *Historia del hombre que se convirtió en perro* Dragún recurre al humor negro y a la sátira, al uso del absurdo y del grotesco para comentar acerca de la situación de aislamiento alienante en que actualmente se encuentra el ser humano. Por medio de la exageración y de la deformación caricaturesca, el dramaturgo argentino parece dirigir la atención del lector/espectador hacia las consecuencias deshumanizantes que el desarrollo industrial y los avances tecnológicos de las últimas décadas han tenido en el mundo contemporáneo.

---

[1] giran. . . a *revolve around* / [2] año tras año *year after year* / [3] liderazgo *leadership*

A • Frente al texto

HISTORIA DEL HOMBRE QUE SE CONVIRTIÓ EN PERRO

PERSONAJES

ACTOR 1
ACTOR 2
ACTOR 3
ACTRIZ

La acción transcurre en la época actual, en nuestro país.

ACTOR 2. Amigos, la tercera historia vamos a contarla así. . .

ACTOR 3. Así como nos la contaron esta tarde a nosotros.

ACTRIZ. Es la «Historia del hombre que se convirtió en perro».

ACTOR 3. Empezó hace dos años, en el banco[1] de una plaza. Allí, señor. . .   5
  donde usted trataba hoy de adivinar[2] el secreto de una hoja.

ACTRIZ. Allí, donde extendiendo los brazos apretamos al mundo por la
  cabeza y los pies, y le decimos: ¡suena[3], acordeón, suena!

ACTOR 2. Allí le conocimos. *(Entra el ACTOR 1.)* Era. . . *(Lo señala.).* . . así
  como lo ven, nada más. Y estaba muy triste.   10

ACTRIZ. Fue nuestro amigo. El buscaba trabajo, y nosotros éramos actores.

ACTOR 3. El debía mantener[4] a su mujer, y nosotros éramos actores.

ACTOR 2. El soñaba con la vida, y despertaba gritando por la noche. Y
  nosotros éramos actores.   15

ACTRIZ. Fue nuestro amigo, claro. Así como lo ven. . . *(Lo señala.)* Nada
  más.

TODOS. ¡Y estaba muy triste!

ACTOR 3. Pasó el tiempo. El otoño. . .

ACTOR 2. El verano. . .   20

ACTRIZ. El invierno. . .

ACTOR 3. La primavera. . .

ACTOR 1. ¡Mentira! Nunca tuve primavera.

ACTOR 2. El otoño. . .

ACTRIZ. El invierno. . .   25

ACTOR 3. El verano. Y volvimos. Y fuimos a visitarlo, porque era nuestro
  amigo.

---

[1] banco *bench* / [2] donde. . . adivinar *where today you were trying to guess* / [3] suena
play / [4] mantener *support*

ACTOR 2. Y preguntamos: ¿Está bien? Y su mujer nos dijo. . .

ACTRIZ. No sé.

ACTOR 3. ¿Está mal? 30

ACTRIZ. No sé.

ACTORES 2 Y 3. ¿Dónde está?

ACTRIZ. En la perrera[5]. (*ACTOR 1 está en cuatro patas[6].*)

ACTORES 2 Y 3. ¡Uhhh!

ACTOR 3. (*Observándolo.*)   Soy el director de la perrera, 35
y esto me parece fenomenal.
Llegó ladrando[7] como un perro
(requisito principal);
y si bien[8] conserva el traje,
es un perro, a no dudar. 40

ACTOR 2. (*Tartamudeando[9].*) S-s-soy el v-veter-rinario,
y esto-to-to es c-claro p-para mí.
Aun-que p-parezca un ho-hombre,
es un p-pe-perro el q-que está aquí.

ACTOR 1. (*Al público.*) Y yo, ¿qué les puedo decir? No sé si soy hombre o 45
perro. Y creo que ni siquiera ustedes podrán decírmelo al final.
Porque todo empezó de la manera más corriente[10]. Fui a una fábrica a buscar trabajo. Hacía tres meses que no conseguía nada, y
fui a buscar trabajo.

ACTOR 3. ¿No leyó el letrero? «NO HAY VACANTES». 50

ACTOR 1. Sí, lo leí. ¿No tiene nada para mí?

ACTOR 3. Si dice «No hay vacantes», no hay.

ACTOR 1. Claro. ¿No tiene nada para mí?

ACTOR 3. ¡Ni para usted, ni para el ministro!

ACTOR 1. Ahá. ¿No tiene nada para mí? 55

ACTOR 3. ¡NO!

ACTOR 1. Tornero[11]. . .

ACTOR 3. ¡NO!

ACTOR 1. Mecánico. . .

ACTOR 3. ¡NO! 60

ACTOR 1. S. . .

ACTOR 3. N. . .

ACTOR 1. R. . .

ACTOR 3. N. . .

ACTOR 1. F. . . 65

ACTOR 3. N. . .

ACTOR 1. ¡Sereno[12]! ¡Sereno! ¡Aunque sea de sereno!

---

[5] perrera *kennel, dog pound* / [6] en cuatro patas *on all fours* / [7] ladrando *barking* /
[8] si bien **aunque** / [9] Tartamudeando *Stuttering* / [10] corriente **ordinaria, común** /
[11] Tornero *Lathe maker* / [12] ¡Sereno! *Night watchman!*

ACTRIZ. *(Como si tocara un clarín.)* ¡Tu-tú, tu-tu-tú! ¡El patrón! *(Los ACTORES 2 y 3 hablan por señas.)*

ACTOR 3. *(Al público.)* El perro del sereno, señores, había muerto la noche   70
anterior, luego de 25 años de lealtad.

ACTOR 2. Era un perro muy viejo.

ACTRIZ. Amén.

ACTOR 2. *(Al ACTOR 1.)* ¿Sabe ladrar?

ACTOR 1. Tornero.   75

ACTOR 2. ¿Sabe ladrar?

ACTOR 1. Mecánico. . .

ACTOR 2. ¿Sabe ladrar?

ACTOR 1. Albañil[13]. . .

ACTORES 2 y 3. ¡NO HAY VACANTES!   80

ACTOR 1. *(Pausa.)* ¡Guau[14]. . . guau!. . .

ACTOR 2. Muy bien, lo felicito. . .

ACTOR 3. Le asignamos diez pesos[15] diarios de sueldo, la casilla y la
comida.

ACTOR 2. Como ven, ganaba diez pesos más que el perro verdadero.   85

ACTRIZ. Cuando volvió a casa me contó del empleo conseguido. Estaba
borracho.

ACTOR 1. *(A su mujer.)* Pero me prometieron que apenas un obrero se
jubilara, muriera o fuera despedido[16], me darían su puesto. ¡Divertite[17], María, divertite! ¡Guau. . . guau!. . . ¡Divertite, María, diver-   90
tite!

ACTORES 2 Y 3. ¡Guau. . . guau!. . . ¡Divertite, María, divertite!

ACTRIZ. Estaba borracho, pobre. . .

ACTOR 1. Y a la otra noche empecé a trabajar. . . *(Se agacha[18] en cuatro
patas.)*   95

ACTOR 2. ¿Tan chica le queda la casilla[19]?

ACTOR 1. No puedo agacharme tanto.

ACTOR 3. ¿Le aprieta aquí[20]?

ACTOR 1. Sí.

ACTOR 3. Bueno, pero vea, no me diga «sí». Tiene que empezar a acos-   100
tumbrarse. Dígame: ¡Guau. . . guau!

ACTOR 2. ¿Le aprieta aquí? *(El ACTOR 1 no responde.)* ¿Le aprieta aquí?

ACTOR 1. ¡Guau. . . guau!. . .

---

[13] Albañil *Bricklayer* / [14] guau *bow wow (sound of dog's bark)* / [15] diez pesos *approx. three dollars. In 1956, when this play was written, the exchange rate for the Argentine peso was about thirty cents per peso.* / [16] despedido *fired* / [17] ¡Divertite. . .! **¡Diviértete. . .!** *(**Divertite** corresponds to the **vos** form of address, commonly used in Argentina —especially in Buenos Aires— and other South American countries as a substitute for, or interchangeably with, the informal **tú**. EXAMPLES:* **vos hablás, vos comés, vos decís.** *Throughout the rest of this reading,* **vos** *cases which might be confusing will be glossed with their equivalent* **tú** *forms.)* / [18] Se agacha *Crouches* / [19] ¿Tan. . . casilla? *Is the doghouse so small for you?* / [20] ¿Le aprieta aquí? *Does it feel tight here?*

ACTOR 2. Y bueno. . . *(Sale.)*

ACTOR 1. Pero esa noche llovió, y tuve que meterme en la casilla. 105

ACTOR 2. *(Al ACTOR 3.)* Ya no le aprieta. . .

ACTOR 3. Y está en la casilla.

ACTOR 2. *(Al ACTOR 1.)* ¿Vio como uno se acostumbra a todo?

ACTRIZ. Uno se acostumbra a todo. . .

ACTORES 2 Y 3. Amén. . . 110

ACTRIZ. Y él empezó a acostumbrarse.

ACTOR 3. Entonces, cuando vea que alguien entra, me grita: ¡Guau. . . guau! A ver. . .

ACTOR 1. *(El ACTOR 2 pasa corriendo.)* ¡Guau. . . guau!. . . *(El ACTOR 2 pasa sigilosamente[21].)* ¡Guau. . . guau!. . . *(El ACTOR 2 pasa aga-* 115 *chado.)* ¡Guau. . . guau. . . guau!. . . *(Sale.)*

ACTOR 3. *(Al ACTOR 2.)* Son diez pesos por días extras en nuestro presu-puesto[22]. . .

ACTOR 2. ¡Mmm!

ACTOR 3. . . .pero la aplicación que pone el pobre[23], los merece. . . 120

ACTOR 2. ¡Mmm!

ACTOR 3. Además, no come más que el muerto. . .

ACTOR 2. ¡Mmm!

ACTOR 3. ¡Debemos ayudar a su familia!

ACTOR 2. ¡Mmm! ¡Mmm! ¡Mmm! *(Salen.)* 125

ACTRIZ. Sin embargo, yo lo veía muy triste, y trataba de consolarlo cuando él volvía a casa. *(Entra ACTOR 1.)* ¡Hoy vinieron visitas!. . .

ACTOR 1. ¿Sí?

ACTRIZ. Y de los bailes en el club, ¿te acordás[24]?

ACTOR 1. Sí. 130

ACTRIZ. ¿Cuál era nuestro tango?

ACTOR 1. No sé.

ACTRIZ. ¡Cómo que no[25]! «Percanta que me amuraste. . .[26]» *(El ACTOR 1 está en cuatro patas.)* Y un día me trajiste un clavel[27]. . . *(Lo mira, y queda horrorizada.)* ¿Qué estás haciendo? 135

ACTOR 1. ¿Qué?

ACTRIZ. Estás en cuatro patas. . . *(Sale.)*

ACTOR 1. ¡Esto no lo aguanto más[28]! ¡Voy a hablar con el patrón! *(Entran los ACTORES 2 y 3.)*

ACTOR 3. Es que no hay otra cosa. . . 140

ACTOR 1. Me dijeron que un viejo se murió.

ACTOR 3. Sí, pero estamos de economía[29]. Espere un tiempito más, ¿eh?

---

[21] sigilosamente **silenciosamente** / [22] presupuesto *budget* / [23] el pobre *the poor man* / [24] ¿te acordás? ***vos** form of ¿te **acuerdas?*** / [25] ¡Cómo que no! **¡Cómo no vas a saber!** / [26] «Percanta que me amuraste» *"Dear, you abandoned me . . ."* / [27] clavel *carnation* / [28] ¡Esto no lo aguanto más! *I can't stand this any longer!* / [29] de economía **economizando**

ACTRIZ. Y esperó. Volvió a los tres meses.

ACTOR 1. *(Al ACTOR 2.)* Me dijeron que uno se jubiló. . .

ACTOR 2. Sí, pero pensamos cerrar esa sección. Espere un tiempito más,   145
¿eh?

ACTRIZ. Y esperó. Volvió a los dos meses.

ACTOR 1. *(Al ACTOR 3.)* Déme el empleo de uno de los que echaron por la
huelga. . .

ACTOR 3. Imposible. Sus puestos quedarán vacantes. . .   150

ACTORES 2 Y 3. ¡Como castigo[30]! *(Salen.)*

ACTOR 1. Entonces no pude aguantar más. . . ¡y planté[31]!

ACTRIZ. ¡Fue nuestra noche más feliz en mucho tiempo! *(Lo toma del
brazo.)* ¿Cómo se llama esta flor?

ACTOR 1. Flor. . .   155

ACTRIZ. ¿Y cómo se llama esa estrella?

ACTOR 1. María.

ACTRIZ. *(Ríe.)* ¡María me llamo yo!

ACTOR 1. ¡Ella también. . . ella también! *(Le toma una mano y la besa.)*

ACTRIZ. *(Retira su mano.)* ¡No me muerdas[32]!   160

ACTOR 1. No te iba a morder. . . Te iba a besar, María. . .

ACTRIZ. Ah, yo creía que me ibas a morder. . . *(Sale. Entran los ACTORES
2 y 3.)*

ACTOR 2. Por supuesto. . .

ACTOR 3. . . .a la mañana siguiente. . .   165

ACTORES 2 Y 3. Debió volver a buscar trabajo.

ACTOR 1. Recorrí varias partes, hasta que en una. . .

ACTOR 3. Vea, este. . . no tenemos nada. Salvo que. . .[33]

ACTOR 1. ¿Qué?

ACTOR 3. Anoche murió el perro del sereno.   170

ACTOR 2. Tenía 35 años, el pobre. . .

ACTORES 2 Y 3. ¡El pobre!. . .

ACTOR 1. Y tuve que volver a aceptar.

ACTOR 2. Eso sí, le pagábamos quince pesos por día. *(Los ACTORES 2 y 3
dan vueltas.)* ¡Hmm!. . . ¡Hmmm!. . . ¡Hmmm!. . .   175

ACTORES 2 Y 3. ¡Aceptado! ¡Que sean quince! *(Salen.)*

ACTRIZ. *(Entra.)* Claro que 450 pesos no nos alcanza para pagar el alquiler. . .

ACTOR 1. Mirá, como yo tengo la casilla, mudate vos[34] a una pieza[35] con
cuatro o cinco muchachas más, ¿eh?   180

ACTRIZ. No hay otra solución. Y como no nos alcanza tampoco para
comer. . .

---

[30] ¡Como castigo! *In punishment!* / [31] ¡y planté! *and I quit!* / [32] ¡No me muerdas! *Don't
bite me!* / [33] Salvo que. . . **Excepto que. . .** / [34] mudate vos **(vos** *form of* **múdate tú)**
move / [35] pieza *room*

ACTOR 1. Mirá, como yo me acostumbré al hueso, te voy a traer la carne a vos, ¿eh?

ACTORES 2 Y 3. *(Entrando.)* ¡El directorio[36] accedió! 185

ACTOR 1 Y ACTRIZ. El directorio accedió. . . ¡Loado sea[37]! *(Salen los ACTORES 2 y 3.)*

ACTOR 1. Yo ya me había acostumbrado. La casilla me parecía más grande. Andar en cuatro patas no era muy diferente de andar en dos. Con María nos veíamos en la plaza. . . *(Va hacia ella.)* Porque 190 vos no podés entrar en mi casilla; y como yo no puedo entrar en tu pieza. . . Hasta que una noche. . .

ACTRIZ. Paseábamos. Y de repente me sentí mal. . .

ACTOR 1. ¿Qué te pasa?

ACTRIZ. Tengo mareos[38]. 195

ACTOR 1. ¿Por qué?

ACTRIZ. *(Llorando.)* Me parece. . . que voy a tener un hijo. . .

ACTOR 1. ¿Y por eso llorás?

ACTRIZ. ¡Tengo miedo. . . tengo miedo!

ACTOR 1. Pero, ¿por qué? 200

ACTRIZ. ¡Tengo miedo. . . tengo miedo! ¡No quiero tener un hijo!

ACTOR 1. ¿Por qué, María? ¿Por qué?

ACTRIZ. Tengo miedo. . . que sea. . . *(Musita[39] «perro». El ACTOR 1 la mira aterrado, y sale corriendo y ladrando. Cae al suelo. Ella se pone de pie[40].)* ¡Se fue. . ., se fue corriendo! A veces se paraba[41], y a 205 veces corría en cuatro patas. . .

ACTOR 1. ¡No es cierto, no me paraba! ¡No podía pararme! ¡Me dolía la cintura si me paraba! ¡Guau!. . . Los coches se me venían encima[42]. . . La gente me miraba. . . *(Entran los ACTORES 2 y 3.)* ¡Váyanse, váyanse! Quiero volver a mi casilla. . . ¡Váyanse! ¿Nunca 210 vieron un perro?

ACTOR 2. ¡Está loco! ¡Llamen a un médico! *(Sale.)*

ACTOR 3. ¡Está borracho! ¡Llamen a un policía! *(Sale.)*

ACTRIZ. Después me dijeron que un hombre se apiadó de él[43], y se le acercó cariñosamente. 215

ACTOR 2. *(Entra.)* ¿Se siente mal, amigo? No puede quedarse en cuatro patas. ¿Sabe cuántas cosas hermosas hay para ver, de pie, con los ojos hacia arriba? A ver, párese. . . Yo lo ayudo. . . Vamos, párese. . .

ACTOR 1. *(Comienza a pararse, y de repente:)* ¡Guau. . . guau!. . . *(Lo* 220 *muerde.)* ¡Guau. . . guau!. . . *(Sale.)*

---

[36] directorio *board of directors* / [37] ¡Loado sea! *Bless them!* / [38] Tengo mareos. *I'm dizzy.* / [39] Musita *She whispers* / [40] se. . . de pie *gets up* / [41] se paraba *he stood up* / [42] se. . . encima **venían directamente hacia mí** / [43] se. . . él *had pity on him*

ACTOR 3. *(Entra.)* En fin, que cuando, después de dos años sin verlo, le preguntamos a su mujer: «¿Cómo está?», nos contestó. . .

ACTRIZ. No sé.

ACTOR 2. ¿Está bien?   225

ACTRIZ. No sé.

ACTOR 3. ¿Está mal?

ACTRIZ. No sé.

ACTORES 2 Y 3. ¿Dónde está?

ACTRIZ. En la perrera.   230

ACTOR 3. Y cuando veníamos para acá, pasó al lado nuestro un boxeador. . .

ACTOR 2. Y nos dijeron que no sabía leer, pero que eso no importaba, porque era boxeador.

ACTOR 3. Y pasó un conscripto[44]. . .   235

ACTRIZ. Y pasó un policía. . .

ACTOR 2. Y pasaron. . . y pasaron. . . y pasaron ustedes. Y pensamos que tal vez podría importarles la historia de nuestro amigo. . .

ACTRIZ. Porque tal vez entre ustedes haya ahora una mujer que piense: «¿No tendré. . ., no tendré. . .?» *(Musita: «perro».)*   240

ACTOR 3. O alguien a quien le hayan ofrecido el empleo del perro del sereno. . .

ACTRIZ. Si no es así nos alegramos.

ACTOR 2. Pero si es así, si entre ustedes hay alguno a quien quieren convertir en perro, como a nuestro amigo, entonces. . . Pero bueno,   245 entonces esa. . . ¡ésa es otra historia!

TELÓN

PREGUNTAS

1. Describa dónde y cuándo conocieron al «hombre» los actores. ¿Estaba contento él? ¿Por qué?

2. ¿Qué cree usted que quería expresar el hombre cuando dijo «Nunca tuve primavera»?

3. ¿Dudan el director de la perrera y el veterinario de que el hombre sea perro? ¿Por qué? ¿Duda el hombre de su identidad humana?

4. ¿Cuánto hacía que buscaba trabajo cuando fue a la fábrica? ¿Había vacantes allí?

5. ¿Cuál es el único trabajo que le pudieron ofrecer en la fábrica? ¿Cómo pudo conseguir ese trabajo?

6. Describa cuáles eran las responsabilidades y obligaciones que tenía el hombre en su nuevo empleo. ¿Qué ventajas le ofrecía ese nuevo trabajo?

7. ¿Cuánto ganaba el hombre en su primer empleo de perro guardián? ¿Y en su segundo empleo? ¿Cuál era el equivalente en dólares de lo que ganaba allí por día? (Ver nota No. 15.)

---

[44] conscripto *draftee*

8. ¿Les alcanzaba ese salario para vivir a él y a su esposa? ¿Era suficiente dinero para pagar por lo menos el alquiler?

9. Explique qué tuvieron que hacer el hombre y su mujer para poder continuar viviendo. ¿Dónde vivía él? ¿Y ella?

10. ¿Qué solución le encontraron al problema de la comida?

11. Al final, ¿llegó a acostumbrarse el hombre a su vida de perro? ¿Qué detalles de la obra parecen indicar eso?

12. ¿Trató de ayudar María a su esposo? ¿Cómo? ¿Trataron de ayudarlo de alguna manera sus amigos los actores? Comente.

13. ¿Por qué tenía miedo María de tener hijo? ¿Era la primera vez que ella sentía miedo junto a su esposo? Explique.

14. Cuando el hombre supo la razón del miedo de María, ¿qué hizo él? ¿Qué opina usted de esa reacción?

15. Al final, cuando alguien trató de ayudarlo a levantarse y a dejar su posición de perro, ¿por qué piensa usted que el hombre lo mordió en vez de darle las gracias por su bondad?

B • En torno al texto

AMPLIACIÓN DE VOCABULARIO

A. **Sinónimos:** Para cada una de las siguientes oraciones, dos de las tres respuestas posibles son sinónimas de la palabra subrayada. Indique cuál es la palabra no sinónima.

1. Mi pieza es muy pequeña.
   a. alcoba   b. porción   c. habitación

2. Irene tiene un trabajo muy interesante.
   a. escritorio   b. empleo   c. puesto

3. «A ver» significa «veamos» y es una expresión corriente en español.
   a. cotidiana   b. ordinaria   c. común

4. Lolita pasó sigilosamente para no llamar la atención.
   a. silenciosamente   b. cuidadosamente   c. rápidamente

5. Abuela siempre me contaba historias increíbles.
   a. anécdotas   b. mentiras   c. cuentos

6. ¿Conoces a la mujer de tu patrón?
   a. esposa   b. señora   c. hija

7. Ellos no consiguieron nada.
   a. obtuvieron   b. recibieron   c. hicieron

8. Los trabajadores piden mejores sueldos.
   a. beneficios   b. salarios   c. remuneraciones

9. Algunos prisioneros políticos empezaron una huelga de hambre.
   a. hicieron   b. comenzaron   c. iniciaron

10. En la obra de Dragún, el hombre <u>se convirtió en</u> perro.
   a. se hizo   b. se llamó   c. se volvió

B. **Palabras engañosas o problemáticas:** Lea (o escriba) las oraciones que siguen y escoja, en cada caso, la palabra cuya traducción coincida con su equivalente inglés.

1.	El hombre debía (soportar, mantener) a su mujer.	support
2.	Los actores le (preguntaron, pidieron): «¿Está bien?»	asked
3.	El hombre-perro es un (personaje, carácter) trágico.	character
4.	¿No leyó usted el (signo, letrero)?	sign
5.	El hombre (sabía, conocía) ladrar.	knew how
6.	Los actores (sabían, conocían) a María.	knew
7.	En general, uno (se retira, se jubila) a los 65 años.	retires
8.	Mis padres quieren (moverse, mudarse) a España.	move

TEMAS PARA DISCUSIÓN ORAL O ESCRITA

1. Comente *Historia del hombre que se convirtió en perro* como obra de crítica social. ¿Qué problema(s) social(es) y económico(s) se ve(n) reflejado(s) en el drama? ¿Cómo nos comunica Dragún su intención crítica?

2. La obra termina con la alusión a una serie de representantes humanos —un boxeador, un conscripto, un policía— y con la posible incorporación de los espectadores o lectores. ¿Qué paralelos ve usted entre la historia del hombre-que-se-convierte-en-perro y estos otros seres (el boxeador, el conscripto, el policía, los espectadores/lectores)?

3. ¿Qué relación existe entre la situación personal del hombre-perro y su situación familiar? ¿Cambia ésta como consecuencia de su nuevo trabajo? Explique.

4. Osvaldo Dragún nos dice que por medio de la exageración grotesca él intenta «reflejar lo deforme, lo antinatural de una sociedad». ¿Cree usted que cuando él habla de «sociedad» se refiere sólo a *su* sociedad, a la sociedad argentina? Dé ejemplos de la(s) técnica(s) que él usa para **a.** limitar su obra a una época y lugar específicos o para **b.** dar un mensaje más general, de alcance universal.

SUGERENCIAS TEMÁTICAS SUPLEMENTARIAS

1. *Historia. . .* tiene elementos narrativos (i.e., cuenta una historia, un cuento) y dramáticos (i.e., la historia está dramatizada por los actores) de importancia aparentemente similar. Sin embargo, siempre se la ha considerado «drama» y no «cuento». ¿Cómo explica usted esto?

2. Defina el tema o los temas de esta obra.

3. ¿Hay alguna relación entre el contenido (i.e., el tema/los temas) y la forma (i.e., su estructuración circular) de *Historia. . .*? Comente.

4. En esta obra, ¿qué relación hay entre los actores y los personajes del drama? En las obras realistas, en general hay una gran identificación entre el actor/la actriz y el personaje que representa. ¿Sucede eso aquí? ¿Cómo afecta dicha dependencia/independencia entre actores y personajes a la obra? Explique.

5. Compare y contraste esta obra con otra(s) que usted haya leído y que tenga(n) algo en común (Ejemplos posibles: *El rinoceronte* de Ionesco, *Metamorfosis* de Kafka, *Axolotl* de Cortázar).

C · Más allá del texto

SALIENDO DEL TEXTO: PARA PENSAR Y OPINAR

La pobreza y el desempleo son dos problemas muy graves en toda Latinoamérica, en algunos países más que en otros. La obra de Dragún explora las consecuencias deshumanizantes de esos problemas pero no da soluciones. ¿Hay desempleo y/o pobreza en este país? ¿Hay regiones o grupos raciales/profesionales con más desempleo o pobreza que otros? Según su opinión, ¿cómo se podrían solucionar, o por lo menos disminuir, esos problemas? Comente.

D · Texto en contexto: Una perspectiva entre muchas

CONVERSANDO CON OSVALDO DRAGÚN

(MINI-ENTREVISTA)

TMF: ¿Qué nos puedes decir de *Historia del hombre que se convirtió en perro*?

OD: Pues. . . que es una de mis primeras obras, que la terminé en pocos días. . . Tanto ésa como las otras dos que integran[1] las *Historias para ser contadas* se hicieron en una semana, las ensayamos[2] en otra y se estrenaron[3] al octavo día en Mar del Plata. Después las llevamos a Montevideo donde tuvieron mucho éxito. . .

TMF: . . .¡y lo siguen teniendo después de casi treinta años de aquellas primeras presentaciones! Tu *Historia del hombre que se convirtió en perro* es probablemente la obra dramática argentina más traducida y más conocida en el exterior[4]. Y ahora dinos, ¿cómo «nacen» tus obras? ¿Trabajas con ideas, con conceptos, con imágenes?. . .

OD: Yo trabajo más que nada en base a imágenes, a sensaciones. En mi caso particular, esas imágenes pasan por mí y después me traducen en una obra de teatro. . .

TMF: ¿«Te» traducen. . .?

OD: Sí, «me» traducen a mí. . . Se supone que una obra de teatro es el autor, es el mundo del autor.

TMF: Pero en tu obra —y especialmente en esta historia del hombre que se convierte en perro— esa realidad, «tu» mundo, llega al lector/público

---

[1] integran **forman parte de** / [2] ensayamos *rehearsed* / [3] se estrenaron *opened* / [4] en el exterior *abroad*

con un ingrediente básico de animalización, de deformación grotesca. . . ¿Por qué?

OD: Porque mis obras reflejan lo deforme, lo antinatural de una sociedad y porque yo creo que la realidad no puede ser transmitida sino mediante metáforas.

TMF: ¿Qué es una metáfora para ti?

OD: La metáfora es una deformación de la realidad que la lleva siempre a una situación límite que debe ser la única forma posible, por lo menos para mí, de transmitir mi aporte[5] subjetivo sobre esa realidad. Si yo describo la realidad tal cual es, con un lenguaje más bruto o más ideológico, yo siento que eso no es para nada la realidad. Es como si yo fuera un testigo[6] de la realidad. Yo dejo de ser testigo de la realidad cuando ésta se transforma en una imagen propia[7], en una metáfora propia. O sea[8], la realidad se deforma a través mío. No es lo que es la realidad sino lo que yo percibo, lo que yo «veo» de esa realidad. . .

TMF: Y es esa realidad subjetiva y deforme la que reflejan tus obras, ¿no?

OD: Sí, la realidad a mí se me deforma siempre; con dos o tres excepciones de obras más objetivas, desde *Las historias para ser contadas* hasta mis últimas obras. . . Mi teatro es absolutamente subjetivo y en los últimos años comienza a ser también absolutamente autobiográfico.

TMF: En ese sentido, ¿se inspiran las «historias» —y en particular la del hombre que se convierte en perro— en alguna figura o situación concreta de tu experiencia personal?

OD: Pues sí, en el fondo las tres historias son la historia de mi padre, a quien la sociedad argentina ha animalizado. . .

TMF: . . .¿la sociedad «argentina». . .?

OD: En realidad no es solamente la sociedad argentina. Nosotros somos argentinos y vivimos en la Argentina. Por eso hablo de la sociedad «argentina». Pero yo creo que es una manera de vivir: en la que el ser humano se siente mercancía[9], es usado como mercancía y utiliza a los demás como mercancía; donde es fácilmente reemplazable por un sillón, por un perchero[10], por cualquier cosa. Hoy no hay nada más fácilmente reemplazable que un ser humano. Es increíble. . . pero es casi más difícil reemplazar a un perro.

TMF: Volviendo a la relación entre tus «historias» y la de tu padre, ¿quieres explicar un poco más lo del efecto deformante de la sociedad actual, eso de que la sociedad lo «ha animalizado». . .?

OD: Bueno. . ., mi padre tocaba la guitarra y cantaba que era una maravilla. Escribía poesías hermosísimas. Conquistó a mi madre con sus poemas. Yo era muy chico y mi padre nos dormía, a mí y a mi hermano, leyéndonos a Victor Hugo. . . Yo recuerdo poemas de poetas argentinos que nunca más volví a estudiar y los recuerdo de cuando mi padre me los

---

[5] aporte **contribución** / [6] testigo *witness* / [7]propia **personal** / [8]O sea **Es decir** / [9] mercancía *merchandise* / [10] perchero *hat rack*

decía todas las noches o me los cantaba. Yo tenía seis o siete años. Nunca más los olvidé. Pero en este momento mi padre no hace más que ver televisión, las malas telenovelas[11] que pasan, y se desespera cuando se rompe la antena del televisor. . . Ya ni escribe ni lee poemas. . .

TMF: . . .porque prefiere mirar televisión. . . ¿Crees que le es imposible resistir a esa tentación?

OD: Yo sé que existe en cada uno la capacidad de resistir a esa deshumanización y depende de la fuerza que uno tenga. Pero de cualquier manera es terrible. Ya es inhumano que uno tenga que hacer tanta fuerza para ser un ser humano. Yo creo que habría que hacer un gran esfuerzo para ser Picasso, por ejemplo, para ser Dalí, para ser Einstein. . . Para eso sí que habría que hacer un gran esfuerzo. Pero para ser nada más que un ser humano, hacer tanto esfuerzo. . . ¡Es pedirle demasiado a una pobre persona!

---

[11] telenovelas *soap operas*

Aída Bortnik

(ARGENTINA, n. 1938)

NACIDA y educada en Buenos Aires, allí ha vivido prácticamente toda su vida. Siguió la carrera de Derecho en la Facultad de Abogacía e hizo estudios de teatro en la escuela teatral Nuevo Teatro y en el Instituto de Teatro de la Universidad de Buenos Aires. Autora de los conocidos «cuentitos» que se publican regularmente en la revista *Humor*, Aída Bortnik se ha destacado[1] como periodista tanto por sus colaboraciones en revistas y periódicos varios —*Primera Plana, Panorama, La Opinión, Cuestionario*— como por sus valiosas contribuciones para el cine, la radio y la televisión de su país.

Su producción literaria incluye numerosos cuentos —publicados en diversos periódicos, revistas y antologías—, obras de teatro —*Soldados y soldaditos* (1972), *Papá querido* (1981), *Domesticados* (1981)— y una serie de guiones cinematográficos[2] para el cine y la televisión. Esta última labor artística le ha ganado varias distinciones nacionales e internacionales. Recibió repetidas veces el Primer Premio Argentores al mejor teledrama y al mejor

---

[1] se ha destacado *has excelled* / [2] guiones cinematográficos *film scripts*

cinedrama; su guión para *La tregua* (adaptación de la novela de Mario Benedetti) fue nominada para el Oscar de Hollywood, y *La isla*, un guión original suyo, fue distinguida con el premio ecuménico del Festival de Films du Monde de Montreal (1979) y ganó en el Festival de Huelva (1979) el Gran Premio del Público y el premio especial del Jurado y de la Crítica.

Papá querido fue presentada por primera vez en 1981, como parte de las veintiuna obras escritas y preparadas para «Teatro Abierto» (agrupación de gente de teatro —autores, directores y actores— reunida con el objetivo de trabajar colectivamente para incentivar la actividad teatral nacional) que ese año iniciaba sus actividades y que hasta la fecha ha auspiciado[3] presentaciones todos los años. De esta obra comenta Aída Bortnik que «es probablemente una síntesis ideológica y estética de todo lo que he escrito antes y después. . .» El personaje más importante —y al cual alude el título— es el padre que, aunque ausente físicamente, está presente en el diálogo y en la mente de cada uno de los hijos allí reunidos con motivo de su muerte y de la repartición[4] de la herencia. La espectativa creada alrededor de esa herencia, el diálogo entre los hermanos que allí se conocen por primera vez y la naturaleza misma del legado[5] paterno dan a la obra una gran dosis ideológica que va mucho más allá de las fronteras nacionales. *Papá querido* es una obra sobre la libertad y sobre la falta de libertad tanto individual como colectiva; sobre los diversos factores —familiares, sicológicos, sociales, políticos— que limitan nuestra posibilidad de definirnos como personas; pero es, sobre todo, una meditación y una advertencia[6] sobre la facilidad con que generalmente olvidamos o traicionamos nuestros más caros[7] ideales.

[3] ha auspiciado *has sponsored* / [4] repartición **distribución** / [5] legado *legacy* / [6] advertencia *warning* / [7] más caros *dearest*

A • *Frente al texto*

PAPÁ QUERIDO

PERSONAJES

ELECTRA
CARLOS
CLARA
JOSÉ

Una cama chica, antigua, barata, desvencijada, prolijamente tendida[1]. Un ropero chico, antiguo y desvencijado. Un escritorio absurdo: por un lado con patas[2] impresionantes, por el otro sostenido con ladrillos[3] y

---

[1] desvencijada. . . tendida *rickety, meticulously made up* / [2] patas *legs (of a piece of furniture)* / [3] ladrillos *bricks*

libros. Libros por el suelo. Revistas y diarios apilados[4]. Un fichero de
oficina[5]. Sobre el escritorio una máquina de escribir muy, muy antigua.   5
CLARA está doblando y apilando la ropa que estaba suelta[6] con enorme
cuidado y con evidente práctica. CARLOS está revisando[7] el escritorio,
pero como entreteniéndose con cualquier cosa, como si tuviera miedo de
profundizar la investigación. ELECTRA revisa los libros, mira los su-
brayados y las anotaciones. Sonríe de pronto.   10

CARLOS. ¡Viejo 'e mierda![8]

Las dos se dan vuelta a mirarlo, sorprendidas. ELECTRA ha oído perfec-
tamente, pero CLARA no está segura. Se miran entre sí. CARLOS se levanta
y se pasea, con las manos en los bolsillos y comienza un silbidito[9]. Se
encuentra con la mirada reprobatoria de CLARA. Se calla. CLARA abre con   15
enorme cuidado el ropero. Parece sorprendida. Avanza un paso y hunde
la nariz entre la ropa colgada. Se vuelve a ellos.

CLARA. La ropa. . . tiene su olor. . . El mismo olor que cuando me llevaba
   en brazos. . .

Los otros dos la miran. Pausa.   20

CARLOS. *(Riéndose de pronto)* ¡Viejo 'e mierda!
CLARA. Por favor. . . le pido por favor. . . no me gustan esas cosas. . . No
   sé qué relación tendría usted con él. . . pero yo lo quería mucho. . .
CARLOS. ¡Era un viejo de mierda! *(Extiende los brazos como para pa-*
   rarla) No hablo de tu papito, el que te llevaba en brazos. . . hablo   25
   del mío. . . ¿O.K.?
CLARA. Pero si es lo mismo. . .
CARLOS. No es lo mismo. . . no es lo mismo. . .
ELECTRA. ¿No podrías dejar de molestarla?
CARLOS. *(La mira un momento. Sonríe)* Voy a tratar. . .   30

Pausa. Las dos mujeres reinician su tarea[10].

CARLOS. ¿Cuántos más aparecerán?. . .
ELECTRA. ¿Cuántos más?. . .
CARLOS. Hijos. . . cuántos otros hermanitos nos aparecerán, digo. . .
   ¿Vos tenés[11] idea de cuántos somos?. . .   35

---

[4] apilados *piled up* / [5] fichero de oficina *office filing cabinet* / [6] la ropa. . . suelta *the clothes that were lying about* / [7] revisando **inspeccionando** / [8] ¡Viejo 'e mierda! *(vulg.) Old creep!* / [9] silbidito *short whistle* / [10] tarea **trabajo, actividad** / [11] ¿Vos tenés. . .? **¿Tú tienes. . .?** *(The* **vos** *form of address is commonly used in Argentina — especially in Buenos Aires — and other South American countries instead of, or interchangeably with, the informal* **tú**.)

ELECTRA. No.

CARLOS. Algún número entre 10 y 100, seguro. . . *(Se ríe)* Y debemos tener hermanitos coloreados, también. . . Porque el viejo viajaba. Era lo que más hacía, además de preñar minas[12]. . .

CLARA. ¡Por favor! 40

CARLOS. Bueno, tenemos una hermanita puritana. . .

ELECTRA. Decíme[13], ¿vos para qué viniste?

CARLOS. *(Se queda quieto. Sorprendido. Intenta una de sus risitas)* ¡Buena pregunta! Ves, ¡ésa sí que es una buena pregunta! Pero cierto que vos sos periodista, ¿no? Como tu papito. . . Te puso bien el 45 sello, el viejo[14], ¿eh? Por algo te puso Electra. . .[15] ¡Mirá que se necesita ser degenerado para ponerle Electra a la hija!. . .

ELECTRA. Y a vos ¿cómo te puso?

CARLOS. *(Se encoge de hombros[16]. Molesto)* Carlos.

ELECTRA. ¡Vamos!. . . Carlos y ¿qué más?. . . 50

CARLOS. *(Sonrisita)* Germinal, naturalmente, ¿qué querías que me pusiera el viejo con sus ideas?

ELECTRA. Y firmás Carlos G. . .

CARLOS. No, si querés me pongo un cartel en la frente que diga que mi Papito era muy revolucionario. . . 55

CLARA. *(Principista)* No es ninguna vergüenza[17]. . .

CARLOS. ¿No?

CLARA. Yo estoy orgullosa de él. . .

CARLOS. Sí, sí. . . Se te nota. . . Les tendría que haber puesto Electra a todas. . . 60

CARLOS se pasea. Se enfrenta[18] al fichero. Lo abre. Lo observa al descuido. ELECTRA lo observa.

ELECTRA. No había visto ese fichero. . . ¿Qué hay?. . .

CARLOS. *(Se encoge de hombros)* Supongo que estaremos nosotros. . . Los 100 hijos quiero decir. . . Para acordarse. . . *(Las mira. Se le ocurre* 65 *de pronto)* ¿A ustedes también les escribía?. . .

ELECTRA. Siempre. . .

CLARA. Yo guardo todas sus cartas. . .

CARLOS. *(Curioso)* Una vez por semana hasta los 18 años. . . ¿una vez por mes desde los 18? 70

CLARA. *(Asombrada)* ¿A usted también?

CARLOS. *(Se ríe)* ¡Qué idiota! ¡Mirá si seré idiota! Recién se me ocurre, ¡claro!. . . Nos debía escribir a todos. . . Esas cartas largas y llenas de moralina barata[19]. . .

---

[12] preñar minas *get women pregnant* / [13] Decíme **Vos** *form of* **dime** / [14] Te. . . viejo *The old man really left his mark on you* / [15] Por. . . Electra. . . **Por alguna razón te llamó (te dio el nombre de) Electra. . .** / [16] Se. . . hombros. *He shrugs his shoulders.* / [17] vergüenza *shame* / [18] Se enfrenta *He stands right in front of* / [19] moralina barata *cheap moralizing*

CLARA. Escribía cartas preciosas. . . 75

CARLOS. Mirálo qué organizado, el viejo. . . ¡mirálo qué organizado!

ELECTRA. Vos creías que eras hijo único, hasta que llegaste aquí. . .

CARLOS. Mirá hermanita. . .

ELECTRA. Y después quisiste creer que por lo menos, eras el único varón[20], por eso lo trataste tan mal a ese pobre. . . Y ahora te enterás 80 de que tampoco eras el único al que le escribía. . .

CARLOS. ¡Vamos! Si hace años, ¿me entendés? ¿Me oís bien? Años. . . casi 10 años que no le contestaba. . .

ELECTRA. Y él te seguía escribiendo. . .

CARLOS. *(Se encoge de hombros)* Si le daba lo mismo[21]. . . ¿Acaso me 85 escribía a mí? ¡Le escribía a la posteridad, hermanita! *(Se ilumina)* ¿Y sabés qué? ¿Sabés qué creo? Debía escribir con carbónico[22]. . . No, qué carbónico. . . debía tener una fotocopiadora. . . Nos debía mandar la misma carta a todos. . . No hay una fotocopiadora por acá. . . Busquemos, hermanitas, busquemos. . . yo les apuesto que 90 encontramos una fotocopiadora. . .

CLARA. ¿Por qué dice todo eso? A mí me escribía sobre mis cosas. . . Eran cartas. . . completamente personales. . .

CARLOS. ¡Vamos! ¿Y no te citaba a los grandes pensadores de la humanidad? ¿No te hablaba de la libertad del hombre. . . No te decía que la 95 independencia del espíritu era el orden natural y debía oponerse al yugo[23] del Estado?. . .

CLARA. Siempre tuvo sus ideas, pero a mí hasta me preguntaba por el perro. . . por Caos. . . a mí me regaló un perrito. . .

CARLOS. *(Riéndose)* ¿Y le puso Caos? 100

CLARA. *(Temiendo preguntar)* ¿A mí me lo regaló cuando cumplí 6 años?. . .

ELECTRA. A mí nunca me regaló un perro. . .

CARLOS. *(Riéndose todavía)* Ah, no. . . no te preocupes. . . a mí tampoco, a mí tampoco. . . Debíamos entrar en distintas clasificaciones. . . 105 Por ahí[24] hubo 10 a los que le regalaba un perro, 10 a los que le regalaba un microscopio. . .

ELECTRA. A mí nunca me regaló un microscopio. . .

CARLOS. No, dejáme que lo piense. . . A vos te regaló biografías de grandes revolucionarios. . . seguro. . . 110

ELECTRA. ¿Y qué?

CARLOS. *(Sorprendido a pesar suyo[25])* ¡Pero te das cuenta, el viejo 'e mierda!

ELECTRA. ¡Acabála![26]

CARLOS. No, pero oíme, oíme. . . Vos sos inteligente. . . ¿No te das 115

---

[20] varón **hombre** / [21] le. . . mismo *it didn't matter to him* / [22] carbónico *carbon paper* / [23] yugo *yoke* / [24] Por ahí **Tal vez** / [25] a pesar suyo *in spite of himself* / [26] ¡Acabála! *Stop it!*

cuenta? A ella un perrito. . . a esta tierna ama de casa. . . A mí un microscopio y soy médico. . . Y a vos. . . ¿entendés? Nos programó, ¡ese viejo de mierda! ¡Nos programó!

ELECTRA. ¿No es lo que hacen todos los padres con sus hijos?

CARLOS. ¿Y vos te creés que a todos les sale tan perfecto?   120

ELECTRA. Todos no son tan inteligentes como para apostar a lo que realmente somos. . .

CARLOS. Ah, sí, eso es cierto: ¡él era muy inteligente!. . . ¡Muy inteligente! ¡Mirá para lo que le sirvió!

ELECTRA. ¿Vos querés decir que no tenía plata[27]?   125

CLARA. A él no le importaba la plata. . .

CARLOS. Vamos, Electritas. . . que una cosa es no tener plata. . . y otra terminar en este pueblucho[28] miserable, solo como un perro. . . y pegándose un tiro en la cabeza. . .

CLARA. El señor que me llamó a mí. . . dijo que podía haber sido un   130
accidente. . .

CARLOS. ¿Y vos se lo creíste?

CLARA. (Le cuesta) No. . . porque si dejó dicho a quienes había que llamar. . . si dicen que dejó escrito. . . (Pausa) Pero si estaba tan enfermo. . . a él no le gustaba tener que depender de nadie. . . Dicen   135
que apenas podía caminar. . . Y a él le gustaba tanto caminar. . . (Pausa) Yo iba a venir. . . tantas veces estuve por venir. . . Y siempre pasaba algo. . . Y él, cada tanto[29], decía que a lo mejor se hacía un viaje y nos visitaba. . . Nunca me voy a perdonar. . . nunca me voy a perdonar no haber venido. . .   140

Pausa.

ELECTRA. Tenía muchos amigos, aquí. . . Jugaba al ajedrez[30], jugaba al truco[31]. . . No debía estar muy solo. . .

CLARA. No, si él se hacía querer. . . El señor que me llamó a mí. . . lloraba. . . apenas podía hablar de lo mucho que lloraba[32]. . .   145

Pausa.
CARLOS cierra de un golpe el cajón que había abierto en el fichero.

CARLOS. Bueno, ha sido una experiencia realmente interesante. . . encontrarse con unas hermanitas como ustedes. . . y seguramente todavía se va a poner más interesante cuando lleguen los otros   150
noventa y seis. . . pero yo me voy. . .

---

[27] plata **dinero** / [28] pueblucho **forma despectiva de «pueblo» (i.e., pueblo insignificante, pueblo sin importancia)** / [29] cada tanto **de vez en cuando** / [30] ajedrez *chess* / [31] truco *name of a card game* / [32] apenas. . . lloraba **casi no podía hablar porque lloraba tanto**

CLARA. ¿Pero no va a esperar el velorio, el entierro?. . .[33]

CARLOS. La policía puede entregar el cadáver recién mañana. . . y yo tengo mucho que hacer. . .

CLARA. Pero lo tiene que esperar a José. . . él va a traer. . . ese señor dijo   155
que le iba a dar también algo que había dejado para los hijos. . .

CARLOS. (Risita) La herencia[34]. . . se la pueden repartir ustedes. . . bah. . . ustedes y los otros. . . yo no quiero nada. . . pueden quedarse con mi uno por ciento. . . no voy a reclamar. . .

ELECTRA. A lo mejor no somos más que nosotros cuatro. . .   160

CARLOS. No te hagas ilusiones, Electrita. . .

ELECTRA. Te da lo mismo, ¿no es cierto? Cuatro o cien. . . No le podés perdonar no haber sido el único. . .

CARLOS. Hacéme el favor. . . no me gusta el psicoanálisis caro, imagináte el regalado[35]. . . Hace muchos años que no me importa nada de ese   165
viejo de mierda. . .

ELECTRA. (Grita casi) ¿Y entonces por qué viniste?

CARLOS. ¡Y a vos qué te importa! ¿Quién te conoce? ¡Por qué te tengo que dar explicaciones!

Aparece JOSÉ con una gran caja. Se detiene, sorprendido por los gritos.   170

JOSÉ. ¿Qué pasa?

ELECTRA. El hermanito médico, que se va. . .

JOSÉ. ¿Cómo se va a ir?. . . Dentro de dos horas lo llevan a la funeraria. . . ya arreglé todo. . . Y aquí está esto que dejó para nosotros. . . (Sonríe) Pesa un poco. . . Bueno, no tanto, pero como vine casi   175
corriendo. . . Vieran la cantidad de gente que está esperando. . . Es impresionante. . . Todo el pueblo, prácticamente. . .

ELECTRA. Yo sabía. . .

CARLOS. Un demagogo. . . eso es lo que era. . .

CLARA se acerca a la caja. La mira con cuidado. Se agacha y lee: 180

CLARA. Para entregar a mis hijos. (Se incorpora. Los mira)

ELECTRA. Bueno, hay que abrirlo. . .

CARLOS. (Sonriente) ¿Sin esperar a los otros?

JOSÉ. ¿Qué otros?

ELECTRA. El dice que debe haber más. . .   185

JOSÉ. (No entiende) ¿Más qué? No. . . el señor dijo que esto era todo lo que había dejado. . .

CARLOS. Más hermanos. . . más hijos de tu papito, digo. . . ¿Por qué creés

---

[33] ¿Pero. . . entierro?. . . *But aren't you going to wait for the wake, the funeral?* . . . / [34] herencia *inheritance* / [35] regalado **gratis, que no cuesta nada**

que vamos a ser nada más que nosotros cuatro? ¿Por qué no 20 ó 65 ó 100?. . . [190]

JOSÉ. *(Sonrisa sorprendida)* Bueno, cien no creo, no. . . Pero tiene razón. . . por ahí. . . somos más. . . Y bueno, yo, como ustedes quieran. . . Yo, por mí, claro. . . espero. . . Si les parece, esperamos a que llegue alguien más. . . *(Los mira a todos)* Es emocionante, ¿eh? Lástima que él no esté. . . ¡Cómo le gustaría vernos juntos! *(Se pasea* [195] *un poco)* Mirá la cantidad de libros. . . *(Advierte)* No son para nosotros los libros, ¿eh? Bah, el señor dijo que si nos queríamos llevar alguno en especial. . . de recuerdo. . . pero que dejó todo para la biblioteca. . . Y las revistas. . . y su fichero. . . todo esto lo dejó para la gente de aquí. . . Lo nuestro está ahí. . . *(Se acerca a la máquina)* [200] Miren la máquina. . . ¡qué vejestorio[36]!. . . No la quería cambiar, ¿eh? ¡Estaba encariñado con su máquina! Saltaba la R. . . y las mayúsculas[37] siempre las marcaba fuera de la línea. . .

CARLOS. ¿A vos también te escribía seguido?. . .

JOSÉ. Siempre. . . me escribió siempre. . . Lindas cartas escribía, ¿no? Era [205] un viejo bastante extraordinario. . . Mis hermanos me lo envidiaban un poco. . .

ELECTRA *ha ido acercándose a la caja. Finalmente está arrodillada al lado.*

ELECTRA. Yo quiero abrirlo. . . [210]

CLARA. Pero a lo mejor. . . él tiene razón. . . Y después alguien se ofende.

ELECTRA. Yo quiero abrirlo. . . No nos vamos a quedar con nada de nadie. . . pero estoy segura de que adentro debe decir cómo repartirlo, para quién es, lo que sea. . . ¡Abrámoslo!. . .

CARLOS. Por mí, hagan lo que quieran. . . [215]

ELECTRA *comienza a desenvolverlo[38], ayudada por* JOSÉ. *Adentro hay cinco voluminosas carpetas de archivo[39]. . .*

ELECTRA. *(Lee en la cubierta de la primera que saca)* Minerva. . .

CLARA. Esa soy yo. . . Clara Minerva. . .

JOSÉ *se la alcanza.* CLARA *la mira por fuera. No se atreve a abrirla.* [220]

ELECTRA. *(Sigue)* Ateo[40].

JOSÉ. *(Sonriente)* Yo. . . él me quería poner Ateo, no lo dejaron, pero siempre me llamaba así. . .

---

[36] vejestorio **cosa vieja, inútil** / [37] Saltaba. . . mayúsculas *It used to skip the* R . . . *and the capitals* / [38] desenvolverlo *unwrap it* / [39] carpetas de archivo *file folders* / [40] Ateo *Atheist*

ELECTRA. *(Tendiéndosela a* CARLOS*)* Germinal. . .

JOSÉ. *(Sonriente)* Vos sos Germinal. . . ¿Y te anotaron así?. . .   225

CARLOS. Sí, me anotaron así. . .

ELECTRA. *(Se ha quedado mirando una carpeta)* Esta dice: Amanecer[41]. . . *(Se miran. Ella la aparta. Saca la última)* Electra. . . ésta es
para mí. . .

JOSÉ. Entonces somos cinco. . . Con Amanecer. . .   230

CLARA. ¿Es nombre de mujer o de hombre?

JOSÉ se encoge de hombros.

ELECTRA. Puede ser. . . cualquiera de los dos. . .

Pausa.

JOSÉ. *(A* ELECTRA*)* Vos tenías razón, ¿eh? El lo dejó todo bien organizado.   235

CLARA. Me da una impresión abrirla. . . Pero yo creo que sé qué es. . .

JOSÉ. *(Entusiasmado)* A ver. . . ¿qué? Qué creen ustedes. . . Esperen, no
lo abramos. . . a ver si adivinamos qué es. . .

CLARA. El estaba escribiendo un libro. . . ¿Les contó? A mí en las cartas
me hablaba del libro. . .   240

ELECTRA. «Las revoluciones en la historia de las sociedades».

CLARA. Ese. . .

ELECTRA. No, no creo que sea eso. . .

JOSÉ. Yo creo que son sus poesías. . .

CARLOS. ¿Poesías?   245

JOSÉ. Escribía poesías. . .

CARLOS. Lo que faltaba. . .[42]

ELECTRA. No. . . yo creo que deben ser sus recuerdos. . . La historia de la
familia. . . El abuelo que fabricaba plata en la cárcel. . . y el que
contrabandeaba caballos[43]. . . Yo siempre le pedía que juntara   250
todas esas historias en un libro. . . Yo creo que estaba trabajando en
eso, los últimos años. . .

CARLOS empieza a reírse. Todos lo miran incómodos.

CARLOS. Grandes obras esperan del papito. . . todos. . . todos se creyeron
el mito. . . Y yo les digo que no. . . ¿Saben qué hay aquí? ¡Estoy tan   255
seguro, tan seguro!

ELECTRA. Dejá de reírte, vamos, que no divertís a nadie. ¿Qué es lo que
nos dejó, según vos?

---

[41] Amanecer *Daybreak* / [42] Lo que faltaba. . . *Just what I needed* . . . / [43] contrabandeaba caballos *smuggled horses*

CARLOS. ¿La herencia de nuestro papito?. . . Son las cartas. . . Las cartas que nos mandó todos estos años. . . otra copia de las mismas 260
cartas. . . una por una. . . Esa es la gran obra del viejo: las cartas con las que nos llenó la cabeza y nos jorobó la vida[44]. Sus cartas llenas de grandes palabras y grandes sentimientos. . . con mucha libertad y conciencia y honor y dignidad y solidaridad y todo su maravilloso vocabulario del siglo pasado. . . Las cartas exaltadoras que hacían 265
que uno se sintiera heroico y especial solamente por recibirlas. . . hasta que uno empezaba a sentirse incómodo y después acusado y después un verdadero gusano inmundo[45] porque uno no se merecía tida esa maravilla que era su padre. . .

CLARA. (Desconcertada. Herida) Yo no me sentía así. . . 270

ELECTRA. Hablá por vos. . .

JOSÉ. El viejo no era así. . . no sacaba copias. . . ¿cómo iba a sacar copias? Yo, igual, las guardaba todas. . . A mí me gustaba volver a leerlas.

Pausa.

CARLOS *ha estado desatando[46] la carpeta violenta y febrilmente. Hasta* 275
que finalmente lo logra. Tiene una sonrisa crispada[47] y segura que se le borra en cuanto[48] la abre y comienza lentamente a hojearla[49]. Se da vuelta de espaldas a los otros dos. Se queda muy quieto. JOSÉ *y* ELECTRA *que lo estaban mirando se miran entre sí. Comienzan lentamente a abrir las suyas.* CLARA *ha comenzado al mismo tiempo que* CARLOS *y* 280
recién lo logra.

CLARA. (Sorprendida. Emocionada. Contenta) Mis cartas. . . son mis cartas. . . Están ordenadas. . . una sobre otra. . . sí. . . desde los dibujitos que le mandaba Mamá. . . Están todas. . . guardó todas mis cartas. . . Yo guardaba las de él. . . pero las mías eran. . . no 285
eran como las suyas. . . y él las guardaba. . . Nunca me lo hubiera imaginado. . .

ELECTRA. Sí, desde la primera, están todas. . .

JOSÉ. Nos dejó nuestras cartas. . . (A CARLOS) ¿A vos también? Yo tampoco pensé que las guardaba. . . ¿El también las volvería a leer? No 290
creo. . . nunca tenía tiempo para nada. . . Pero es, es una idea que debe haber tenido. . . porque nos quería. . . para que viéramos que nos quería. . . (A ELECTRA) ¿No es cierto?

ELECTRA. Sí.

CLARA. A mí me hubiera gustado que escribiera un libro. . . se lo hubié- 295
ramos hecho publicar. . . Pero José tiene razón. . . ¿no es cierto?

---

[44] nos. . . vida *messed up our lives* / [45] gusano inmundo *filthy worm* / [46] desatando *untying* / [47] crispada **convulsiva, nerviosa** / [48] que. . . cuanto **que desaparece tan pronto como** / [49] hojearla *leaf through it*

Pausa. Los cuatro están enfrascados en la lectura de sus cartas. CLARA *tiene de pronto un estallido de risitas y se tapa la boca*[50].

CLARA. *(Los mira, como disculpándose)* ¡Ay, qué tonta! ¡Una dice cada cosa cuando es chica! Le decía que me iba a casar con él. . . mi nena 300 mayor le dice eso a mi marido. . . pero yo no me acordaba. . .

JOSÉ. *(La ha estado escuchando con una sonrisa)* Yo le dibujaba historietas. . . le contaba todo, en historietas. . . *(Se ríe mirando su carpeta)* Dibujaba a mi hermana chiquita para que la conociera. . . *(Pausa)* Y él me empezó a mandar libros de arte. . . Debían ser 305 carísimos. . . *(Sonríe)* Decía que los expropiaba. . . *(Casi desafiante. De pronto. Mirándolos)* Yo también fui expropiador. . . un tiempo. . . *(ELECTRA lo mira. JOSÉ le sonríe)* Hace mucho, ahora soy, casi casi, lo que el viejo llamaría un chancho burgués[51].

Siguen pasando las hojas. ELECTRA *no se ha detenido en las primeras* 310 *cartas. Está por el medio de su carpeta cuando la cierra de pronto y se queda mirando al techo. Como si tratara de contener las lágrimas.* CARLOS *respira agitadamente y cierra su carpeta bruscamente. Se da vuelta a mirarlos. Parece haber recibido un golpe*[52]. *Está herido y desconcertado. Pero sobre todo mucho más furioso que antes.* 315

CARLOS. *(Resoplando y riéndose falsamente)* ¡Linda idea! ¡Preciosa idea! ¡Solamente a él se le podía ocurrir!. . .

JOSÉ *y* CLARA *lo miran asombrados*[53]. ELECTRA *prefiere no mirarlo.*

CARLOS. Qué, todavía no se dieron cuenta de lo que nos hizo, ¡el viejo de mierda! 320

ELECTRA. ¡No grites!. . . Dejálos tranquilos. . .

CARLOS. Vos sabés, ¿no es cierto? Vos sabés lo que nos hizo. . .

ELECTRA *se levanta. Busca su saco. Se lo pone.*

CARLOS. ¿No se dan cuenta?

JOSÉ. Mire, yo no sé qué problema habrá tenido usted con él. . . pero 325 delante nuestro. . . no lo insulte. . .

CLARA. Yo ya se lo dije. . .

ELECTRA. Tendríamos que ir ya. . . tendríamos que estar allí. . .

CARLOS. Vos sabés, ¿no es cierto? ¿Vos sabés por qué lo hizo?

ELECTRA. ¿Qué vamos a hacer con la carpeta de Amanecer? 330

---

[50] un. . . boca *a fit of laughter and she covers her mouth* / [51] chancho burgués *bourgeois pig* / [52] golpe *blow* / [53] asombrados *amazed*

CLARA. Podríamos mirar adentro, la dirección nada más[54]. . . la última dirección. . . y mandársela, ¿no? A lo mejor no pudo venir por algo.

JOSÉ. *(A CARLOS)* A mí me gustaría que me contara qué es eso que nos hizo. . . puede ser que Electra lo entienda. . . pero yo soy más lento. . . Me gustaría que me contara. . .   335

CARLOS. Decíme, ¿qué le escribías vos?. . . ¿qué le contestabas a esas cartas maravillosas?. . .

JOSÉ. Y. . . le contestaba. . . lo que sentía. . .

CARLOS. Eso, lo que sentías. . . Cuando eras un chico. . . y cuando eras un adolescente. . . y cuando eras un joven. . . Eso le contestábamos, lo   340 que sentíamos cuando él nos inspiraba tanta admiración y tanto respeto. . .

JOSÉ. Yo todavía lo sigo admirando y respetando. . .

CARLOS. Pero, ¿qué le prometías en esas cartas?. . .

ELECTRA. Dejálo, por favor, para qué hacés eso. . . ¿no podés dejarlos   345 tranquilos?

JOSÉ. Si usted me está defendiendo de algo, yo se lo agradezco. . . pero nuestro padre me enseñó que era yo el que tenía que defender a las mujeres. . . Déjelo que hable, yo también me quiero enterar. . . ¿Qué le prometía?   350

CARLOS. Sí, qué le prometías a él. . . ¿y qué te prometías a vos mismo? ¿Cómo apostabas por tu futuro, qué cosas decías que ibas a defender siempre? ¿Qué cosas decías que no ibas a ser nunca?. . .

CLARA. ¿Qué tiene de malo lo que uno escribía cuando era chico?

CARLOS. *(Sigue con JOSÉ)* ¿Te acordás?. . . ¿Te acordás qué hombre le   355 prometías ser a ese padre maravilloso?

JOSÉ asiente.

CARLOS. ¿Y sos, ese hombre?

Pausa.

ELECTRA. Nadie es ese hombre. . .   360

CARLOS. Tratá de leer esas cartas ahora, tratá de leerlas sin sentirte como un gusano. . .

JOSÉ. No tengo por qué sentirme como un gusano. . .

CARLOS. ¿No? ¿Nunca dejaste de ser el hombre que creías que ibas a ser cuando tenías 17 años?   365

ELECTRA. Nadie es ese hombre. . .

CARLOS. ¡Ese viejo de mierda era ese hombre!

ELECTRA. ¿Eso creías?. . . ¿Justamente vos?. . . Claro, por eso lo odiás

---

[54] la. . . más *just the address*

tanto. . . No, tampoco él. . . por lo menos no del todo. . . seguramente tampoco él. . . Pero a lo mejor ésa era la idea. . . A lo mejor un   370
día se puso a pensar. . . en cómo se había traicionado. . . y quiso
advertirnos[55]. . .

CARLOS. ¿Advertirnos? Se tendría que haber muerto antes. . . Yo tengo
45 años. . .

ELECTRA. A lo mejor se le ocurrió hace muy poco. . . A lo mejor se le   375
ocurrió justamente antes de matarse. . .

JOSÉ. *(Ha estado totalmente abstraído)* Es una herencia rara. . . ¿no? La
verdad que es una herencia rara. . .

CLARA. *(Ha estado hojeando su carpeta)* Yo creo que José tenía razón, yo
creo que lo hizo porque nos quería. . . yo creo que quiere decir eso.   380

ELECTRA. ¿Por qué no? También quiere decir eso. . . *(Se pone a llorar)*

Pausa.
Sin moverse de su sitio la luz baja o cambia. Comienzan y terminan a
coro, el texto que recitan entre todos alternadamente:

«Querido Papá: ayer recibí tu carta y estuve pensando toda la noche   385
en lo que me escribiste. Y quiero decirte que tengo tanto orgullo
porque sos mi padre, que sé que nunca voy a olvidarme de las
promesas que te he hecho, de las promesas que hice sobre mi propia
vida: de vos he aprendido que cada uno es responsable por toda la
libertad, por toda la solidaridad, por toda la dignidad, por toda la   390
justicia y por todo el amor en el mundo. Y que a esta responsabili-
dad no se puede renunciar ni durante un solo minuto de nuestra
vida y que nadie puede cargarla[56] por nosotros si queremos ser
libres. . . Y yo te prometo, papá, que voy a ser capaz de recordar
todo esto hasta que me muera y que nunca, nunca, voy a traicio-   395
narte o traicionarme. . . Lo único que quiero es crecer, crecer rápido, para convertirme en el ser humano que vos me enseñaste a
ser, en alguien libre, solidario y orgulloso, que defiende sus ideas y
no se inclina ante nadie, en alguien como vos, Papá querido. . .».

Oscuridad.   400

PREGUNTAS

1. ¿Qué muebles se ven en el escenario? ¿Qué aspecto tienen? (¿Son viejos?,
¿nuevos?; ¿están cuidados?, ¿descuidados?)

2. Según su opinión —y de acuerdo con lo que se ve en el escenario—, ¿pertenece ese cuarto a un hombre o a una mujer?, ¿a una persona joven o vieja?, ¿rica
o pobre?, ¿a alguien más interesado(a) en las matemáticas o en la literatura? ¿Por
qué?

---

[55] advertirnos   *to warn us*   /   [56] puede cargarla   *(fig.) can carry it, can be loaded with it*

3.   ¿Qué está haciendo Clara? ¿Qué nos dice el hecho de que ella doble la ropa «con evidente práctica»?

4.   ¿Qué está haciendo Electra? ¿Cree usted que ella y Clara tienen ocupaciones similares? ¿Por qué?

5.   ¿Qué relación hay entre Clara, Carlos y Electra? ¿Se conocían ellos antes? ¿Por qué están aquí juntos?

6.   ¿Qué profesión tienen Electra, Carlos y Clara? ¿Se refleja esto en lo que hacen o en lo que dicen? Comente.

7.   ¿Qué les mandaba regularmente a sus hijos «el viejo»? ¿Era él organizado o desorganizado en esa actividad? Dé algunos ejemplos que lo demuestren.

8.   ¿Mandaba el padre las mismas cartas y los mismos regalos a todos sus hijos? Por ejemplo, ¿había o no diferencias entre las cartas y los regalos que recibían Clara, Carlos y Electra? Explique.

9.   ¿Qué quiere decir Carlos cuando le dice a Electra que «¡ese viejo de mierda. . . nos programó!» ¿Qué ejemplos da él para probar su afirmación?

10.   ¿Cree usted que «el viejo» se suicidó o que murió accidentalmente? ¿Por qué?

11.   ¿Quién es José? ¿Qué opinión tiene él de su padre?

12.   ¿Qué contiene la caja que trae José? ¿Cuál es la herencia que reciben estos hijos de su padre?

13.   ¿Quiénes son Minerva, Ateo, Germinal, Amanecer? ¿Por qué tienen esos nombres? ¿Cuántos hermanos son en total? ¿Están todos allí presentes?

14.   Según su opinión, ¿por qué está Carlos «mucho más furioso que antes» después de leer algunas de las cartas de su carpeta? ¿Esperaba él encontrar sus propias cartas en esa carpeta? Comente.

15.   De acuerdo con Carlos, ¿qué les ha hecho el padre al dejarles como herencia esas cartas escritas cuando eran mucho más jóvenes? Explique.

B · En torno al texto

AMPLIACIÓN DE VOCABULARIO

A.   **Familia de palabras:** Para cada una de las palabras que siguen, dé una o más de raíz similar. (Nota: Todas las palabras aquí incluidas provienen de la lectura y para cada una de ellas hay en el texto por lo menos otra que pertenece a la misma familia de palabras.)

EJEMPLOS: a. lectura   **leer, lector**
            b. depender   **independencia, dependiente, independiente**

1.	promesa	**7.**	mirada
2.	viaje	**8.**	vejestorio
3.	dibujo	**9.**	risa
4.	anotar	**10.**	responsable
5.	vivir	**11.**	escritorio
6.	revolucionario	**12.**	pensar

B.   Completar las frases: Complete las oraciones con la palabra más apropiada de la lista que sigue.

orgulloso	ropero	cama	periodista
preguntas	hojeas	biblioteca	regale
revista	fichero	hojas	grita

1. ¿Qué quieres que yo te _____ para tu cumpleaños?
2. Ella es una buena _____; escribe para el *New York Times.*
3. Prometiste contestar todas mis _____, ¿no?
4. ¿Cuántas _____ tiene esta antología?
5. Papá está muy _____ porque supo que saqué una «A» en el examen.
6. *Time* es la única _____ que todos leemos en casa.
7. La _____ pública generalmente está cerrada los domingos.
8. El _____ está en la oficina, al lado del escritorio de Ricardo.
9. ¿Puedo prepararme algo de comer mientras tú _____ el periódico?
10. ¿Cree usted que se duerme mejor en una _____ de agua?
11. Si ese profesor _____ es porque está muy enojado.
12. El _____ es el mueble donde se guardan las ropas.

TEMAS PARA DISCUSIÓN ORAL O ESCRITA

1. Imagine que usted es un(a) detective enviado(a) por la policía para investigar la muerte de la persona que vivía en el cuarto descrito al principio de la obra. Teniendo en cuenta lo que ve y lo que discuten los hijos, haga un perfil biográfico del muerto (i.e., ¿cómo era?, ¿cómo vivía?, ¿qué pensaba?, ¿qué hacía?, ¿cómo murió?, ¿se suicidó?, ¿por qué?, etc.).
2. Compare y contraste el carácter de cada uno de los hermanos y la actitud de ellos hacia su padre. Por ejemplo, ¿cree usted que el dúo Electra-Carlos se opone en muchos aspectos al dúo Clara-José? ¿Por qué? Comente.
3. Comente la importancia dramática o temática de la carta con que termina la obra. Según su opinión, ¿por qué indica la escritora que el texto de la carta lo reciten «entre todos alternadamente»? Explique.
4. Describa la «herencia» que deja este padre a sus hijos y discuta cuál sería la posible intención de aquél al dejarles una herencia tan original. ¿Qué se recibe generalmente en una «herencia»?, ¿por qué es irónico heredar cartas escritas por uno mismo?
5. Imagine que usted abre la carpeta de Amanecer, ese(a) quinto(a) hermano(a) ausente. ¿Qué descubre? ¿Quién es él o ella? Use su imaginación e invéntele un pasado, un presente y un futuro.

SUGERENCIAS TEMÁTICAS SUPLEMENTARIAS

1. En *Papá querido* la autora usa el suspenso, la sorpresa y la ironía para mantener el interés y la tensión del lector o del espectador. Comente la afirmación anterior y dé ejemplos concretos del uso de estos elementos en la obra.
2. Discuta acerca del impacto dramático o temático de dos personajes ausentes: el padre, que es en realidad el personaje central de la obra, y Amanecer, hijo o hija que no aparece en toda la obra (¿Por qué la incógnita del sexo?, ¿por qué no viene a la «reunión familiar»?).
3. Según Carlos, su padre les dejó esas cartas para hacerles sentirse mal, para que

se sintieran «como un gusano». ¿Cree usted que Carlos tiene razón? Según su opinión, ¿serían realmente malvadas y maquiavélicas las intenciones de ese padre? ¿Puede usted pensar en alguna otra razón que explique esa herencia tan rara?

4.   Teniendo en cuenta lo que se sabe de la vida actual de Carlos, Clara, Electra y José, ¿cómo influyó ese «viejo 'e mierda» en la ocupación o carrera de cada uno de ellos? ¿Cree usted que una persona puede realmente tener tanta influencia en el destino de otra si no viven juntas, por carta, como en este caso? Comente.

5.   En la obra, todos los hijos, excepto Electra, tienen otro nombre: Clara es «Minerva», José es «Ateo» y Carlos es «Germinal». Investigue el simbolismo de esos nombres, incluyendo el de «Electra». ¿Qué relación(es) ve usted entre cada uno de los personajes y sus respectivos nombres? Comente.

C • Más allá del texto

SALIENDO DEL TEXTO: PARA PENSAR Y OPINAR

Cuando Carlos afirma que su padre los «programó» a todos, Electra comenta lo que sigue: «¿No es lo que hacen todos los padres con sus hijos?». Según usted, ¿es correcto dicho comentario?, ¿somos todos, en mayor o en menor grado, programados por nuestros padres?, ¿ve usted en su vida la marca o la inevitable influencia de sus padres? Comente.

D • Texto en contexto: Una perspectiva entre muchas

CONVERSANDO CON AÍDA BORTNIK

(MINI-ENTREVISTA)

TMF: ¿Por qué no nos dices algo de lo que es para ti *Papá querido*?

AB: Pues, entre mis piezas teatrales, *Papá querido* es mi predilecta[1]. Supongo que las condiciones inusuales en que fue escrita —y me refiero al contexto social y político de la Argentina de ese año, del 81— hicieron que surgiera con mucha fuerza la historia que me interesa contar. . .

TMF: . . .¿que te interesa o que te interesaba contar?

AB: Es lo mismo porque me interesaba y me sigue interesando. Dicen que

---

[1] predilecta **favorita**

uno no escribe más que un sólo tema durante toda su vida, disfrazándolo[2] de la mejor manera que puede.

TMF: ¿Y cuál es ese tema, para ti?

AB: Quizás uno de mis temas más obsesivos, del que menos puedo desviarme[3] y que más me importa es el de la búsqueda de la libertad del individuo, de la vocación íntima y de la identidad personal. Y en ese sentido *Papá querido* es probablemente una síntesis ideológica y estética de todo lo que he escrito antes y después, por lo menos hasta ahora.

TMF: Tu obrita parece indicar que la dificultad en definirnos, en encontrar nuestra identidad individual proviene en parte de nuestro sistema social: de la manera en que fuimos educados, tanto en la casa como en la escuela. ¿Es eso lo que estás diciendo?

AB: Sí, eso mismo. Creo que la sociedad en general está asolada[4] por ciertos males que todos conocemos muy bien. Se comienza por crear individuos que no son libres. . . Las escuelas están planificadas para hacer de los niños seres no libres de pensamiento, seres no creativos, seres en los que la imaginación, el aprendizaje, la relación con el mundo están condicionados de antemano[5]. A eso agrégale la influencia familiar. . .

TMF: Con respecto a esa influencia, ¿hay algo de autobiográfico en la relación padre-hijos que se ve reflejada en *Papá querido*?

AB: No en la anécdota particular. . . pero sí en cuanto a lo que esa herencia significa, en cuanto al concepto de legado de un padre a sus hijos. . . Personalmente, yo me he criado en un hogar muy libre, muy estimulante. Mi padre era un gran lector y había en mi casa un clima de tolerancia y de respeto por todo lo que fuera manifestación creadora. Yo he sido educada para cuestionar. . .

TMF: En *Papá querido* hay personajes que cuestionan y otros que aceptan todo sin cuestionar. ¿Con cuál de esos personajes te identificas más tú?

AB: Yo estoy bastante cerca de Electra, aunque creo que debo ser un poco todos. Pero me identifico más con Electra. Recuerda que ella es la periodista. . . y es la única que no tiene otro nombre. Además, creo que eso está bastante claro en la obra: Clara es Minerva, José es Ateo, Carlos es Germinal, pero Electra es ella misma, Electra nomás[6]. . .

TMF: ¿Crees que la literatura en general y *Papá querido* en particular pueden influir en la vida de los lectores?

AB: Yo creo en la provocación de lo escrito, de lo visto, de lo sentido a través del arte, el drama, la literatura, la música. Creo que la revolución de las mentes se hace por estos métodos, de a poco[7], y creo que en principio, aunque humildemente, *Papá querido* intenta este tipo de comunicación.

TMF: Según tu opinión, ¿qué tienen en común tus obras: tus piezas de teatro, tus cuentitos. . .?

---

[2] disfrazándolo *disguising it* / [3] desviarme *turn aside* / [4] asolada **infestada** / [5] de antemano *beforehand* / [6] nomás **solamente** / [7] de a poco **poco a poco**

AB: Creo que todas mis obras indagan[8] los temas de la libertad, de la vocación interna y de la identidad personal. Quizás lo más importante sea que ellas expresan, de alguna manera, la distancia entre lo que hemos querido ser, lo que han querido que seamos y lo que hemos logrado ser. Probablemente cuentan la historia de nuestra vida y todo eso me parece que vale la pena contar[9].

---

[8] indagan **exploran** / [9] vale. . . contar *it's worth telling*

Sergio Vodanovic

(CHILENO, n. 1926)

S ERGIO Vodanovic —abogado de profesión, destacado y prolífico dramaturgo, profesor universitario y también periodista— escribió su primera pieza teatral, *El príncipe azul* (1947), antes de cumplir los veinte años. Desde entonces ha escrito, producido y, ocasionalmente, dirigido una serie de obras de contenido social, caracterizadas por una gran preocupación ética y por un alto sentido crítico. Sirviéndose de una mayor o menor dosis de humor, ironía o sátira, el teatro de Vodanovic refleja el contexto social y sicológico de un rico panorama humano, expone los conflictos entre las generaciones y entre las clases sociales, descubre la hipocresía predominante a todo nivel y la gran distancia que existe entre los sueños y la realidad, denuncia la corrupción pública y privada, y en general cuestiona constantemente los valores tradicionales y las instituciones sociales.

Una de sus piezas más conocidas —ganadora del Premio Municipal de Drama en Chile— es *Deja que los perros ladren* (1959), obra que ha tenido mucho éxito de público[1] y que ha sido posteriormente llevada al cine[2]. La producción dramática de Vodanovic comprende, además de las dos obras ya mencionadas, los siguientes dramas y comedias: *El senador no es honorable* (1952), *Mi mujer necesita marido* (1953), *La cigüeña también espera* (1955), *Viña: Tres comedias en traje de baño* (1964), *Los fugitivos* (1965), *Perdón. . . ¡estamos en guerra!* (1966) y *Nos tomamos la universidad* (1971).

   La gente como nosotros es una de las tres piezas breves contenidas en *Viña: Tres comedias en traje de baño*. Las otras dos allí incluidas son *El delantal blanco* y *Las exiladas*. Como está implícito en el título de la trilogía, las tres tienen lugar en Viña del Mar, uno de los balnearios[3] más distinguidos de Chile. Allí viene la gente, como en todo balneario, a gozar de la playa y a «desnudarse[4]» o «semi-desnudarse» —según sea el estilo del traje de baño[5] del momento— tanto física como emocionalmente, ya que disfrutar de la playa implica también dejar atrás, temporalmente, los problemas y preocupaciones cotidianas, del trabajo y de la casa. Es esta última interpretación del título de la trilogía —más metafórica que literal— la que debemos tener en cuenta al leer *La gente como nosotros*. Aquí el autor va «desnudando», poco a poco, las intimidades de sus personajes al descubrir la verdad íntima de cada uno de ellos: la infelicidad, el profundo resentimiento y el deseo de cambio de unos; el vacío, la soledad, la frustración y la total incomunicación de los otros.

---

[1] éxito de público   *box-office success*   /   [2] llevada al cine   *filmed*   /   [3] balnearios   *beach resorts*   /   [4] desnudarse   *get undressed*   /   [5] traje de baño   *swimsuit*

A • *Frente al texto*

LA GENTE COMO NOSOTROS

PERSONAJES

FREDDY
CAROLA
EL SEÑOR
LA SEÑORA

ACTO ÚNICO

Un claro[1] al margen del camino de Viña del Mar a Limache. Algunos troncos[2] cortados y algunos arbustos[3] son los únicos elementos escenográficos. Es de noche. Al abrirse el telón, la escena está vacía.

---

[1] claro   *clearing*   /   [2] troncos   *logs*   /   [3] arbustos   *shrubs*

Después de un momento entran el SEÑOR *y la* SEÑORA. *Ella, de
aproximadamente cincuenta años, viste un abrigo de verano y lleva su
bolso en la mano. Su actitud general es de fría indiferencia. El* SEÑOR
*viste terno[4] oscuro y se le observa molesto por las circunstancias en que se
halla[5].*

Luego entra FREDDY, *de veintitrés años, con paso displicente[6] y las
manos en los bolsillos. Viste con rebuscada[7] elegancia, sus modales[8] y
gestos revelan cierta ordinariez[9].*

Después de FREDDY *entrará* CAROLA, *dieciocho años, su actitud es
de concentración en sí misma.*

FREDDY. ¡Bien! Aquí podremos esperar que el chófer arregle la «pana»[10].
Menos mal que hay luna. . . Estos taxis colectivos son una calami-
dad; desde que salí de Viña me di cuenta que algo andaba mal.
(Mira su reloj y comprueba[11] que está detenido[12].) ¿Qué horas son?
(Nadie le contesta. Se dirige directamente al SEÑOR.*)* ¿Podría de-
cirme la hora?

EL SEÑOR. *(Quien, junto a la* SEÑORA, *se ha apartado de los otros dos.)*
Las dos y cuarto.

FREDDY. *(Pone su reloj a la hora.)* No es hora para hacer «picnic».
¿Creerán ustedes que esto me pasa de puro tonto? Pude haberme
vuelto a Limache en un Impala de un amigo, pero no quise. Él se
enojó, pero yo soy porfiado[13]. A los amigos hay que demostrarles
que es uno el que manda, de lo contrario se está frito[14]. ¿No es
cierto? *(Nadie le responde.* FREDDY *se amohína[15] y principia a silbar un ritmo bailable mientras inspecciona el lugar. De vez en
cuando mirará a* CAROLA, *como tratando de reconocerla.)*

LA SEÑORA. No me gusta ese tipo[16].

EL SEÑOR. No podía elegir a los demás pasajeros.

LA SEÑORA. Si nos quisieran asaltar. . .

EL SEÑOR. ¡Bah!

LA SEÑORA. Tú te empeñaste[17] en ir a Viña en el auto a pesar de que
sabías perfectamente que estaba fallando.

EL SEÑOR. Hace meses que fallaba.

LA SEÑORA. Y, justamente, tuvo que pararse esta noche. Justo a la salida
del Casino. . . Yo no quería venir.

EL SEÑOR. No vuelvas a empezar.

LA SEÑORA. ¿Yo volver a empezar? Yo no hablo. Hace tiempo que no
hablo. Perdí la costumbre[18].

---

[4] terno *three-piece suit* / [5] se halla **se encuentra** / [6] displicente *aloof* / [7] rebuscada
affected / [8] modales *manners* / [9] cierta ordinariez *a certain vulgarity* / [10] «pana»
breakdown (of a car) / [11] comprueba **se da cuenta, observa** / [12] detenido *stopped* /
[13] porfiado *stubborn man* / [14] se está frito *(coll.) you're done for* / [15] se amohína *gets
annoyed* / [16] tipo *(coll.)* **hombre** / [17] te empeñaste **insististe** / [18] Perdí la costumbre. *I got out of the habit.*

FREDDY. *(A CAROLA.)* ¡Ya está! Ahora me acuerdo. *(Se acerca a CAROLA y la indica maliciosamente con su índice.)* En «La Ronda» ¿No es cierto? *(CAROLA hace como si no hubiera oído y mira hacia otro lado.)* ¡No hay de qué avergonzarse[19]! 45

CAROLA. ¡Yo no me avergüenzo!

FREDDY. ¿Y por qué no me contestas?

CAROLA. No tengo ganas.

FREDDY. *(Imitándola desabridamente[20].)* ¡No tengo ganas! Las ínfulas[21] que te das y pensar que te he visto en pelota[22]. *(El SEÑOR y la SEÑORA* 50 *miran extrañados[23] hacia CAROLA.)*

CAROLA. ¡Media gracia[24]!

FREDDY. ¿O no hablas con desconocidos? Si es por eso, me puedo presentar. *(Le extiende la mano.)* Freddy Salamanca, a sus órdenes. *(CA-ROLA le toma la mano y vuelve a mirar en otra dirección.)* ¿Y* 55 tú? ¿Cómo te llamas? Creo que ni siquiera te anunciaron.

CAROLA. Carola.

FREDDY. *(Riéndose abiertamente de súbito.)* Dime. . ., ¿te dolió mucho?

CAROLA. ¿Qué?

FREDDY. Cuando te quité la silla y te caíste. 60

CAROLA. *(Reaccionando enojada.)* ¿Fue usted?

FREDDY. ¡Ésa sí que estuvo buena! *(Se dirige al SEÑOR y la SEÑORA.)* Oigan, oigan esto, que es bien bueno. Yo estaba con Tito en «La Ronda». Tito es mi amigo el del Impala, feo como el demonio, pero podrido en plata[25], y, de pronto, aparece en la pista, en medio del 65 «show», nuestra amiga *(indica a CAROLA)* para hacer un «strip tease». Nosotros estábamos en primera fila[26], justo detrás de ella, y cuando Carola se fue a sentar para bajarse los calzones[27] yo, con el pie, quité la silla y Carola fue a dar al suelo. . . ¡La que se armó[28]! ¡Fue de película[29]! *(A CAROLA.)* ¿Te enojaste mucho? 70

CAROLA. *(Molesta.)* No.

FREDDY. ¿No estás enojada conmigo?

CAROLA. No.

FREDDY. Los artistas tienen que soportar todo. Se deben a su público. Después de todo, lo pasan harto bien[30]. 75

CAROLA. ¡Mejor lo pasan ustedes!

FREDDY. ¿Nosotros? ¿Y quiénes somos nosotros?

CAROLA. Usted lo sabe bien.

FREDDY. ¿Qué quieres decir?

CAROLA. Antonio, el anunciador, me dijo quiénes eran ustedes, los que 80 me habían quitado la silla.

---

[19] ¡No. . . avergonzarse! *Nothing to be ashamed of!* / [20] desabridamente *peevishly* / [21] ínfulas **aires** / [22] en pelota **desnuda, sin ropa** / [23] extrañados **sorprendidos** / [24] ¡Media gracia! *Big deal!* / [25] podrido en plata **con mucho dinero** / [26] en primera fila *in the front row* / [27] calzones *panties* / [28] ¡La que se armó! *What a sight!* / [29] ¡Fue de película! *Straight out of the movies!* / [30] harto bien **muy bien**

FREDDY. ¿Antonio? Que se calle ése, que también tiene su historia.

CAROLA. Yo no sé para qué van al «strip tease». . .; si fueran hombres siquiera los que se desvistieran[31]. . .

FREDDY. *(Picado.)* ¿Crees que no soy hombre?   85

CAROLA. ¡Claro que no!

FREDDY. Te podría mostrar cien señoras que te podrían decir cómo soy yo.

CAROLA. *(Despectiva.)* ¡Señoras!

FREDDY. Señoras, sí, y señoras decentes. . . ¿O crees tú que me voy a estar   90 gastando con señoritas?

CAROLA. ¿Por qué no?

FREDDY. Se enamoran, se quieren casar; en cualquier momento uno les hace una guagua[32]. . . ¡Y se terminó Freddy! Además. . ., con las señoritas ni na, ni na[33]. . .   95

CAROLA. Ni na, ni na ¿qué?

FREDDY. *(Hace con los dedos como si contara billetes.)* ¡Money! *(Lo pronuncia en español, igual que se escribe.)* ¿O tú crees, también, que las mejores cosas de la vida son gratis? No, señor. Hay que pagarlas y a mí me pagan. No debo ser tan inservible[34], entonces.   100

CAROLA. *(Desafiante.)* ¿Los hombres también?

FREDDY. *(Igual.)* También.

CAROLA. Debiera darle vergüenza siquiera[35]. *(FREDDY la mira y sonríe irónicamente. Enciende un cigarrillo y se aleja tratando de mostrar su molestia. En el diálogo anterior, el SEÑOR y la SEÑORA han*   105 *permanecido[36] inmóviles, sin mirar a FREDDY y CAROLA, pero obviamente han escuchado su conversación.)*

LA SEÑORA. Anda a ver si el chófer arregló la «pana».

EL SEÑOR. ¿No lo ves desde aquí? Todavía está metido de cabeza en el motor.   110

LA SEÑORA. Nunca en mi vida oí tantas indecencias juntas.

EL SEÑOR. Ni yo.

LA SEÑORA. La gente como nosotros. . .

EL SEÑOR. Sí.

LA SEÑORA. ¿Sí, qué?   115

EL SEÑOR. Lo que tú dijiste: «La gente como nosotros. . .»

LA SEÑORA. Yo no terminé mi frase.

EL SEÑOR. De todos modos tenías razón.

LA SEÑORA. Una tiene que quedarse en «pana» en un camino y de noche, para enterarse de las obscenidades que ocurren al lado nuestro.   120

EL SEÑOR. Otra cosa es verlo en películas o en el teatro o en los diarios.

---

[31] se desvistieron **se quitaron (sacaron) la ropa** / [32] una guagua *a baby (in Chile)* / [33] ni na, ni na **no pasa nada, no se gana nada** / [34] inservible *useless* / [35] siquiera *at least* / [36] han permanecido *have remained*

LA SEÑORA. ¿Qué diarios?

EL SEÑOR. Esos con letras rojas que se ven en los kioskos[37]. Yo no los leo.

LA SEÑORA. Haces bien.

EL SEÑOR. La gente como nosotros. . . 125

LA SEÑORA. Sí. Tienes razón.

FREDDY. *(Acercándose nuevamente a* CAROLA *en plan de cordialidad.)* ¿Por qué estás enojada? ¿Te ha ido mal[38]?

CAROLA. *(Después de una pausa.)* Sí.

FREDDY. Tal vez yo te podría ayudar. «La Ronda» no es el único cabaret 130 de Viña. Yo soy amigo de un señor que es dueño de dos en el puerto[39]. Si quieres, te recomiendo.

CAROLA. Parece que no sirvo[40].

FREDDY. ¿No sirves? Eres joven, tienes buen cuerpo. . ., ¿por qué no ibas a servir? 135

CAROLA. No sé. No les gusto. Me silban.

FREDDY. ¿Vives en Limache?

CAROLA. Cerca. Casi al llegar.

FREDDY. ¿Y qué hacías antes?

CAROLA. Nada. Mi papá es viudo. Se pierde[41] por meses. Yo cosía[42] pero 140 no me gusta coser. Quiero viajar, salir en las revistas, ser alguien. . . ¿Y qué posibilidad tenía para lograrlo? Un día fui a Viña a ver a un amigo, le conté lo que me pasaba y me llevó donde Antonio. Me contrató[43] para el verano. . ., me pareció que era fácil. . .

FREDDY. Dime. . . ¿No te dio vergüenza la primera vez? 145

CAROLA. Más vergüenza me daba cuando me veían en Limache con el vestido viejo y parchado[44]. *(Mostrando su ropa.)* Esto me lo compré con el primer sueldo. Es bonito, ¿no es cierto?

FREDDY. *(Guiñándole un ojo[45].)* Toca esta tela. Es «palm beach» inglés. Cuesta como ochenta escudos el metro[46]. *(Se queda un momento* 150 *pensativo.)* Sí. Yo sé lo que es eso. Andar con los pantalones parchados y que la gente te mire y no te vea.

CAROLA. Pero a ti te va bien. Te pagan.

FREDDY. ¿Y a ti no? ¿Te empelotas[47] acaso por bolitas de dulce?

CAROLA. Pero no les gusto, me pifian[48]. Todas las noches me pifian. Y se 155 ríen de mí, como lo hiciste tú cuando me quitaste la silla.

FREDDY. ¡No es para tanto[49]!

---

[37] kioskos *newsstands* / [38] ¿Te ha ido mal? *Did things go wrong for you?* / [39] es dueño. . . puerto *owns two of them by the harbor* / [40] Parece. . . sirvo. *It seems that I'm no good.* / [41] Se pierde **desaparece, anda con mujeres** / [42] cosía *I used to sew* / [43] Me contrató *He hired me* / [44] parchado *patched* / [45] Guiñándole un ojo. *Winking at her.* / [46] ochenta. . . metro *eighty "escudos" per meter (Approx. twenty dollars per meter. When this play was written, the exchange rate of Chilean currency was about four escudos per dollar.)* / [47] empelotas **desnudas, sacas la ropa** / [48] me pifian *they boo me* / [49] ¡No es para tanto! **¡No hay que exagerar!**

CAROLA. ¡No es para tanto! ¿Y qué es para tanto? Tú no sabes lo que es tener que desvestirse todas las noches delante de gente que tú ni sabes quiénes son. Y, al final, agacharte[50] a recoger tu ropita del 160 suelo y salir a poto pelado[51] en medio de la gente que conversa y bebe. . . ¡Y a nadie le importa! ¡Ni miran siquiera! Y hay esas mujeres elegantes que te observan con curiosidad, como si uno fuera un monstruo o algo así, como si ellas no estuvieran desnudas debajo de sus vestidos. ¡Tú no sabes lo que es! *(Esconde la cara en las* 165 *manos por un momento.)*

FREDDY. Tú crees que a ti te sucede lo peor porque no sabes nada. A ti, al menos, te humillan en tu piel. Nadie se mete dentro de ti. Te usan, sí, pero para exhibirte en una vitrina[52]. A mí me revuelven por dentro, me sacan todo, me registran, me humillan. . . y me pagan. 170

CAROLA. Pero te quieren.

FREDDY. ¿Me quieren? ¿Quiénes?

CAROLA. Tu amigo el del Impala. . ., las señoras esas, las decentes.

FREDDY. ¡Las señoras decentes! Las señoras decentes me usan como un trapo viejo[53], mientras yo tengo que fingir[54] que las admiro, que me 175 gustan, que las deseo. Ellas no necesitan fingir. Ellas pagan. Y Tito sabe que él es el dueño del Impala, que es él quien me compra los ternos de ochenta escudos el metro. Y a él no le importa que un día yo tenga asco[55], o que esté cansado, o que sienta necesidad de aire puro, de respirar y de vivir. . . Él es el dueño del Impala, él es el que 180 tiene la plata. Es feo, feo como el diablo, pero tiene el Impala y tiene la plata. ¿Sabes lo que pienso hacer? Juntar yo mi platita, tener yo mi auto y, después, ser yo el que pague a muchachos como yo, a los que vea con buena pinta[56] y con los pantalones parchados o a chiquillas como tú, bonitas, pero con la falda descosida[57]. 185

CAROLA. Mi papá decía algo parecido[58]. . .

FREDDY. ¿Que tu papá también. . .?

CAROLA. ¡No! Cómo se te ocurre. Es que me acordé de cuando era chica. Mi mamá todavía vivía. Mi padre era un artista. Tallaba[59] figuras en madera, un huaso[60] bailando, una lavandera, cosas así. Lo que 190 tallaba el papá se lo compraba un gringo para venderlo en Santiago. El gringo vivía lo más bien de lo que ganaba con el trabajo de mi papá, pero como era inteligente le pagaba poco, lo suficiente para que pudiéramos comer. Así no había ninguna posibilidad de que mi papá se fuera a Santiago a vender sus figuras en la misma parte 195 que las vendía el gringo.

---

[50] agacharte *(you) bend down* / [51] a poto pelado *(vulg.) bare-bottomed* / [52] vitrina *show (display) window* / [53] trapo viejo *old rag* / [54] fingir *fake, pretend* / [55] asco **repugnancia** / [56] buena pinta *good looks* / [57] falda descosida *unstitched skirt* / [58] parecido **similar** / [59] Tallaba *He carved* / [60] huaso *(var. of "guaso") peasant, farmer (in Chile)*

FREDDY. ¿Y eso qué tiene que ver[61]?

CAROLA. Que mi papá quería ahorrar, tener algo de plata para poder ir a Santiago, pero no pensaba trabajar más, sino que iba a contratar a otros para que hicieran las figuras. Y también les iba a pagar poco y se iba a dar la gran vida, igual que el gringo,   200

FREDDY. ¿Y. . .?

CAROLA. No le resultó[62]. Se puso a tomar, el gringo se aburrió y por ahí anda el viejo. Hasta preso ha estado. . .[63]

FREDDY. No lo supo hacer.   205

CAROLA. No. No es eso. Uno cree que puede hacerlo, pero no. . . Hay gente que nace para aprovechar y otros para que lo aprovechen. . . ¡Qué daría yo por tener harta plata, sentarme en la mesa de un cabaret y hacer que todas las señoras que van a divertirse viéndome a mí, se fueran sacando la ropa una a una. ¡Esa sí que sería   210 fiesta! Pero no, es lindo pensarlo, pero no sucederá. A muchas de ellas, sólo las han visto desnudas el marido y el doctor.

FREDDY. El marido, el doctor. . . ¡y Freddy!

CAROLA. No todas son como las que conoces.

FREDDY. Todas son iguales.   215

CAROLA. ¡Qué sabes tú!

FREDDY. Si no lo sé yo. . ., ¿quién?

CAROLA. Tal vez sea como tú dices, sería un consuelo para uno, pero mucho más consuelo es pensar que no es así, que las hay diferentes. . . *(Baja la voz.)* Oye. . . Mira esa señora. . ., ¿crees tú. . .?   220

FREDDY. ¡Seguro! *(La SEÑORA, quien, junto al SEÑOR, ha estado oyendo en silencio, fingiendo no interesarse en la conversación de los jóvenes, vuelve la vista hacia ellos al sentirse aludida, en digna actitud, para volver luego a su posición de fingida indiferencia.)*

CAROLA. ¡Chita[64]! ¡Parece que está oyendo! *(FREDDY y CAROLA siguen*   225 *hablando en voz baja.)*

LA SEÑORA. ¿Y tú permites?

EL SEÑOR. ¿Qué?

LA SEÑORA. Tú oíste.

EL SEÑOR. Yo no oigo.   230

LA SEÑORA. Oíste.

EL SEÑOR. Oí, pero no tienen por qué saber que oí.

LA SEÑORA. Me han insultado.

EL SEÑOR. Haz cuenta[65] que no has oído.

LA SEÑORA. Pero oí.   235

EL SEÑOR. La gente como nosotros. . .

---

[61] *¿Y. . . ver? And what's that got to do with anything?* / [62] *No le resultó. It didn't work out for him.* / [63] *Hasta. . . estado. . . He's even been in jail . . .* / [64] ¡Chita! **¡Caramba!, ¡Dios mío!** / [65] Haz cuenta *Pretend*

LA SEÑORA. ¿Qué hay con la gente como nosotros?

EL SEÑOR. No saben de esas cosas. Es otro mundo.

LA SEÑORA. ¿Te parece?

EL SEÑOR. ¿Cómo? ¿Qué quieres decir?   240

LA SEÑORA. No debieras estar tan seguro.

EL SEÑOR. ¿Seguro de qué?

LA SEÑORA. De que ese hombre no me ha reconocido.

EL SEÑOR. ¿Quién? ¿Ése? Si es la primera vez que te ve.

LA SEÑORA. ¿Cómo lo sabes?   245

EL SEÑOR. Lo sé. . . ¡Y basta[66]!

LA SEÑORA. No me habrían faltado motivos para solicitar sus. . ., sus
     servicios.

EL SEÑOR. ¿Vas a empezar?

LA SEÑORA. ¿Empezar qué?   250

EL SEÑOR. Lo de siempre.

LA SEÑORA. ¿Te he dicho algo alguna vez?

EL SEÑOR. No.

LA SEÑORA. ¿Por qué dices «lo de siempre», entonces? ¿Por qué? A ver. . .,
     ¿por qué?   255

EL SEÑOR. No es necesario que lo hayas dicho. Me bastaba tu mirada. Tu
     silencio.

LA SEÑORA. Tú no me has satisfecho nunca. *(Pausa.)* He dicho: Tú no me
     has satisfecho nunca.

EL SEÑOR. Ya oí.   260

LA SEÑORA. ¿Y qué me dices?

EL SEÑOR. No tengo nada que decir. No tengo por qué discutir asuntos
     íntimos[67] a las tres de la madrugada[68] en medio del camino.

LA SEÑORA. ¿Por qué no? Ellos lo han hecho.

EL SEÑOR. La gente como nosotros. . .   265

LA SEÑORA. La gente como nosotros no discute sus intimidades. Es de
     mal gusto. ¿Eso quieres decir?

EL SEÑOR. Eso. *(El SEÑOR y la SEÑORA guardan silencio, permaneciendo
     dignamente inmóviles. En los últimos parlamentos de su discusión
     no han podido evitar elevar algo sus voces, lo que ha atraído la*   270
     atención de FREDDY y CAROLA.)

FREDDY. Parece que se han enojado.

CAROLA. Pero no se pelean. Son ricos. Saben comportarse[69]. Sólo cuando
     se curan dicen groserías[70]. Me gustaría ser como esa señora. Debe
     sentirse tan segura.   275

FREDDY. ¿Tú como ella?

---

[66] ¡Y basta! *And that's enough!* / [67] asuntos íntimos *private matters* / [68] madrugada
dawn, early morning / [69] Saben comportarse. *They know how to behave.* / [70] Sólo. . .
groserías. *They curse only when they get drunk.*

CAROLA. Poder mirar así, sintiéndose la dueña. . .

FREDDY. Yo he estado en la cama con más de veinte señoras como ésa.

CAROLA. Pero estoy segura que hasta en la cama siguen siendo las dueñas. 280

FREDDY. Sí. Tienen plata. Pueden comprar y uno sólo sabe vender. Y el que compra siempre está en ventaja[71]. Sabe regatear[72] y hasta puede devolver la mercancía.

CAROLA. Eso no te debe haber pasado a ti.

FREDDY. ¡Claro que no! ¿Cómo me van a devolver? 285

CAROLA. Oye. . ., si uno se comportara igual que ellos, sentiría lo mismo.

FREDDY. ¿De dónde sacaste eso?

CAROLA. ¿No has hecho la prueba con una sonrisa?

FREDDY. ¿Te está fallando. . .?

CAROLA. Es una cosa que me enseñó una señora viejita que estuvo de 290 allegada[73] en mi casa. Mira, cuando tú estás triste, lo mejor es sonreír, sonreír aunque no tengas ganas. Y resulta que uno principia a sonreír y la sonrisa se contagia por dentro y la pena se va y te sientes contenta. Yo creo que, a lo mejor, si los imitamos a ellos, hasta podremos sentirnos iguales. 295

FREDDY. ¡Las cosas que se te ocurren. . .!

CAROLA. Hagamos la prueba. Ponte así. *(Imitan la posición estatuaria del SEÑOR y la SEÑORA. FREDDY se tienta de la risa y contagia a CAROLA.)* No. Sin reírse. A ver quién aguanta[74] más. *(Se mantienen erguidos[75] e inmóviles en una caricatura del SEÑOR y la SEÑORA. La* 300 *SEÑORA se separa súbitamente de su marido y da un paso en dirección a FREDDY.)*

EL SEÑOR. *(Deteniéndola.)* ¿Adónde vas?

LA SEÑORA. Voy a hablar con él.

EL SEÑOR. ¿Qué le vas a decir? 305

LA SEÑORA. Quiero anotar su número de teléfono.

EL SEÑOR. ¿Estás loca?

LA SEÑORA. ¿No has pagado tú, acaso?

EL SEÑOR. Pero. . .

LA SEÑORA. No es mía la culpa. 310

EL SEÑOR. ¿Mía?

LA SEÑORA. Sí.

EL SEÑOR. Bien. Hablemos.

LA SEÑORA. Si te cuesta tanto. . .

EL SEÑOR. Hablemos. 315

LA SEÑORA. Te escucho.

EL SEÑOR. No hablaré sólo yo. Tú también.

---

[71] está en ventaja *has the upper hand* / [72] regatear *to haggle* / [73] estuvo de allegada *was boarding* / [74] aguanta *can stand* / [75] erguidos *straight*

LA SEÑORA. Yo ya te lo dije.

EL SEÑOR. ¿Y qué más?

LA SEÑORA. *(Después de una breve pausa, abriendo lentamente la repre-*   320
sión de tanto tiempo.). . . día a día, noche a noche, veinte años han
pasado. No, veinticinco. Veintiocho, para ser más exacta. Yo esperaba. Sabía que el matrimonio no era sólo eso. Pero sabía, también,
que el matrimonio era eso. Eso principalmente. Y quedaba esperando. Tenías excusas: dolor de cabeza, cansancio, sueño. Y el   325
tiempo pasaba. A veces, sucedía. Así como una obligación que hay
que cumplir. Igual que pagar impuestos[76] o hacer un trabajo te-
dioso. Pero nunca te entregaste[77] al amor, nunca supe lo que era
sentirse en los brazos de un hombre que me hacía olvidar. . .,
olvidar que era yo misma. Tú, a veces, llegabas tarde. Yo sabía   330
dónde andabas y me preguntaba qué era lo que te hacía ir a otras
mujeres, qué podías aspirar de ellas, qué te daban. *(Con un leve*
gesto hacia FREDDY *y* CAROLA.) A ésos, al menos, los pagan por ser
humillados. Yo no recibí pago alguno. Lo reclamo ahora.

EL SEÑOR. No has dicho nada nuevo.   335

LA SEÑORA. ¿Lo sabías?

EL SEÑOR. ¿Cómo no iba a saberlo?

LA SEÑORA. ¿Por qué no me hablaste nunca, entonces?

EL SEÑOR. La gente como nosotros. . .

LA SEÑORA. Sí, ya sé. ¡Qué triste es ser como nosotros!   340

EL SEÑOR. ¿Tengo necesidad yo de decir mi parte?

LA SEÑORA. ¡Ah!, ¿también tienes algo que decir?

EL SEÑOR. ¿No lo sabes?

LA SEÑORA. No.

EL SEÑOR. En eso te llevo ventaja. Al menos, yo conocía tu discurso.   345

LA SEÑORA. Di el tuyo, entonces.

EL SEÑOR. Un hombre necesita dar su amor, necesita que su amor sea
deseado, buscado. Yo esperaba, esperaba un signo, una señal, algo
que me dijera que me estabas esperando. Pero ahí estabas tú, recla-
mando un derecho, con tu camiseta[78], tu pelo en desorden, tu   350
vientre impúdicamente inflado[79]. Ningún gesto. Nada, tenías marido y él debía cumplir con su deber. Y yo llegaba hasta ti con la
frustración de sentirse una presa[80] y no un hombre; un funcionario[81] y no un amante. Y yo cumplía. Tarde y mal, pero cumplía.
Pero nunca me deseaste. ¡Tú no sabes lo que es sentir que no se tiene   355
necesidad de uno!

LA SEÑORA. *(Lentamente, después de una pausa.)* ¿Era necesario que se

---

[76] impuestos *taxes* / [77] te entregaste *gave yourself up* / [78] camiseta *undershirt* /
[79] tu. . . inflado *your belly shamelessly bloated* / [80] presa *prey, loot* / [81] funcionario
official

nos echara a perder el auto y que tuviéramos que tomar este taxi colectivo y que el taxi quedara en «pana» y que esta gente dijera lo que dijeron de nosotros, después de veintiocho años, para que   360 habláramos de estas cosas?

EL SEÑOR. Era necesario.

LA SEÑORA. Hemos perdido nuestras vidas.

EL SEÑOR. Tugal, tugal. . ., salir a buscar[82].

LA SEÑORA. Muy tarde ya. *(FREDDY y CAROLA, cansados de su posición,*   365 *prorrumpen en risas.)*

FREDDY. ¿Sabes?

CAROLA. ¿Qué?

FREDDY. Tú me gustas. Tienes lo mismo que yo, lo que yo tengo muy adentro.   370

CAROLA. Yo no soy siempre así.

FREDDY. Yo tampoco.

CAROLA. Me hubiera gustado conocerte cuando tenías los pantalones parchados.

FREDDY. Y yo a ti, con el vestido descosido.   375

CAROLA. *(Tocando el «palm beach»[83] de FREDDY.)* Ochenta escudos el metro.

FREDDY. *(Tocando el vestido de CAROLA.)* Lo pagaste con tu primer sueldo por bailar desnuda.

CAROLA. Es tarde ya.   380

FREDDY. Sí. Muy tarde.

CAROLA. ¿Qué podemos hacer?

FREDDY. Seguir, seguir igual. *(Ambos quedan pensativos, en silencio.)*

EL SEÑOR. ¿Qué podemos hacer?

LA SEÑORA. Seguir, seguir igual. *(Ambos quedan pensativos, en silencio.*   385 *Ahora son los cuatro que permanecen pensativos.)*

CHÓFER. *(Fuera.)* ¡Eh, vengan, ya está listo el auto! *(Ninguno parece oírlo, nadie se mueve de inmediato. El SEÑOR se vuelve y cabizbajo[84] hace mutis[85] y luego, igual, lo hacen la SEÑORA y después de ella, CAROLA. FREDDY queda un instante solo, se vuelve para iniciar el*   390 *mutis y desaparece mientras silba una triste melodía.)*

FIN DE
«LA GENTE COMO NOSOTROS»

PREGUNTAS

1. ¿Dónde tiene lugar esta obra? ¿Qué hay en el escenario para indicar el lugar?
2. ¿Cuántos personajes hay? ¿Son jóvenes o viejos? Descríbalos brevemente.

---

[82] Tugal. . . buscar. *A line used in hide-and-seek, sung before the search begins.* / [83] «palm beach» *The reference here is to the expensive, imported quality of the material of Freddy's suit.* / [84] cabizbajo *head down* / [85] hace mutis **se va, sale**

3. ¿Están allí por voluntad propia? ¿Qué problema han tenido? Explique.
4. ¿Se conocían ya Freddy y Carola o ésta es la primera vez que se ven? Comente.
5. ¿Qué ocupación tiene Carola? ¿Cómo lo sabemos?
6. ¿Tiene Freddy un trabajo similar? ¿Qué hace él? Explique.
7. Según Freddy, ¿por qué prefiere él trabajar para las señoras y no para las señoritas?
8. Según su opinión, ¿a qué clase social pertenecen Freddy y Carola? ¿Y el Señor y la Señora? ¿Cómo podemos deducir eso?
9. En esta obra, ¿quiénes usan la expresión «la gente como nosotros»? ¿A qué gente se refieren ellos? Explique.
10. ¿Qué sabemos del pasado de Carola? ¿Que hacía ella antes?
11. ¿Están contentos Carola y Freddy con el trabajo que hacen? ¿Por qué?
12. Según Freddy, ¿cómo lo tratan las «señoras decentes»? ¿y su amigo Tito? ¿Por qué?
13. ¿Cuál es el sueño de Freddy? ¿Qué le gustaría hacer en el futuro?
14. Según Carola, ¿son similares los sueños de Freddy y de su padre? ¿Qué parecido hay entre lo que quería hacer su papá y lo que a Freddy le gustaría hacer en el futuro?
15. ¿Cuánto tiempo hace que el Señor y la Señora están casados? ¿Cree usted que ellos se conocen bien? ¿que son felices? ¿que han sido felices alguna vez? ¿Por qué?
16. ¿Qué le dice la Señora a su esposo después de tantos años de casados? ¿De qué se queja ella?
17. ¿Y qué le dice él a su esposa? ¿También él tiene alguna queja? Explique.
18. ¿Cree usted que todavía hay tiempo para que el Señor y la Señora puedan ser felices en el futuro? ¿Y para Freddy y Carola? ¿Por qué? Comente.

B · En torno al texto

AMPLIACIÓN DE VOCABULARIO

A. **Frases sinónimas:** Para cada una de las frases de la columna izquierda, encuentre la expresión sinónima en la columna derecha.

1.	están callados	a.	han sacado cosas
2.	quieren más sueldo	b.	han escuchado malas palabras
3.	desean más plata	c.	han escuchado cosas privadas
4.	sigue la música	d.	están en silencio
5.	escucha la música	e.	tal vez llamaron
6.	son harto inútiles	f.	quieren más dinero
7.	por lo menos llamaron	g.	han sucedido cosas
8.	han quitado cosas	h.	continúa la música
9.	han ocurrido cosas	i.	desean más salario
10.	han oído cosas íntimas	j.	son muy inservibles
11.	a lo mejor llamaron	k.	oye la música
12.	han oído groserías	l.	siquiera llamaron

B.   Posibilidades múltiples: Para cada una de las palabras o frases subrayadas se dan tres posibles respuestas, dos de las cuales son equivalentes y por lo tanto no cambian el sentido de la oración original. Indique cuál es la respuesta no equivalente.

1. Ella tiene aproximadamente cincuenta años.
    a. más o menos   b. seguramente   c. alrededor de
2. Se halla en una situación difícil.
    a. se inspira   b. está   c. se encuentra
3. No me gusta ese tipo.
    a. ese hombre   b. esa clase de hombres   c. esa persona
4. Estaban en pelota.
    a. jugando a la pelota   b. desnudos   c. sin ropas
5. La mujer miraba extrañada hacia los jóvenes.
    a. sorprendida   b. incrédula   c. enojada
6. Mi novio tiene buena pinta.
    a. pinta muy bien   b. es buen mozo   c. tiene buen aspecto
7. Conozco a miles de chiquillas como tú.
    a. muchachas   b. jovencitas   c. prostitutas
8. El hombre esperaba algún signo de su mujer.
    a. alguna indicación   b. alguna carta   c. alguna señal
9. Papá sólo dice groserías cuando se cura.
    a. toma medicinas   b. toma mucho   c. se emborracha
10. La personalidad de Roberto es muy parecida a la de su padre.
    a. similar   b. semejante   c. diferente

TEMAS PARA DISCUSIÓN ORAL O ESCRITA

1. Compare y contraste la personalidad de Freddy y Carola (¿Qué similitudes y qué diferencias hay entre ambos? ¿Cuál de los dos es más optimista?) y comente lo que sienten ellos hacia la gente de la clase alta (¿Están contentos dentro de su clase? ¿Sienten resentimiento hacia quienes tienen más que ellos? ¿Por qué?).
2. Según su opinión, ¿cuál es el tema principal de esta obra? ¿Hay otros subtemas o tópicos relacionados? ¿Cuál sería el propósito del autor al escribir *La gente como nosotros* (¿divertir?, ¿enseñar?, ¿criticar?)?
3. Comente y discuta las implicaciones (temáticas, ideológicas, sociales) de las siguientes palabras de Freddy (dirigidas a Carola): «¿Sabes lo que pienso hacer? Juntar yo mi platita, tener yo mi auto y, después, ser yo el que pague a los muchachos como yo. . . o a chiquillas como tú, bonitas, pero con la falda descosida.» ¿Qué nos está diciendo aquí Vodanovic con respecto a la naturaleza humana? ¿a las clases sociales en general? ¿Cree usted que los pobres son intrínseca y moralmente mejores, peores o iguales a los ricos? Explique.
4. Compare y contraste la vida y los valores del Señor y la Señora (la clase alta) con la vida y los valores de Freddy y Carola (la clase baja). ¿Qué cosas, elementos, actitudes, se asocian en la obra con los miembros de estas dos clases? Comente.
5. Imagine que usted es al autor de esta obra y que para una nueva edición quiere cambiar el final. Modifique la última parte o escriba una nueva escena final para *La gente como nosotros*.

SUGERENCIAS TEMÁTICAS SUPLEMENTARIAS

1.   *La gente como nosotros* forma parte de una trilogía de piezas cortas titulada *Viña: Tres comedias en traje de baño.* Discuta el título de la trilogía en relación al contenido de esta pieza. (Teniendo en cuenta que Viña del Mar es un famoso balneario chileno, ¿qué significación tiene Viña en esta obra? ¿En qué sentido es *La gente. . .* una comedia? ¿Y cómo se aplica la idea de estar «en traje de baño» a esta obra?)

2.   Comente el final de *La gente. . .* ¿Diría usted que es un final pesimista? ¿optimista? ¿Por qué? Explique.

3.   Imagine que diez años después de haber sucedido el incidente contenido en esta obra ¡usted se encuentra, por pura casualidad, con Freddy, Carola, el Señor y la Señora! Describa brevemente cómo los encuentra y cómo han cambiado (o no) cada uno de ellos.

4.   Discuta *La gente como nosotros* como obra de crítica social. (¿Qué se critica en la obra? ¿Cómo? ¿Se limita la crítica al contexto chileno o es más general?)

5.   Comente sobre el uso del humor, la ironía y la sátira en esta obra. Dé ejemplos específicos tomados del texto.

C · *Más allá del texto*

SALIENDO DEL TEXTO: PARA PENSAR Y OPINAR

En *La gente como nosotros* están reflejadas y definidas dos clases sociales. ¿Cree usted que esa división también es válida para este país? Explique. ¿Hay aquí diferencias sociales? ¿Cómo dividiría usted a los miembros de esta sociedad? (¿por su profesión? ¿por su posición económica? ¿por su situación étnica?) ¿Qué valores, actitudes, objetos, ropa, etc., se podrían asociar con estos varios grupos? Comente.

D · *Texto en contexto: Una perspectiva entre muchas*

CONVERSANDO CON SERGIO VODANOVIC

(MINI-ENTREVISTA)

TMF: *La gente como nosotros* es una de las tres obras cortas que usted incluye en su trilogía titulada *Viña.* ¿Qué nos puede decir de la génesis de esas obritas?

SV: La verdad es que es una pregunta siempre bastante riesgosa[1] la que usted hace porque los recuerdos se entremezclan con ideas posteriores y uno nunca tiene mucha claridad de cómo y cuándo nació una obra. Sin embargo, respecto a *Viña,* creo que tengo ciertos puntos claros. Recuerdo que en esa época (verano del 63 o 64) estábamos bastante pobres, mi señora y yo, y en la misma circunstancia estaban algunos amigos. Un día decidimos tomarnos unas pequeñas vacaciones, irnos de paseo a descansar y a divertirnos por un fin de semana, con dos parejas más de amigos, y nos fuimos a Viña. Cada uno se alojó[2] en distintas casas de amigos o de parientes que teníamos por allá, y fue en ese fin de semana donde yo creo que encontré a cada uno de los personajes de *Viña.* . .

TMF: ¿Por qué no nos cuenta algunos detalles de aquella experiencia, de cómo y dónde «encontró» a los personajes de *La gente como nosotros?*

SV: Bueno, con mucho gusto. Le decía que habíamos salido un week-end con dos parejas más, dispuestos a pasarlo bien[3]. Ese viernes de noche nos fuimos al puerto, Valparaíso, y fuimos a todos los cabarets que estaban abiertos (y que eran muchos porque era época de vacaciones) y la verdad es que nos cansamos de ver strip-tease. . . Llegamos muy de madrugada al último cabaret. Se llamaba «La Ronda» y estaba en la plaza de Valparaíso. Yo quise ir a «La Ronda» porque semanas atrás había visto, en la portada[4] de una revista, una fotografía que me había impresionado mucho. Mostraba el momento en que una strip-teasera se iba a sentar en una silla y alguien de un grupo de muchachos patoteros[5] le quitaba la silla. . . El fotógrafo había captado justo el momento en que la pobre strip-teasera se caía al suelo. Había mucho de frialdad de parte de los muchachos y había una actitud de auténtica congoja[6] y de ridículo en la strip-teasera que caía semi-desnuda. . .

TMF: Ese episodio aparece en *La gente como nosotros.* . .

SV: Exacto. . . y así nace Freddy. A diferencia de los otros personajes de *Viña,* a él no lo vi esa vez, pero sí estaba en esa fotografía de la portada de la revista. Freddy era el que le había quitado la silla a la strip-teasera. En fin, yo tengo la costumbre de observar. . . y estábamos en «La Ronda» cuando me llamó la atención una pareja de personas mayores, un hombre y una mujer en una mesa cercana a la nuestra, que no se hablaban ni una palabra. Por su ropa y sus modales[7] daban la impresión de ser gente pudiente[8], de la alta sociedad. Esas dos personas son la pareja mayor de *La gente como nosotros.*

TMF: Sólo falta Carola. . . , ¿la «encontró» también esa noche?

SV: Sí, esa madrugada. . . Allí estábamos, en «La Ronda», cuando de pronto apareció una chica a hacer strip-tease, pero una chica que se notaba que

---

[1] riesgosa *risky* / [2] se alojó *stayed* / [3] dispuestos. . . bien *ready to enjoy ourselves* / [4] portada *front cover* / [5] patoteros **de la calle** / [6] congoja *anguish* / [7] modales *manners* / [8] gente pudiente **gente de dinero**

no era artista, que era una aficionada[9] que de alguna manera se había metido en esto. Era una chica rubia y bonita pero que no tenía la menor idea de cómo bailar o cómo quitarse la ropa. . . Nadie la miraba. Yo empecé a mirarla porque me puse a pensar por qué esta chica estaba haciendo strip-tease cuando evidentemente no era strip-teasera. Me impresionó mucho toda esa escena y lo que pasó después. Cuando terminó, estaba totalmente desnuda pero nadie la aplaudió. . . Es que nadie la estaba mirando tampoco. Me dio la impresión de que a ella le costaba un poco hacer lo que estaba haciendo. De pronto se agachó[10] de una forma bastante absurda, tomó sus ropas y con la ropa en la mano se fue. . . Y así fue como encontré a Carola.

TMF: Ahora, luego de «encontrar» a esos cuatro personajes, ¿los juntó usted en *La gente*. . . con algún propósito o alguna intención particular?

SV: No, cuando yo escribo generalmente no escribo buscando una tesis, tratando de expresar ciertas ideas, sino que simplemente investigo posibilidades. . . Para mí, escribir es una forma de preguntarse «qué sucedería si. . .» Y la verdad es que con respecto a *La gente como nosotros* me empecé a preguntar qué pasaría si esa pareja tan extraña (que había visto en «La Ronda»), esa pareja mayor que no se hablaba, tuviera que encontrarse con esa strip-teasera y con ese muchacho que le había quitado la silla a la chica de la fotografía. . . Al principio no encontraba el lugar apropiado para el encuentro pero después se me ocurrió la idea de un taxi colectivo que quedaba en pana a altas horas de la noche o a la madrugada. . . Y bueno, así nació *La gente como nosotros*.

TMF: ¿Qué lugar emocional o intelectual ocupa esta obrita en el resto de su producción teatral? ¿Hay algún cariño especial por ella?

SV: Curiosa pregunta. . . y digo «curiosa» porque si usted me hubiera hecho esta pregunta hace un año, le habría contestado que más que cariño había casi una situación de rechazo[11] especial por *La gente*. . . . Por razones más bien relacionadas con las puestas en escena[12], actuaciones[13] y direcciones que había visto, en general débiles, no estaba satisfecho con dicha obra. En todo caso, *Viña* sí es una de mis obras más queridas. Sin embargo, mi apreciación con respecto a *La gente* cambió totalmente cuando el año que acaba de terminar (1983) fui a Nueva York (que me encanta y adonde voy cada vez que puedo) y uno de esos pequeños teatros de off-off-off-Broadway había decidido dar *Viña* en inglés. Y curiosamente, de las tres obritas, *La gente como nosotros* era la que inmediatamente tomó mayor calidad dramática y donde sus actores (la mayoría norteamericanos o latinos que habían vivido mucho tiempo en Estados Unidos) la entendían y la transmitían muy bien. Personalmente creo que de las tres obras de *Viña*, *La gente como nosotros* es tal

---

[9] aficionada *amateur* / [10] se agachó *stooped* / [11] rechazo *rejection* / [12] puestas en escena *stagings* / [13] actuaciones *performances*

vez la pieza más clara y más accesible a un público norteamericano o no hispano en general. (Por ejemplo, en *El delantal blanco*, la relación patrona-empleada —esa relación de mando que tiene una patrona con una empleada tal como se entiende en Latinoamérica y tal como no se entiende en los Estados Unidos— es algo que siempre ha causado problemas y que nunca han podido entenderlo bien las actrices norteamericanas.)

BREVE INTRODUCCIÓN
al cuento hispanoamericano contemporáneo

¿Q UÉ es un cuento. . .? Para poder hablar del cuento hispanoamericano, es necesario, en primer lugar, definir el concepto «cuento», i.e., contestar esa pregunta inicial. Y esto, aunque parezca fácil, no lo es. La razón es muy sencilla: el cuento es una forma antiquísima. En un sentido amplio del término, se podría decir que es el más antiguo de los géneros literarios. El arte de contar aparece como una de las primeras manifestaciones culturales que se puedan percibir en la historia de la civilización. De origen oral, sus antecedentes se pierden en los tiempos. En el caso específico de Hispanoamérica, hay una larga tradición de narraciones populares de la época precolombina[1] que aún hoy se mantiene en muchos países, especialmente en los que —como México, Guatemala, Perú o Bolivia, por ejemplo— todavía tienen una gran población indígena. También se pueden encontrar, en crónicas y documentos varios de la conquista y de la colonia, descripciones de hechos semi-reales, semi-ficticios, con elementos fantásticos o supernaturales que bien podrían ser lejanos antecedentes de algunos cuentos de Alejo Carpentier, Julio Cortázar o Gabriel García Márquez, en donde descubrimos «lo real maravilloso», la magia latente

[1] precolombina *pre-Columbian*

en la realidad de todos los días, la maravilla escondida[2] en los hechos o situaciones aparentemente más insignificantes. Sin embargo —y aunque en forma embrionaria el cuento existió durante muchos siglos como narración interpolada en textos clásicos—, tanto en Hispanoamérica como en otras partes del mundo, el «cuento literario» (como unidad independiente y con reglas propias) es una creación del romanticismo.

El siglo XIX tendía al cuento largo, lo que creaba problemas de límites (¿cuento largo?, ¿«nouvelle»?, ¿novela corta?). Por ejemplo, «El matadero[3]» (1837) del argentino Esteban Echeverría, uno de los primeros cuentos hispanoamericanos, tiene unas veinticuatro páginas. Dentro de una historia del desarrollo del cuento hispanoamericano, hay que mencionar la influencia positiva del modernismo[4]. Aunque éste fue más bien un movimiento de renovación poética, su preocupación por la forma y el estilo creó, para el cuento, una tradición de cuidado formal y estilístico. Sin embargo, sólo en este siglo se llegan a establecer las bases teóricas del cuento moderno hispanoamericano cuando en los años veinte el uruguayo Horacio Quiroga, primer gran cuentista hispanoamericano, da a conocer su célebre «Decálogo del perfecto cuentista». Las diez reglas[5] de Quiroga, no obstante, están muy influenciadas por las teorizaciones y comentarios de Poe, a quien él mismo considera uno de sus maestros.

Edgar Allan Poe es, indudablemente, el padre del cuento moderno. Es el primero que describió el «cuento literario», aunque ni él ni Quiroga nos han dejado una definición precisa del cuento. Sí nos han dejado reglas. Según Poe, el cuento «should be what one could read at a sitting» y debe producir «a single effect» (en E. A. Poe, «Twice-Told Tales», *Graham's Magazine,* May, 1842). Por su parte, en su decálogo nos dice Quiroga: «No adjetives[6] sin necesidad. . . Toma a tus personajes de la mano y llévalos firmemente hasta el final, sin ver otra cosa que el camino que les trazaste. . . Un cuento es una novela depurada de ripios[7]. . .» De los comentarios de estos dos grandes maestros, se pueden deducir dos leyes fundamentales para el cuento: una «ley de extensión» (el cuento debe ser corto para poder leerse «en una sola sentada») y una «ley de intensidad» (el cuento no admite digresiones, tiene que ir directamente al punto para producir una unidad de impresión, un «efecto único»). Teniendo como base estas teorías y leyes del

---

[2] escondida *hidden* / [3] matadero *slaughterhouse* / [4] modernismo *Literary movement, concerned mainly with poetry, initiated in Spanish America at the turn of the century and led by the Nicaraguan poet Rubén Darío (1867–1916).* / [5] reglas *rules* / [6] no adjetives **no uses adjetivos** / [7] ripios **palabras superfluas**

cuento, se han ensayado —durante más de medio siglo— muchísimas definiciones. En este caso —y para contestar la pregunta inicial de «¿qué es un cuento?»— nos limitaremos a citar[8] una de ellas: la detallada definición elaborada por el profesor y crítico argentino Enrique Anderson Imbert, también cuentista y teórico del cuento como sus antecesores Poe y Quiroga. Dice el conocido crítico:

> El cuento vendría a ser una narración breve en prosa que, por mucho que se apoye en un suceder real, revela siempre la imaginación de un narrador individual. La acción —cuyos agentes son hombres, animales humanizados o cosas animadas— consta de una serie de acontecimientos entretejidos en una trama donde las tensiones y distensiones, graduadas para mantener en suspenso el ánimo del lector, terminan por resolverse en un desenlace estéticamente satisfactorio.
> (En E. A. Imbert, *Teoría y técnica del cuento*, Ediciones Marymar, Buenos Aires, 1979, p. 52.)

Esta definición contiene los requisitos[9] de «extensión» e «intensidad» indicados por Poe y Quiroga, pero al mismo tiempo describe la mayor parte de la producción cuentística hispanoamericana de este siglo, desde Quiroga hasta el presente, desde los cuentos pre-borgianos (anteriores a Borges) hasta los post-borgianos. A este último grupo pertenecen todos los cuentos incluidos en esta antología cuyos autores, sin excepción, tienen en común justamente el hecho de ser post-borgianos y también el de haber empezado su labor narrativa a partir de[10] los años cincuenta, ya después de que el «maestro» argentino publicara *Ficciones* (1944), obra de profundo impacto en los narradores más jóvenes y en toda la narrativa hispanoamericana posterior.

Si en la historia del cuento hispanoamericano Horacio Quiroga figura como el padre del cuento moderno y es el primer gran cuentista de Hispanoamérica, idéntico privilegio le corresponde a Jorge Luis Borges con respecto al cuento contemporáneo. En efecto, Borges es el padre del cuento contemporáneo y el primer escritor hispanoamericano que logra fama internacional. Maestro del género en su desarrollo histórico, también él —como Poe y Quiroga— es poeta y cuentista; como ambos, ha teorizado sobre el cuento, y como en el caso de sus dos grandes antecesores, su influencia ha sido enorme en la cuentística contemporánea que, para Hispanoamérica, empieza justamente con la aparición de sus primeros cuentos de la década del cuarenta, y específicamente con la publicación de sus dos libros más conocidos: *Ficciones* y *El Aleph* (1949), respectivamente.

---

[8] citar *quoting* / [9] requisitos *requirements* / [10] a partir de **desde**

A partir de los años cincuenta se produce un tremendo auge[11] en el cuento. En esa década se publican otras dos colecciones de cuentos de gran importancia en la historia del género: *Bestiario* (1951) de Julio Cortázar y *El llano en llamas* (1953) de Juan Rulfo. Y en esa década —o desde esa década—, repetimos, empiezan a publicar los siete escritores aquí incluidos, todos nacidos en este siglo, entre 1914 y 1942. También todos —con excepción de Cortázar que falleció cuando terminábamos este manuscrito— continúan escribiendo y publicando hoy día. Si bien cualquier antología es, por definición, una selección de obras y, por lo tanto, implica una serie de limitaciones, los cuentos aquí seleccionados son altamente representativos tanto del contenido temático como de los elementos de forma y estilo recurrentes en la cuentística actual hispanoamericana, entendiendo por «actual» la cuentística posterior a 1950.

Los años sesenta corresponden al fenómeno literario hoy conocido como el «boom» latinoamericano. Si bien el «boom» está asociado con la novela y no con el cuento, la experimentación formal que se lleva a cabo durante esos años en la novela afecta también al cuento por el simple hecho de que la mayoría de los novelistas (incluidos los del «boom») son también cuentistas. Tal es el caso, por ejemplo, de dos de los escritores incluidos en esta antología. Tanto Cortázar como García Márquez, autores de las dos novelas más importantes del «boom» —*Rayuela* (1963) y *Cien años de soledad* (1967), respectivamente—, también publican cuentos en esos años: *Los funerales de la Mamá Grande* de García Márquez es de 1962, mientras que *Todos los fuegos el fuego* de Cortázar sale en 1966. (De esas obras provienen «La siesta del martes» y «La isla a mediodía», respectivamente.)

Un rasgo[12] que ha caracterizado tradicionalmente a la narrativa latinoamericana es su contenido social, su preocupación por los problemas humanos de carácter existencial, económico o político. En general, los escritores latinoamericanos no han querido o no han podido evitar reflejar, en sus obras, la realidad cultural e histórico-política de Latinoamérica o de sus respectivos países. El contexto de violencia y de injusticias sociales de todo este siglo —a nivel mundial y nacional— ha influido, inevitablemente, en mayor o menor grado, en todos los narradores contemporáneos. Los cuentistas aquí representados, como todos sus contemporáneos, han vivido o están viviendo, de niños o de adultos, de cerca o de lejos: una terrible guerra mundial, los sombríos años de la guerra fría, la guerra del Vietnam, la constante

---

[11] auge **apogeo, popularidad** / [12] rasgo *trait, feature*

amenaza[13] de una guerra atómica. . . . Con respecto a la realidad lati-noamericana, forman parte de su contexto vivencial: la revolución cu-bana (1959), la masacre estudiantil de 1968 en México, los dos go-biernos de Juan Perón, los golpes militares en Chile (y el asesinato de Salvador Allende) y Uruguay en 1973, la revolución de Nicaragua (1979), la guerra de las Malvinas (1982), etc. Con técnicas y estilos personales, estructuración y elementos formales variados, la mayoría de los cuentistas de hoy —y los siete de esta antología en particular— indagan[14] su realidad exterior e interior, la cuestionan y tratan de encontrar respuestas o soluciones a las preguntas y a los problemas latinoamericanos y mundiales del momento. Si bien su contexto per-sonal o nacional les puede servir de inspiración, de punto de partida, su obra generalmente trasciende fronteras nacionales y forma parte de la mejor producción cuentística contemporánea.

T.M.F.

---

[13] amenaza *threat* / [14] indagan **investigan**

Cristina Peri Rossi

(URUGUAYA, n. 1941)

NARRADORA, poeta, profesora, traductora pública y ensayista, esta prolífica y multifacética escritora nació y se educó en Montevideo, Uruguay. En 1964 completó sus estudios de literatura en el Instituto de Profesores Artigas. Enseñó en Preparatorios[1] durante diez años (1962–72). Formó parte del consejo de redacción de *Marcha* —uno de los semanarios más prestigiosos de América Latina— entre 1970 y 1972, cuando fue clausurado por la dictadura militar. Por razones políticas tuvo que abandonor el país ese mismo año (1972) y se trasladó[2] a Barcelona, donde vive actualmente.

Cristina Peri Rossi publicó su primer libro de cuentos, *Viviendo,* en 1963.

---

[1] Preparatorios *Until recently, name given in Uruguay to the last two years of secondary education. (The programs have been changed during the last few years.)* / [2] se trasladó *moved*

Desde entonces se ha dedicado tanto a la prosa narrativa como a la poesía, destacándose[3] en ambos géneros. Hasta la fecha tiene doce libros publicados y tres en prensa[4]. En la década de los sesenta obtuvo los dos premios de narrativa más importantes de su país: el de la editorial Arca, por *Los museos abandonados* (1968), un libro de relatos, y el de *Marcha*, por *El libro de mis primos* (1969), su primera novela. También en España ha obtenido varios premios: el «Benito Pérez Galdós», por los relatos reunidos en *La rebelión de los niños* (1981) y el «Puerta de Oro», por el cuento «El ángel caído» (de *Una pasión inútil*, uno de sus libros en prensa), para mencionar sólo los relacionados con su producción narrativa. Además de los títulos ya indicados, la escritora uruguaya ha publicado otros tres libros de relatos: *Indicios pánicos* (1970), *La tarde del dinosaurio* (1976) y *El Museo de los esfuerzos inútiles* (1983). Tiene en prensa una segunda novela: *La nave de los locos*.

Los dos cuentos —o «indicios pánicos»— aquí incluidos provienen de la segunda edición de *Indicios pánicos* (Barcelona: Editorial Bruguera, 1981), libro originalmente publicado en 1970, en Montevideo. Según explica la autora en el prólogo a la edición española de dicho libro, los *indicios* «son las pistas, las pautas[5] para interpretar la vida, la realidad,. . . son siempre las señales materiales o inmateriales, los vestigios o las huellas[6] de algo. . .» Y refiriéndose específicamente a los «indicios» de *Indicios pánicos,* nos dice: «No son cuentos convencionales, en la mayoría de los casos, porque procuré conservar el elemento alucinado, fantástico, entre el drama y la ironía, que yo descubría en torno[7], y que. . . continúo hallando en la realidad.» En efecto, vivimos rodeados de señales y de símbolos de toda índole —públicos y privados, nacionales y universales, personales y culturales— y, casi sin darnos cuenta, vivimos interpretándolos. . . Interpretamos, por ejemplo, el llanto de un niño, ciertas palabras, nuestros sueños o algunos objetos en particular —una bandera o una estatua— como síntomas o símbolos de algo más profundo, de otra realidad, a veces invisible o latente pero, no obstante, muy real. «Los indicios nos avisan[8] y nos llaman. Nos exigen una actitud de alerta», expresa Peri Rossi. Teniendo en cuenta estas palabras de la autora, ¿cuál sería el aviso y cuál el llamado de alerta implícito en el primer «indicio» (N.° 16), donde una madre mantiene a su hijo, durante años, dentro de un frasco de vidrio. . .? Similar pregunta podríamos hacernos con respecto a «El prócer», título del segundo «indicio» (N.° 46). En este caso la escritora se vale de un símbolo —una estatua— que existe en todas las culturas y el «indicio» nace de una pregunta hipotética: ¿Qué pasaría si este «prócer» —o cualquier otro— un día decidiera bajarse de su caballo y visitar su país después de cien o más años de ausencia. . .? Responder a estas preguntas ya no es tarea nuestra sino de los lectores o interpretadores de «indicios».

---

[3] destacándose *excelling* / [4] en prensa *being published* / [5] las. . . pautas *the clues, the norms* / [6] las. . . huellas *the signs or the marks* / [7] en torno *around* / [8] nos avisan *warn us*

A • *Frente al texto*

«*INDICIO PÁNICO N.° 16*»

Viví durante años dentro de un frasco¹. Allí me colocó mi madre no bien hube forzado dificultosamente las puertas de su útero, para conservarme mejor. Ella renovaba el agua del frasco cada dos días, de manera que yo vivía en condiciones de perfecta higiene.

Me acostumbré a ver el mundo desde el vaso, a través del vidrio. La 5 apariencia de las cosas se volvía entonces inofensiva, las presencias se hacían distantes, los colores adquirían mayor importancia, pero en cambio, yo era indiferente al calor y al frío de los objetos.

Con todo, estuve varias veces en peligro de muerte a causa del gato. Aparecía inesperadamente por el costado izquierdo o por el derecho² y a 10 través del grueso³ vidrio del frasco, sus patas agazapadas⁴, en acecho⁵, eran como enormes columnas de mármol. Me olfateaba⁶ detrás del vidrio, y a veces raspaba⁷ su superficie, queriéndome atrapar. «Raro animal este», pensaría, al mirarme. En cuanto lo veía cerca, yo me agitaba dentro del frasco, lleno de angustia y de temor. Los ojos brillantes del gato 15 me acechaban, vigilaban cada uno de mis movimientos. Casi siempre aparecía mi madre en el momento oportuno, ahuyentándolo⁸, corriéndolo lejos de mí; ella entonces se volvía hacia mi agua y dulcemente me consolaba. Tomaba el frasco entre sus manos (entonces yo era como un pez) y me paseaba un poco por la casa, para hacerme olvidar el miedo, 20 trasladándome⁹ de la mesa al aparador¹⁰, de la sala al dormitorio, de la biblioteca al sillón. No me gustaba estar al lado de las flores, porque su perfume contaminaba el agua. Las azucenas¹¹ eran especialmente abrumadoras. Y los jazmines. A veces ella dejaba caer una lágrima¹² dentro del frasco, que conmovía la superficie del agua dentro de la cual yo me 25 desplazaba, movida, llevada por no sé qué tristeza. La lágrima se deslizaba, yéndose finalmente a mezclar con el agua del frasco, después de diferentes órbitas. Ese momento era especialmente emotivo para mí, cuando ella, estremecida¹³, dejaba caer de sus ojos celestes y un poco evasivos una sola de sus purísimas lágrimas, la cual atravesaba la super- 30 ficie, el lago del agua del frasco y llegaba hasta mí, que demoraba varias horas en bebérmela, lleno de unción y de recogimiento¹⁴, con solemnidad. No sé por qué lloraría mi madre: acaso fuera por mi padre, explorador de lejanos planetas, ido en travesía¹⁵ de cosmos, dejándola en la

---

¹ frasco *glass jar* / ² inesperadamente. . . derecho *unexpectedly on the left or right side* / ³ grueso *thick* / ⁴ agazapadas *in a crouch* / ⁵ en acecho *in wait* / ⁶ olfateaba **olía** / ⁷ raspaba *scratched* / ⁸ ahuyentándolo *driving him away* / ⁹ trasladándome *moving me* / ¹⁰ aparador *cupboard* / ¹¹ azucenas *white lilies* / ¹² lágrima *tear* / ¹³ estremecida *shaken up* / ¹⁴ recogimiento *withdrawal* / ¹⁵ travesía **viaje**

mayor pobreza, o por mi hermano mayor muerto (lo devoró el gato   35
estando en la cuna[16]), por alguna vecina enferma, o por la luz, o por el
espejo[17] roto que dibujaba un lado solo de su cara. Lloraría por esto o por
lo otro, y a mí me gustaba perseguir a nado[18] su cicatriz[19], esa pequeña
prueba de su llanto que era la lágrima surcando el agua del frasco.
Cuando conseguía atraparla me sentía muy orgulloso y daba unas   40
cuantas vueltas con ella bajo el brazo, por el mar del frasco, contento
como un buscador con su perla; después me la ponía a beber, lenta
calabaza[20] de placer. La bebía desde los extremos hacia el centro, consu-
miéndola con delectación. Era una lágrima intensa y muy pesada. Después de bebérmela quedaba ahíto[21] y satisfecho.   45

　　Ahora que he salido del frasco y mi madre se ha metido en él, nadie
llora más. Hace años que no consigo una lágrima de madre. (Poner
aviso[22] en el periódico.)

PREGUNTAS

1. ¿Quién vivió mucho tiempo dentro de un frasco? ¿Desde qué edad?
2. Según el narrador, ¿cómo se veía el mundo a través del vidrio? Explique.
3. ¿Qué intenciones tenía el gato? ¿Representaba un peligro para el narrador? ¿Por qué?
4. ¿Qué hacía la madre para ayudar al hijo a olvidar los ataques del gato?
5. ¿Le gustaba al narrador estar al lado de las flores? ¿Por qué?
6. Cuando la mujer lloraba, ¿dónde caían sus lágrimas?
7. ¿Cómo reaccionaba el hijo frente a esas lágrimas? ¿Qué hacía con ellas?
8. ¿Sabía el narrador por qué lloraba su madre? Según él, ¿tenía ella motivos para estar triste? Comente.
9. ¿Qué sabemos del padre del narrador? ¿Y del hermano?
10. Al final, ¿cambia la situación del narrador? ¿Y la de su madre? Explique.
11. ¿Continúa ella con su llanto o deja de llorar? ¿Por qué?
12. El cuento concluye con una frase entre paréntesis: «(Poner aviso en el perió-dico.)» ¿Para qué es ese aviso? ¿Cómo lo interpreta usted?

B • En torno al texto

AMPLIACIÓN DE VOCABULARIO

A. **Antónimos:** Para cada una de las diez palabras de la columna izquierda, se dan tres posibles respuestas entre paréntesis. Indique cuál de ellas es la palabra antónima. En cada caso, sólo hay una respuesta correcta.

---

[16] cuna *cradle* / [17] espejo *mirror* / [18] a nado **nadando** / [19] cicatriz *scar* / [20] cala-baza *gourd (Gourds are used as drinking containers for «mate», a type of tea used especially in Argentina, Paraguay, and Uruguay.)* / [21] ahíto *gorged, stuffed* / [22] Poner aviso *Place an ad*

1.	después	(entonces, hacia, antes)
2.	siempre	(tampoco, nadie, nunca)
3.	presencia	(apariencia, ausencia, disimulo)
4.	calor	(frío, frasco, luz)
5.	tristeza	(lágrima, miedo, placer)
6.	extremo	(costado, centro, aparador)
7.	derecho	(peligro, izquierdo, oportuno)
8.	cerca	(lejos, detrás, dentro)
9.	ahuyentar	(olfatear, atrapar, vigilar)
10.	todo	(nada, poco, alguno)

B. **Traducciones parciales:** Para cada una de las oraciones que siguen, escoja el equivalente inglés que mejor traduce la palabra / parte subrayada.

1. Leímos el aviso en el periódico.
   a. advice   b. advertisement   c. article
2. Tu hermano es mayor, ¿no?
   a. major   b. mayor   c. older
3. Voy a trasladar todo eso mañana.
   a. move   b. translate   c. transcribe
4. Es un libro muy grueso.
   a. coarse   b. gross   c. thick
5. ¿Fueron allí a nado?
   a. to swim   b. swimming   c. for nothing
6. Su dormitorio es enorme.
   a. bedroom   b. dorm   c. bed
7. llegan en un momento oportuno.
   a. at a bad time   b. at an appropriate time   c. at a busy time
8. ¿Por qué llora tanto?
   a. rain   b. cry   c. carry

A • Frente al texto

EL PRÓCER[1]
(«indicio pánico n.° 46»)

Era un enorme caballo con un héroe encima. Los visitantes y los numerosos turistas solían detenerse a contemplarlos. La majestuosidad del caballo, su tamaño descomunal[2], la perfección de sus músculos, el gesto, la cerviz, todo era motivo de admiración en aquella bestia magnífica.

---

[1] Prócer **Personaje histórico importante. (Aquí la referencia es al general uruguayo José Gervasio Artigas (1764–1850), líder de la independencia de su país.)** / [2] descomunal **muy grande**

Había sido construido por un escultor profesional subvencionado[3] varias   5
veces por el gobierno y que se había especializado en efemérides[4]. El
caballo era enorme y casi parecía respirar. Sus magníficas ancas[5] susci-
taban siempre el elogio. Los guías hacían reparar al público en la tensión
de sus músculos, sus corvas, el cuello, las mandíbulas formidables. El
héroe, entre tanto, empequeñecía.   10
    —Estoy harto[6] de estar aquí —le gritó, por fin, una mañana. Miró
hacia abajo, hacia el lomo del caballo que lo sostenía y se dio cuenta cuán
mínimo, diminuto, disminuido, insignificante había quedado él. Sobre el
magnífico animal verde, él parecía una uva. El caballo no dio señales de
oírlo: continuó en su gesto aparatoso, avanzando el codo y el remo[7], en   15
posición de marcha. El escultor lo había tomado de un libro ilustrado que
relataba las hazañas[8] de Julio César, y desde que el caballo se enteró de
cuál había sido su modelo, trataba de estar en posición de marcha el
mayor tiempo posible.
    —Schttttttttttt —llamó el prócer.   20
    El caballo miró hacia arriba. Arqueó las cejas y elevó los ojos, un
puntito negro, muy alto, muy por encima de él parecía moverse. Se lo
podía sacudir de encima apenas con uno de esos estremecimientos de piel
con los cuales suelen espantarse[9] las moscas y los demás insectos. Estaba
ocupado en mantener el remo hacia adelante, sin embargo, porque a   25
las nueve de la mañana vendría una delegación nipona[10] a depositar una
ofrenda floral y tomar fotografías. Esto lo enorgullecía mucho. Ya había
visto varias ampliaciones, con él en primer plano, ancho, hermoso, la
plataforma del monumento sobre el césped muy verde, la base rodeada
de flores, flores naturales y flores artificiales regaladas por los oficiales,   30
los marineros, los ministros, las actrices francesas, los boxeadores norteamericanos, los bailarines checoslovacos, el embajador pakistano, los
pianistas rusos, la misión Por La Paz y La Amistad de los Pueblos, la Cruz
Roja, Las Juventudes Neofascistas, el Mariscal del Aire y del Mar y el
Núcleo de los Pieles Rojas Sobrevivientes.   35
    Esta interrupción en el momento justo de adelantar el remo le cayó
muy mal[11].
    —Schtttt —insistió el héroe.
    El caballo al fin se dio por aludido[12].
    —¿Qué desea usted? —interrogó al caudillo[13] con tono imperioso y   40
algo insolente.
    —Me gustaría bajar un rato y pasearme por ahí, si fuera posible
—contestó con humildad el prócer.

---

[3] subvencionado **subsidiado** / [4] efemérides *journal of daily events, (list of) important dates* / [5] ancas *croups (of a horse)* / [6] harto **cansado** / [7] remo *front leg (of a horse)* / [8] hazañas *exploits* / [9] espantarse *to shoo away (from one's self)* / [10] nipona **japonesa** / [11] le. . . mal **no le gustó nada** / [12] se. . . aludido *took the hint* / [13] caudillo **líder**

—Haga lo que quiera. Pero le advierto —le reconvino[14] el caballo— que a las nueve de la mañana vendrá la delegación nipona. 45

—Ya lo sé. Lo he visto en los diarios —dijo el caudillo—. Pero tantas ceremonias me tienen un poco harto.

El caballo se negó a considerar una respuesta tan poco protocolar[15].

—Es por los huesos, ¿sabe? —se excusó el héroe—. Me siento un poco duro. Y las fotografías, ya no sé qué gesto poner —continuó. 50

—La gloria es la gloria —filosofó baratamente el caballo. Estas frases tan sabias las había aprendido de los discursos oficiales. Año a año los diferentes gobernantes, presidentes, ministros, secretarios, se coloca-ban delante del monumento y pronunciaban sus discursos. Con el tiempo, el caballo se los aprendió de memoria, y además, casi todos eran 55 iguales, de manera que eran fáciles de aprender hasta para un caballo.

—¿Cree que si me bajo un rato se notará? —preguntó el héroe.

La pregunta satisfacía la vanidad del caballo.

—De ninguna manera. Yo puedo ocupar el lugar de los dos. Además, en este país, nadie mira hacia arriba. Todo el mundo anda 60 cabizbajo[16]. Nadie notará la ausencia de un prócer; en todo caso, debe estar lleno de aspirantes[17] a subirse a su lugar.

Alentado, el héroe descendió con disimulo[18] y dejó al caballo solo. Ya en el suelo, lo primero que hizo fue mirar hacia arriba —cosa que nadie hacía en el país—, y observar el lugar al que durante tantos años lo 65 habían relegado. Vio que el caballo era enorme, como el de Troya, pero no estaba seguro si tenía guerreros adentro o no. En todo caso, de una cosa estaba seguro: el caballo estaba rodeado de soldados. Estos, ar-mados hasta los dientes, formaban dos o tres hileras[19] alrededor del monumento, y él se preguntó qué cosa protegerían. ¿Los pobres? ¿El 70 derecho? ¿La sabiduría? Tantos años en el aire lo tenían un poco ma-reado: hasta llegó a pensar que lo habían colocado tan lejos del suelo para que no se diera cuenta de nada de lo que sucedía allí abajo. Quiso acercarse para interrogar a uno de los soldados (¿Cuál es su función? ¿A quién sirve? —le preguntaría) pero no bien avanzó unos metros en esa 75 dirección, los hombres de la primera fila apuntaron todos hacia él[20] y comprendió que lo acribillarían[21] si daba un paso más. Desistió de su idea. Seguramente, con el tiempo, y antes de la noche, averiguaría por qué estaban allí los soldados, en la plaza pública, qué intereses defen-dían, al servicio de quién estaban. Por un instante tuvo nostalgias de su 80 regimiento, integrado voluntariamente por civiles que se plegaron a sus ideas[22] y avanzaban con él, peleando hasta con las uñas[23]. En una es-

---

[14] reconvino **reprochó** / [15] protocolar **formal, ceremonial** / [16] cabizbajo *head-down* / [17] aspirantes **candidatos** / [18] con disimulo *stealthily* / [19] hileras *rows* / [20] apuntaron... él *all took aim at him* / [21] lo acribillarían *they would riddle him (with shots)* / [22] se... ideas *they acquiesced to his ideas* / [23] peleando... uñas *fighting tooth and nail*

quina compró un diario pero su lectura le dio asco. El pensaba que la policía estaba para ayudar a cruzar la calle a los ancianos, pero bien se veía en la foto que traía el diario a un policía apaleando[24] a un estudiante. El estudiante esgrimía un cartel[25] con una de las frases que él había pronunciado una vez, pero algo había pasado con su frase, que ahora no gustaba; durante años la había oído repetir como un sonsonete[26] en todas las ceremonias oficiales que tenían lugar frente a su monumento, pero ahora se veía que había caído en desuso, en sospecha o algo así. A lo mejor era que pensaban que en realidad él no la había pronunciado, que era falsa, que la había inventado otro y no él. «Fui yo, fui yo, la dije, la repito» tuvo ganas de gritar, pero quién lo iba a oír, mejor no la decía, era seguro que si se ponía a gritar eso en medio de la calle terminaba en la cárcel, como el pobre muchacho de la fotografía. ¿Y qué hacía su retrato, su propio retrato estampado en la puerta de ese ministerio? Eso no estaba dispuesto a permitirlo. Un ministerio acusado de tantas cosas y su retrato, el único legítimo, el único que le hacía justicia colocado en la puerta. . . Esta vez los políticos habían colmado la medida[27]. Estaba dispuesto a que su retrato encabezara las hojas de cuaderno, las tapas[28] de los libros, mejor aún le parecía que apareciera en las casas de los pobres, de los humildes, pero en ese ministerio, no. ¿Ante quién podría protestar? Ahí estaba la dificultad. Era seguro que tendría que presentar la reclamación en papel sellado[29], con timbres de biblioteca en una de esas enormes y atiborradas[30] oficinas. Luego de algunos años es posible que algún jerarca[31] se ocupara del caso, si él le prometía algún ascenso, pero bien se sabía que él no estaba en condiciones de ofrecer nada a nadie, ni nunca lo había estado en su vida. Dio unos pasos por la calle y se sentó en el cordón de la vereda[32], desconsolado. Desde arriba, nunca había visto la cantidad de pobres y mendigos que ahora podía encontrar en la calle. ¿Qué había sucedido en todos estos años? ¿Cómo se había llegado a esto? Algo andaba muy mal, pero desde arriba no se veía bien. Por eso es que lo habían subido allí. Para que no se diera cuenta de nada, ni se enterara de cómo eran las cosas, y pudieran seguir pronunciando su nombre en los discursos en vano, ante la complacencia versallesca de los hipócritas extranjeros de turno[33].

Caminó unas cuantas cuadras[34] y a lo largo de todas ellas se encontró con varios tanques y vehículos del ejército[35] que patrullaban la ciudad. Esto lo alarmó muchísimo. ¿Es que estaría su país —su propio país, el que había contribuido a forjar— a punto de ser invadido? La idea lo excitó. Sin embargo, se dio cuenta de su error: había leído prolijamente[36]

---

[24] apaleando *beating* / [25] esgrimía un cartel *brandished a poster* / [26] sonsonete *singsong* / [27] habían. . . medida *had gone too far* / [28] tapas *covers* / [29] papel sellado *officially stamped paper* / [30] atiborradas *crammed, overstuffed* / [31] algún jerarca **algún jefe, alguien importante** / [32] cordón de la vereda *edge of the sidewalk* / [33] de turno *on duty* / [34] cuadras *blocks* / [35] ejército *army* / [36] prolijamente **con mucho cuidado**

el diario de la mañana y no se hablaba de eso en ninguna parte. Todos los países —por lo menos aquellos de los que se sabía algo— mantenían buenas relaciones con el suyo, claro que uno explotaba a casi todos los demás, pero esto parecía ser natural y aceptado sin inconvenientes por los otros gobiernos, los gobiernos de los países explotados.   125

Desconcertado, se sentó en un banco de otra plaza. No le gustaban los tanques, no le gustaba pasearse por la ciudad —una vez que se había animado a descender del monumento— y hallarla así, constantemente vigilada, maniatada, oprimida. ¿Dónde estaba la gente, *su* gente? ¿Es que   130
no habría tenido descendientes?

Al poco tiempo, un muchacho se sentó a su lado. Decidió interrogarlo, le gustaba la gente joven, estaba seguro que ellos sí podrían responder todas esas preguntas que quería hacer desde que había bajado, descendido de aquel monstruoso caballo.   135

—¿Para qué están todos esos tanques entre nosotros, joven? —le preguntó al muchacho.

El joven era amable y se veía que había sido recientemente rapado[37].

—Vigilan el orden —contestó el muchacho.   140

—¿Qué orden? —interrogó el prócer.

—El orden oficial —contestó rápidamente el otro.

—No entiendo bien, discúlpeme —el caudillo se sentía un poco avergonzado de su ignorancia— ¿por qué hay que mantener ese orden con los tanques?   145

—De lo contrario, señor, sería difícilmente aceptado —respondió el muchacho con suma amabilidad.

—¿Y por qué no sería aceptado? —el héroe se sintió protagonista de una pieza absurda de Ionesco[38]. En las vacaciones había tenido tiempo de leer a ese autor. Fue en el verano, cuando el gobierno trasladaba[39] sus   150
oficinas y sus ministros hacia el este, y por suerte, a nadie se le ocurría venir a decir discursos delante del monumento. El había aprovechado el tiempo para leer un poco. Los libros que todavía no habían sido decomisados[40], que eran muy pocos. La mayoría ya habían sido o estaban a punto de ser censurados.   155

—Porque es un orden injusto —respondió el joven.

El héroe se sintió confundido.

—Y si es injusto, ¿no sería mejor cambiarlo? Digo, revisarlo un poco, para que dejara de serlo.

—Ja —el joven se había burlado por primera vez—. Usted debe   160
estar loco o vivir en alguna isla feliz.

---

[37] rapado   *shaven*   /   [38] Ionesco   *Eugène Ionesco, 1912–. (French—Roumanian-born—playwright, associated with the theater of the absurd.)*   /   [39] trasladaba   *moved*   /   [40] decomisados   **confiscados**

—Hace un tiempo me fui de la patria[41] y recién he regresado, discúlpeme —se turbó el héroe[42].

—La injusticia siempre favorece a algunos, eso es —explicó el joven.

El prócer había comprendido para qué estaban los tanques. Decidió cambiar de tema.

—¿A qué se dedica usted? —le preguntó al muchacho.

—A nada —fue la respuesta tajante[43] del joven.

—¿Cómo a nada? —el héroe volvió a sorprenderse.

—Antes estudiaba —accedió a explicarle— pero ahora el gobierno ha decidido clausurar[44] indefinidamente los cursos en los colegios, los liceos y las universidades. Sospecha que la educación se opone al orden, por lo cual, nos ha eximido[45] de ella. Por otra parte, para ingresar a la administración sólo será necesario aprobar examen de integración al régimen. Así se proveerán los puestos públicos[46]; en cuanto a los privados, no hay problemas: jamás emplearán a nadie que no sea de comprobada solidaridad con el sistema.

—¿Qué harán los otros? —preguntó alarmado el héroe.

—Huirán del país o serán reducidos por el hambre. Hasta ahora, este último recurso ha sido de gran utilidad, tan fuerte, quizás, y tan poderoso, como los verdaderos tanques.

El caudillo deseó ayudar al joven; pensó en escribir una recomendación para él, a los efectos de obtenerle algún empleo, pero no lo hizo porque, a esa altura, no estaba muy seguro de que una tarjeta[47] con su nombre no enviara directamente al joven a la cárcel[48].

—Ya he estado allí —le dijo el joven, que leyó la palabra cárcel en el pensamiento de ese hombre maduro vuelto a su patria—. Por eso me han cortado el pelo —añadió.

—No le entiendo bien. ¿Qué tiene que ver el pelo con la cárcel?

—El cabello largo se opone al régimen, por lo menos eso es lo que piensa el gobierno.

—Toda mi vida usé el cabello largo —protestó el héroe.

—Serían otras épocas —concluyó serenamente el joven.

Hubo un largo silencio.

—¿Y ahora qué hará? —interrogó tristemente el viejo.

—Eso no se lo puedo decir a nadie —contestó el joven; se puso de pie, lo saludó con la mano y cruzó la plaza.

Aunque el diálogo lo había llenado de tristeza, la última frase del

---

[41] **El «prócer» alude aquí a su largo exilio. En 1820 Artigas abandonó su país y se fue al Paraguay donde vivió hasta su muerte (1850).** / [42] se. . . héroe *(said) the hero with embarrassment* / [43] tajante **enfática** / [44] clausurar **cerrar** / [45] eximido *exempted* / [46] Así. . . públicos *This is how public positions will be filled* / [47] tarjeta *card* / [48] cárcel *jail*

joven lo animó[49] bastante. Ahora estaba seguro de que había dejado 200
descendientes.

PREGUNTAS

1. Describa la estatua. ¿Cuál parece ser la figura más importante? ¿Por qué?
2. Con sólo leer el primer párrafo del cuento, ¿cómo sabemos que el jinete debe representar a algún personaje importante?
3. Según la conversación entre el jinete y el caballo, ¿estaban los dos igualmente contentos y felices? ¿Por qué?
4. ¿Qué quería hacer el prócer? ¿Para qué?
5. Según el caballo, ¿era muy probable que alguien notara la ausencia del jinete? ¿Por qué?
6. ¿Qué hizo el héroe después de bajarse? Describa lo que vio.
7. ¿Qué pensó el prócer cuando vio que el caballo estaba rodeado de soldados?
8. ¿Dónde se sitúa esta escena: la del monumento rodeado de soldados «armados hasta los dientes»?
9. ¿Para qué estaba la policía, según el héroe? ¿Qué vio él en la foto del diario?
10. ¿Qué vio durante su paseo por la ciudad? ¿Por qué lo alarmó eso?
11. ¿Se sintió el prócer más o menos preocupado después de leer el diario? ¿Por qué?
12. ¿A quién conoció en un banco de otra plaza? Describa al muchacho.
13. ¿Qué le contó el joven sobre la situación del país: los tanques, la vida estudiantil, los problemas políticos y económicos?
14. ¿Qué le respondió el joven al prócer cuando éste le preguntó: «¿Y ahora qué hará?»
15. Después de oír la respuesta del joven, el héroe «estaba seguro de que había dejado descendientes». ¿Por qué? Comente.

B • En torno al texto

AMPLIACIÓN DE VOCABULARIO

A. **Palabras relacionadas:** Para cada uno de los verbos de la lista, dar un sustantivo relacionado. (Nota: «El prócer» contiene por lo menos un sustantivo por verbo indicado.)

EJEMPLOS: a. saber **sabiduría**
 b. educar **educación**

1. gobernar
2. bailar
3. aspirar

4. retratar
5. ascender
6. dialogar

---

[49] lo animó comforted him

7. leer
8. visitar
9. interrumpir
10. memorizar

11. servir
12. descender
13. errar
14. ignorar

B. **Definiciones:** Diez de las dieciséis palabras que siguen aparecen definidas en las oraciones de abajo. Lea cada una de dichas oraciones e indique, en cada caso, cuál es la palabra cuya definición usted acaba de leer.

extranjero	embajador	respuesta	liceo
instante	diario	anciano	diente
protagonista	descomunal	banco	cárcel
caudillo	tapa	año	uva

1. Lo que se espera después de una pregunta.
2. Hombre muy viejo.
3. Personaje principal de un cuento o novela, por ejemplo.
4. Representante oficial de un país en otro.
5. Jefe o líder, generalmente carismático.
6. Instituto de enseñanza secundaria.
7. Publicación que aparece todos los días, como el *New York Times,* por ejemplo.
8. Se dice de algo enorme o muy grande.
9. Período temporal de doce meses.
10. Lugar donde van los criminales.

TEMAS PARA DISCUSIÓN ORAL O ESCRITA

1. Caracterice la relación madre-hijo reflejada en el primer «indicio» (N.° 16). ¿Cómo es dicha relación? ¿Qué consecuencias tiene para el narrador y su madre el hecho de que aquél viva en un frasco? ¿Diría usted que se trata de una situación feliz? ¿infeliz? ¿necesaria? Comente.
2. En el primer «indicio» las lágrimas de la madre sirven de alimento al hijo, quien las consume «con delectación». Discuta el valor simbólico de esto.
3. Comente el título del «indicio N.° 46» («El prócer») y su relación con el resto del cuento. ¿Es un título apropiado? ¿irónico? Explique.
4. Defina el papel y la personalidad del joven estudiante en «El prócer». ¿Cómo es él? ¿Qué función tiene en su sociedad? ¿Ve usted alguna(s) similitud(es) entre este joven y el prócer? Comente
5. Compare y contraste el mundo «exterior» reflejado en ambos cuentos. Por ejemplo, en el primer «indicio», ¿qué sabemos de la familia del narrador? ¿Es feliz la madre? ¿Cuál es la función del gato? Y en el segundo «indicio», ¿qué sabemos de la vida actual en el país del prócer? ¿Son felices sus compatriotas? ¿Qué tienen en común los soldados y policías de este «indicio» con el gato del anterior?
6. Compare y contraste a los protagonistas de estos dos «indicios». Por ejemplo, tanto el narrador del primer «indicio» como el prócer del segundo han estado separados y distanciados —físicamente en el primer caso, temporalmente en el segundo— del mundo exterior, de la sociedad, de la realidad circundante. ¿Hay algo más en común entre estos dos personajes? Comente.

SUGERENCIAS TEMÁTICAS SUPLEMENTARIAS

1. Al final del primer «indicio» se produce una inversión inesperada: el hijo sale del frasco y su madre se mete en él. ¿Qué consecuencias parece tener esto en la relación madre-hijo? ¿Cómo interpreta usted este último párrafo? Explique.

2. Teniendo en cuenta el cambio que se produce al final del primer «indicio», escriba otro «indicio» similar, pero narrado por la madre. ¿Cómo ve ella el mundo desde dentro del frasco? ¿Qué relación establece con el mundo exterior? ¿Sale al final o decide vivir indefinidamente dentro del frasco?

3. Se podría decir que el uso de la estatua —símbolo que existe en todas las culturas— sirve para dar proyección universal a «El prócer». ¿Está usted de acuerdo con esta afirmación? Comente.

4. Imagine que usted protagoniza una situación similar a la del estudiante en «El prócer»: Un día, en la biblioteca, en la cafetería universitaria o en un parque, se le acerca Thomas Jefferson, George Washington, Betsy Ross o Harriet Tubman y le empieza a preguntar sobre la situación actual de los Estados Unidos. Según su opinión, ¿qué pensaría ese personaje histórico de la década de los ochenta en este país? ¿Qué le causaría alegría? ¿tristeza? ¿Por qué? Explique.

5. «El prócer» termina con una nota positiva, de esperanza. ¿Se podría decir lo mismo del final del otro «indicio»? ¿Qué visión del mundo proyectan estos dos «indicios»? Comente.

6. Compare y contraste uno de estos «indicios» con alguna otra obra que usted haya leído. (Por ejemplo, la técnica usada en «El prócer» —del personaje que tiene vida propia— es similar a la usada en Six Characters in Search of an Author de Luigi Pirandello o en Niebla de Miguel de Unamuno. Por otra parte, el aislamiento físico y mental que experimenta el narrador del primer «indicio» tiene puntos de contacto con la situación presentada en The Golden Pot de E.T.A. Hoffmann, La metamorfosis de Franz Kafka o The Bell Jar de Sylvia Plath.)

C • Más allá del texto

SALIENDO DEL TEXTO: PARA PENSAR Y OPINAR

1. Discuta la importancia de la educación familiar y de la relación padres-hijos. ¿Cree usted que el ejemplo, la enseñanza y el tratamiento que nos dan nuestros padres tienen una influencia decisiva en lo que somos o llegamos a ser en la vida? ¿Está usted de acuerdo con la manera en que lo/la criaron sus padres? ¿Piensa usted educar a sus hijos de la misma manera? Comente.

2. Con ironía y humor negro, el «prócer» compara y contrasta ciertos conceptos e ideales del pasado con su validez e interpretación presentes. (Ejemplos: la función de la policía antes y ahora, la connotación presente y pasada del pelo largo, de algunas frases históricas del «héroe», etc.) Si usted comparara su vida y su mundo con la vida y el mundo de sus abuelos o bisabuelos, ¿encontraría diferencias importantes? ¿Cuáles? ¿Diría usted que ahora se vive «mejor» que antes? ¿que «futuro» generalmente implica «progreso»? ¿o diría usted —como parece indicar el cuento— que «Todo tiempo pasado fue mejor»? Comente.

D • *Texto en contexto: Una perspectiva entre muchas*

CONVERSANDO CON CRISTINA PERI ROSSI

(MINI-ENTREVISTA)

TMF: ¿Qué nos puedes decir de la génesis de *Indicios pánicos*? ¿Cómo nacen los cuentitos o «indicios» que componen ese libro?

CPR: *Indicios pánicos* fue escrito en Montevideo, en 1970, durante el estado de sitio[1], que en la legislación de entonces se llamaba estado de guerra interna. Nació de la paranoia colectiva (perseguidores-perseguidos) y personal (fantasmas subjetivos: la madre, las relaciones amorosas, los sueños, etc.). La paranoia me parece una de las grandes claves[2] para comprender el mundo. . .

TMF: . . .y la palabra «indicio» significa justamente eso: clave, indicación, signo de algo. . . ¿Es por eso que llamaste «indicios pánicos» —y no cuentos o micro-cuentos— a los textos que componen el libro, para dar énfasis a su carácter premonitorio, simbólico?

CPR: Sí, empleé deliberadamente la palabra «indicios» como advertencia[3], como alarma ante ciertos signos de la realidad que podían leerse de más de una manera, pero que para mí conducían inevitablemente a la destrucción, a la muerte. Puedo decir —sin ningún orgullo— que imaginé el fascismo con todos sus detalles y crueldades antes de que se instalara oficialmente. En «La rebelión de los niños», último cuento que escribí en Montevideo, antes del exilio, imaginaba que el ejército vencedor repartía[4] entre familias patricias y conservadoras a los hijos de los opositores asesinados. El cuento lo escribí en 1970. A partir de 1973, el ejército uruguayo y el argentino lo hicieron realidad. . .

TMF: ¿Se podría decir que la realidad socio-política de tu país, durante los sesenta, influyó de alguna manera en tu producción literaria?

CPR: Bueno, el contexto socio-político uruguayo de la década 60 – 70 fue un enorme estímulo para observar, analizar, proyectar, imaginar, sospechar. . . y sufrir. De todos modos, esa realidad no influyó en la estética del libro *(Indicios pánicos)*, aunque sí en su génesis. Siempre he escrito una literatura simbólica, que se corresponde a mi concepción del mundo, y la alegoría como forma de expresión está presente en casi toda mi obra. No siento ninguna atracción por lo meramente narrativo. Encadenar[5] hechos, inventar secuencias en el tiempo me parece el nivel más

---

[1] estado de sitio *state of siege* / [2] claves *codes, keys* / [3] advertencia *warning* / [4] el. . . repartía *the victorious army distributed* / [5] encadenar *to link together*

primario de la imaginación. Hasta un niño pequeño puede contar un cuento: «Salí a la calle y vi a un perro que mordía a un señor». Me interesa muchísimo más lo significativo: la interpretación de los hechos.

TMF: En eso estamos totalmente de acuerdo. Ahora, podrías ayudar bastante a tus lectores (y en especial a los lectores de esta antología) si nos comentaras, por ejemplo, acerca de. . . ¿cómo nacen los «indicios» números 16 y 46. . .?

CPR: El «pánico 16» nació seguramente de mi inconsciente. Mi inconsciente, que como el de todos, es simbólico, está a flor de piel[6]: sueño mucho (suelo tener cuatro o cinco pesadillas por noche, riquísimas en símbolos) e imagino e interpreto a partir de esas pautas[7] que me da. En cuanto al origen de «El prócer» («pánico 46») fue más racional. Yo vivía entonces cerca de la Plaza Independencia[8] y me topaba[9] todos los días con la estatua ecuestre de Artigas. En medio del terror en que vivíamos entonces (me refiero a los años que van del 68 al 72, cuando tuve que abandonar el país), la soledad de la estatua me impresionaba mucho. Una vez participé en una manifestación en la plaza que fue disuelta violentamente por el ejército. En medio de los tiros, los golpes, los camiones cisterna que lanzaban agua y las corridas de pánico, pensé que bien podía bajarse el prócer de su caballo y darnos una mano. De ahí al cuento, había un solo paso. . .

TMF: Y ese paso lo da «el prócer» al bajarse del caballo; ese héroe a quien tú le das la oportunidad de «volver». . . después de un siglo y medio de ausencia. . . ¿Crees que la literatura, de alguna manera, pueda cambiar o influenciar la realidad?

CPR: La literatura forma parte de la realidad y está en relación dialéctica con el resto de las partes. Influye sobre los individuos y la sociedad del mismo modo que otras manifestaciones de la vida: la lectura de periódicos, el cine o la televisión. Pero esa influencia es incuantificable y también incalificable: nadie puede medirla y no existen criterios objetivos para comprobarla[10]. Pero estoy segura de que es una influencia insustituible, no reemplazable por otra. Leer es una forma de conocer y de relacionarse, de participar en esta complejidad que es la vida, misteriosa aún, y cuyo drama central —la muerte— ignoramos todavía. En *Evohé* empleé una cita de Jean Cocteau que me parece de lo más sugestiva: «La poesía es imprescindible, aunque me gustaría saber para qué».

TMF: Alguna vez Antón Arrufat dijo, refiriéndose a Borges y a Cortázar, que mientras aquél había hecho literatura con la cultura, éste la había hecho con sus experiencias personales. . . En tu caso particular, ¿dónde se ubica tu literatura: más cerca de Cortázar o de Borges. . .? ¿Por qué?

CPR: He sido íntima amiga de Cortázar; nos queríamos mucho y hemos

---

[6] a. . .piel **cerca de la superficie** / [7] pautas *guides, patterns* / [8] *One of the main squares in Montevideo, where the monument to José Gervasio Artigas (the «prócer») is found.* / [9] me topaba **me encontraba** / [10] comprobarla **verificarla**

compartido plenamente[11] sus diez últimos años de vida. Ha sido mi mejor amigo. Paseamos juntos por muchas ciudades, visitamos casas abandonadas en París, Barcelona o Deyá; fuimos a museos, a cafeterías y al cine; nos regalamos caleidoscopios y globos de colores. Creo que esencialmente, compartíamos una visión romántica del mundo y de la literatura, en el sentido estético del término y filosófico: la identidad entre el ideal y la realidad. Compartíamos, además, la afición[12] por los escritores marginales (desde Felisberto Hernández a Manganelli, desde Michaux a Karel Capeck), por la ópera, el jazz, los paseos por las calles anónimas, los cafés misteriosos, y fundamentalmente, el horror a cualquier clase de frivolidad, lo cual no quiere decir que rechazáramos[13] el humor, sino que el humor es una dimensión de la ternura. Creo que para él, como para mí, la literatura es una forma de la piedad.

TMF: Dudo que Borges conciba la literature en esos términos. . .

CPR: Lo dudo yo también. . . Borges es un excelente escritor, pero demasiado gélido[14] para mí. Cuando no existe el dolor, no existe la piedad, y aún la metafísica nace de una experiencia dramática del sufrimiento. Me encantan sus construcciones simbólicas, sus laberintos, pero no experimento ninguna clase de influencia porque mi manera de sentir es muy diferente.

---

[11] hemos. . . plenamente *we have fully shared* / [12] afición *inclination* / [13] rechazáramos *we rejected* / [14] gélido **frío**

Julio Cortázar

(ARGENTINO, 1914 – 1984)

AUNQUE nació en Bruselas, donde su padre ocupaba entonces un puesto diplomático, Julio Cortázar creció y se educó en la Argentina. Allí se recibió de maestro normal[1] en 1932 e inició sus estudios en la Facultad de Filosofía y Letras de la Universidad Nacional de Buenos Aires. Se fue luego al interior, donde escribió sus primeros cuentos, se dedicó a la enseñanza (secundaria y universitaria), a la traducción y a la crítica literaria. En 1944 – 45 participó en la lucha política contra el peronismo[2] y cuando luego Perón ganó las elecciones, Cortázar dejó su puesto académico y regresó a la capital (1946). Allí trabajó durante varios años en la Cámara Argentina del Libro. En 1948 decidió obtener la licencia de traductor público nacional y en 1951, ya después de

---

[1] se. . . normal *received a degree as a schoolteacher* / [2] peronismo *Nationalist populist Argentine movement led by Juan Perón (1895 – 1974), with his wife Evita's full support and help.*

completar dicho programa, viajó a París con una beca del gobierno francés. Allí residió hasta su reciente muerte y sólo ocasionalmente volvió de visita a la Argentina. Con excepción de *Bestiario* (1951), su primer libro de cuentos, prácticamente toda la labor narrativa de Cortázar ha sido concebida y escrita en Francia, donde además de continuar su labor literaria, ha trabajado como traductor independiente para la UNESCO y para diversas casas editoriales.

Probablemente uno de los tres narradores hispanoamericanos más leídos de la actualidad —con Borges y García Márquez—, Cortázar empezó a adquirir notoriedad internacional con la publicación de *Rayuela* (1963; trad. al inglés como *Hopscotch*), novela de contenido metafísico y estructuración experimental, considerada por muchos como el *Ulysses* de la literatura latinoamericana. Además de las dos obras ya mencionadas, la abundante producción narrativa de Cortázar incluye otras dos novelas —*Los premios* (1960) y *Libro de Manuel* (1973), donde se ve reflejada la difícil realidad política actual con sus sangrientas[3] persecuciones militares— y varias colecciones de cuentos, entre ellas: *Final de juego* (1956), *Las armas secretas* (1959), *Todos los fuegos el fuego* (1966), *Relatos* (1970), *Octaedro* (1974), *Alguien anda por ahí* (1977) y *Queremos tanto a Glenda* (1980). Gran parte de su obra ha sido traducida a varios idiomas y algunos cuentos fueron adaptados para el cine: *Blow up*, la extraordinaria película de Antonioni, está basada en un cuento de *Las armas secretas* («Las babas del diablo») y *Weekend*, de Godard, es una adaptación de «La autopista del sur», cuento contenido en *Todos los fuegos el fuego*.

«La isla a mediodía» también proviene de *Todos los fuegos el fuego*, colección donde encontramos varios de los temas y preocupaciones recurrentes en toda la producción de Cortázar, y que incluyen, entre otros: la búsqueda de una realidad profunda, el motivo del doble, la presencia de lo fantástico en la realidad de todos los días y el descubrimiento del absurdo inherente en la condición humana. «La isla a mediodía» se abre con la descripción de la rutina diaria de un aeromozo[4] italiano cuyo deseo de visitar una determinada isla griega llega a convertirse en una verdadera obsesión. Cuando finalmente parece haber realizado su sueño, ciertas insinuaciones y detalles del texto empiezan a cuestionar la realidad del viaje. ¿Llegó a ir Marini a la isla. . .? ¿Quiénes son Ionas y Klaios. . .? ¿Dónde está Marini al final. . .? Estas son sólo tres de las muchas preguntas que «La isla a mediodía» deja en la zona de lo ambiguo y que los lectores debemos tratar de contestar.

---

[3] sangrientas *bloody* / [4] aeromozo *airline steward*

A • *Frente al texto*

LA ISLA A MEDIODÍA

La primera vez que vio la isla, Marini estaba cortésmente inclinado[1] sobre los asientos de la izquierda, ajustando la mesa de plástico antes de instalar la bandeja del almuerzo[2]. La pasajera lo había mirado varias veces mientras él iba y venía con revistas o vasos de whisky; Marini se demoraba[3] ajustando la mesa, preguntándose aburridamente si valdría   5 la pena responder a la mirada insistente de la pasajera, una americana de las muchas, cuando en el óvalo azul de la ventanilla entró el litoral[4] de la isla, la franja dorada[5] de la playa, las colinas[6] que subían hacia la meseta[7] desolada. Corrigiendo la posición defectuosa del vaso de cerveza, Marini sonrió a la pasajera. «Las islas griegas», dijo. «Oh, yes, Greece», repuso[8] la   10 americana con un falso interés. Sonaba brevemente un timbre y el steward se enderezó[9], sin que la sonrisa profesional se borrara de su boca de labios finos. Empezó a ocuparse de un matrimonio sirio que quería jugo de tomate, pero en la cola del avión se concedió unos segundos para mirar otra vez hacia abajo; la isla era pequeña y solitaria, y el Egeo[10] la rodeaba   15 con un intenso azul que exaltaba la orla de un blanco deslumbrante[11] y como petrificado, que allá abajo sería espuma[12] rompiendo en los arrecifes y las caletas[13]. Marini vio que las playas desiertas corrían hacia el norte y el oeste, lo demás era la montaña entrando a pique en el mar[14]. Una isla rocosa y desierta, aunque la mancha plomiza[15] cerca de la playa   20 del norte podía ser una casa, quizá un grupo de casas primitivas. Empezó a abrir la lata de jugo[16], y al enderezarse la isla se borró de la ventanilla; no quedó más que el mar, un verde horizonte interminable. Miró su reloj pulsera[17] sin saber por qué; era exactamente mediodía.

A Marini le gustó que lo hubieran destinado a la línea Roma-Te-   25 herán, porque el pasaje[18] era menos lúgubre que en las líneas del norte y las muchachas parecían siempre felices de ir a Oriente o de conocer Italia. Cuatro días después, mientras ayudaba a un niño que había perdido la cuchara y mostraba desconsolado el plato del postre, descubrió otra vez el borde de la isla. Había una diferencia de ocho minutos pero   30 cuando se inclinó sobre una ventanilla de la cola no le quedaron dudas; la isla tenía una forma inconfundible, como una tortuga que sacara apenas

---

[1] inclinado *leaning* / [2] bandeja del almuerzo *lunch tray* / [3] se demoraba *was taking his time* / [4] litoral **costa** / [5] franja dorada *golden strip* / [6] colinas *hills* / [7] meseta *plateau* / [8] repuso **respondió** / [9] se enderezó *straightened up* / [10] el Egeo *the Aegean* / [11] la orla... deslumbrante *the dazzling white border* / [12] espuma *foam* / [13] rompiendo... caletas *breaking apart in the reefs and the coves* / [14] entrando... mar *coming right up into the sea* / [15] mancha plomiza *lead-colored spot* / [16] lata de jugo *can of juice* / [17] reloj pulsera *wristwatch* / [18] el pasaje *(here) the passengers*

las patas del agua[19]. La miró hasta que lo llamaron, esta vez con la seguridad de que la mancha plomiza era un grupo de casas; alcanzó a distinguir el dibujo de unos pocos campos cultivados que llegaban hasta la playa. Durante la escala[20] de Beirut miró el atlas de la stewardess, y se preguntó si la isla no sería Horos. El radiotelegrafista, un francés indiferente, se sorprendió de su interés. «Todas esas islas se parecen, hace dos años que hago la línea y me importan muy poco. Sí, muéstremela la próxima vez.» No era Horos sino Xiros, una de las muchas islas al margen de los circuitos turísticos. «No durará ni cinco años», le dijo la stewardess mientras bebían una copa[21] en Roma. «Apúrate si piensas ir, las hordas estarán allí en cualquier momento, Gengis Cook vela[22].» Pero Marini siguió pensando en la isla, mirándola cuando se acordaba o había una ventanilla cerca, casi siempre encogiéndose de hombros[23] al final. Nada de eso tenía sentido, volar tres veces por semana a mediodía sobre Xiros era tan irreal como soñar tres veces por semana que volaba a mediodía sobre Xiros. Todo estaba falseado en la visión inútil y recurrente; salvo, quizá, el deseo de repetirla, la consulta al reloj pulsera antes de mediodía, el breve, punzante[24] contacto con la deslumbradora franja blanca al borde de un azul casi negro, y las casas donde los pescadores alzarían[25] apenas los ojos para seguir el paso de esa otra irrealidad.

Ocho o nueve semanas después, cuando le propusieron la línea de Nueva York con todas sus ventajas, Marini se dijo que era la oportunidad de acabar con esa manía inocente y fastidiosa. Tenía en el bolsillo el libro donde un vago geógrafo de nombre levantino daba sobre Xiros más detalles que los habituales en las guías[26]. Contestó negativamente, oyéndose como desde lejos, y después de sortear[27] la sorpresa escandalizada de un jefe y dos secretarias se fue a comer a la cantina de la compañía donde lo esperaba Carla. La desconcertada decepción[28] de Carla no lo inquietó[29]; la costa sur de Xiros era inhabitable pero hacia el oeste quedaban huellas de una colonia lidia o quizá cretomicénica[30], y el profesor Goldmann había encontrado dos piedras talladas[31] con jeroglíficos que los pescadores empleaban como pilotes del pequeño muelle[32]. A Carla le dolía la cabeza y se marchó casi en seguida; los pulpos[33] eran el recurso principal del puñado[34] de habitantes, cada cinco días llegaba un barco para cargar la pesca y dejar algunas provisiones y géneros[35]. En la

---

[19] forma... agua *unmistakeable shape, like a turtle with its legs barely sticking out of the water* / [20] escala *stop-over* / [21] mientras... copa *over a drink* / [22] Gengis... vela *Gengis Cook watches (Gengis Cook is a contraction of Genghis Khan, the Mongol leader, and Thomas Cook and Sons, the world-renowned British travel agency.)* / [23] encogiéndose de hombros *shrugging his shoulders* / [24] punzante *sharp* / [25] alzarían **levantarían, elevarían** / [26] guías *guide books* / [27] sortear **evadir** / [28] decepción **desilusión** / [29] inquietó **preocupó** / [30] quedaban... cretomicénica *there remained traces of a Lydian or perhaps Cretan-Mycenaean colony* / [31] talladas *carved* / [32] pilotes... muelle *piles for the small dock* / [33] pulpos *octopuses* / [34] puñado *handful* / [35] géneros *goods*

agencia de viajes le dijeron que habría que fletar[36] un barco especial
desde Rynos, o quizá se pudiera viajar en la falúa[37] que recogía los
pulpos, pero esto último sólo lo sabría Marini en Rynos donde la agencia   70
no tenía corresponsal. De todas maneras la idea de pasar unos días en la
isla no era más que un plan para las vacaciones de junio; en las semanas
que siguieron hubo que reemplazar a White en la línea de Túnez, y
después empezó una huelga y Carla se volvió a casa de sus hermanas en
Palermo. Marini fue a vivir a un hotel cerca de Piazza Navona, donde   75
había librerías de viejo; se entretenía sin muchas ganas en buscar libros
sobre Grecia, hojeaba de a ratos[38] un manual de conversación. Le hizo
gracia la palabra *kalimera*[39] y la ensayó en un cabaret con una chica
pelirroja[40], se acostó con ella, supo de su abuelo en Odos y de unos dolores
de garganta inexplicables. En Roma empezó a llover, en Beirut lo espe-   80
raba siempre Tania, había otras historias, siempre parientes o dolores;
un día fue otra vez la línea de Teherán, la isla a mediodía. Marini se
quedó tanto tiempo pegado a la ventanilla que la nueva stewardess lo
trató de mal compañero y le hizo la cuenta de las bandejas que llevaba
servidas. Esa noche Marini invitó a la stewardess a comer en el Firouz[41] y   85
no le costó que le perdonaran[42] la distracción de la mañana. Lucía le
aconsejó que se hiciera cortar el pelo a la americana; él le habló un rato de
Xiros, pero después comprendió que ella prefería el vodka-lime del Hil-
ton. El tiempo se iba en cosas así, en infinitas bandejas de comida, cada
una con la sonrisa a la que tenía derecho el pasajero. En los viajes de   90
vuelta[43] el avión sobrevolaba Xiros a las ocho de la mañana; el sol daba
contra las ventanillas de babor[44] y dejaba apenas entrever la tortuga
dorada; Marini prefería esperar los mediodías del vuelo de ida[45], sa-
biendo que entonces podía quedarse un largo minuto contra la ventanilla
mientras Lucía (y después Felisa) se ocupaba un poco irónicamente del   95
trabajo. Una vez sacó una foto de Xiros pero le salió borrosa[46]; ya sabía
algunas cosas de la isla, había subrayado[47] las raras menciones en un par
de libros. Felisa le contó que los pilotos lo llamaban el loco de la isla, y no
le molestó. Carla acababa de escribirle que había decidido no tener el
niño, y Marini le envió dos sueldos[48] y pensó que el resto no le   100
alcanzaría para las vacaciones. Carla aceptó el dinero y le hizo saber por
una amiga que probablemente se casaría con el dentista de Treviso. Todo
tenía tan poca importancia a mediodía, los lunes y los jueves y los
sábados (dos veces por mes, el domingo).
    Con el tiempo fue dándose cuenta de que Felisa era la única que lo   105

---

[36] fletar **rentar** / [37] falúa *small boat* / [38] hojeaba... ratos *leafed through from time to
time* / [39] kalimera **buenos días (en griego)** / [40] pelirroja *red-haired* / [41] Firouz
restaurante elegante en Beirut / [42] no... perdonaran *it was not hard for him to be
forgiven* / [43] de vuelta **de regreso, de retorno** / [44] babor *port(side), left side* / [45] de
ida **dirección opuesta a «de vuelta»** *(here, "eastward flight")* / [46] salió borrosa *came out
blurred* / [47] subrayado *underlined* / [48] sueldos **salarios**

comprendía un poco; había un acuerdo tácito[49] para que ella se ocupara del pasaje a mediodía, apenas él se instalaba junto a la ventanilla de la cola. La isla era visible unos pocos minutos, pero el aire estaba siempre tan limpio y el mar la recortaba con una crueldad tan minuciosa que los más pequeños detalles se iban ajustando implacables al recuerdo del pasaje anterior: la mancha verde del promontorio del norte, las casas plomizas, las redes secándose en la arena[50]. Cuando faltaban las redes Marini lo sentía como un empobrecimiento, casi un insulto. Pensó en filmar el paso de la isla, para repetir la imagen en el hotel, pero prefirió ahorrar[51] el dinero de la cámara ya que apenas le faltaba un mes para las vacaciones. No llevaba demasiado la cuenta de los días; a veces era Tania en Beirut, a veces Felisa en Teherán, casi siempre su hermano menor en Roma, todo un poco borroso, amablemente fácil y cordial y como reemplazando otra cosa, llenando las horas antes o después del vuelo, y en el vuelo todo era también borroso y fácil y estúpido hasta la hora de ir a inclinarse sobre la ventanilla de la cola, sentir el frío cristal como un límite del acuario[52] donde lentamente se movía la tortuga dorada en el espeso azul[53].

Ese día las redes se dibujaban precisas en la arena, y Marini hubiera jurado[54] que el punto negro a la izquierda, al borde del mar, era un pescador que debía estar mirando el avión. «Kalimera», pensó absurdamente. Ya no tenía sentido esperar más, Mario Merolis le prestaría[55] el dinero que le faltaba para el viaje, en menos de tres días estaría en Xiros. Con los labios pegados al vidrio, sonrió pensando que treparía[56] hasta la mancha verde, que entraría desnudo en el mar de las caletas del norte, que pescaría pulpos con los hombres, entendiéndose por señas y por risas. Nada era difícil una vez decidido, un tren nocturno, un primer barco, otro barco viejo y sucio, la escala en Rynos, la negociación interminable con el capitán de la falúa, la noche en el puente, pegado a las estrellas, el sabor del anís y del carnero[57], el amanecer entre las islas. Desembarcó con las primeras luces, y el capitán lo presentó a un viejo que debía ser el patriarca. Klaios le tomó la mano izquierda y habló lentamente, mirándolo en los ojos. Vinieron dos muchachos y Marini entendió que eran los hijos de Klaios. El capitán de la falúa agotaba[58] su inglés: veinte habitantes, pulpos, pesca, cinco casas, italiano visitante pagaría alojamiento[59] Klaios. Los muchachos rieron cuando Klaios discutió dracmas, también Marini, ya amigo de los más jóvenes, mirando salir el sol sobre un mar menos oscuro que desde el aire, una habitación pobre y limpia, un jarro de agua, olor a salvia y a piel curtida[60].

---

[49] acuerdo tácito *understood agreement* / [50] las. . . arena *the nets drying in the sand* / [51] ahorrar *to save* / [52] acuario *aquarium* / [53] espeso azul *thick blue (of the sea)* / [54] hubiera jurado *would have sworn* / [55] le prestaría *would lend him* / [56] treparía *he would climb* / [57] el sabor. . . carnero *the taste of aniseed and of mutton* / [58] agotaba **usaba todo** / [59] alojamiento *lodging* / [60] olor. . . curtida *smell of sage and tanned hide*

Lo dejaron solo para irse a cargar la falúa, y después de quitarse a manotazos la ropa de viaje[61] y ponerse un pantalón de baño y unas sandalias, echó a andar[62] por la isla. Aún no se veía a nadie, el sol cobraba lentamente impulso y de los matorrales[63] crecía un olor sutil, un poco ácido, mezclado con el yodo[64] del viento. Debían ser las diez cuando llegó al promontorio del norte y reconoció la mayor de las caletas. Prefería estar solo aunque le hubiera gustado más bañarse en la playa de arena; la isla lo invadía y lo gozaba con una tal intimidad que no era capaz de pensar o de elegir[65]. La piel le quemaba de sol y de viento cuando se desnudó para tirarse al mar desde una roca; el agua estaba fría y le hizo bien, se dejó llevar por corrientes insidiosas hasta la entrada de una gruta[66], volvió mar afuera, se abandonó de espaldas, lo aceptó todo en un solo acto de conciliación que era también un nombre para el futuro. Supo sin la menor duda que no se iría de la isla, que de alguna manera iba a quedarse para siempre en la isla. Alcanzó a imaginar a su hermano, a Felisa, sus caras cuando supieran que se había quedado a vivir de la pesca en un peñón[67] solitario. Ya los había olvidado cuando giró sobre sí mismo para nadar hacia la orilla[68].

El sol lo secó en seguida, bajó hacia las casas donde dos mujeres lo miraron asombradas antes de correr a encerrarse. Hizo un saludo en el vacío y bajó hacia las redes. Uno de los hijos de Klaios lo esperaba en la playa, y Marini le señaló el mar, invitándolo. El muchacho vaciló, mostrando sus pantalones de tela y su camisa roja. Después fue corriendo hacia una de las casas, y volvió casi desnudo; se tiraron juntos a un mar ya tibio, deslumbrante bajo el sol de las once.

Secándose en la arena, Ionas empezó a nombrar las cosas. «Kalimera», dijo Marini, y el muchacho rió hasta doblarse en dos. Después Marini repitió las frases nuevas, enseñó palabras italianas a Ionas. Casi en el horizonte, la falúa se iba empequeñeciendo; Marini sintió que ahora estaba realmente solo en la isla con Klaios y los suyos. Dejaría pasar unos días, pagaría su habitación y aprendería a pescar; alguna tarde, cuando ya lo conocieran bien, les hablaría de quedarse y de trabajar con ellos. Levantándose, tendió la mano a Ionas y echó a andar lentamente hacia lo colina. La cuesta era escarpada y trepó saboreando cada alto[69], volviéndose una y otra vez para mirar las redes en la playa, las siluetas de las mujeres que hablaban animadamente con Ionas y con Klaios y lo miraban de reojo[70], riendo. Cuando llegó a la mancha verde entró en un mundo donde el olor del tomillo[71] y de la salvia era una misma materia

---

[61] después. . . viaje *after tearing off his traveling clothes* / [62] echó a andar **empezó a caminar** / [63] matorrales *thickets* / [64] yodo *iodine* / [65] lo gozaba. . . elegir *possessed him with such intimacy that he was unable to think or choose* / [66] gruta *cave* / [67] peñón **roca** / [68] orilla **costa, litoral** / [69] La cuesta. . . alto *The slope was steep and he climbed it relishing every pause* / [70] de reojo *askance* / [71] tomillo *thyme*

con el fuego del sol y la brisa del mar. Marini miró su reloj pulsera y
después, con un gesto de impaciencia, lo arrancó de la muñeca[72] y lo
guardó en el bolsillo del pantalón de baño. No sería fácil matar al hombre 185
viejo, pero allí en lo alto, tenso de sol y de espacio, sintió que la empresa
era posible. Estaba en Xiros, estaba allí donde tantas veces había dudado
que pudiera llegar alguna vez. Se dejó caer de espaldas entre las piedras
calientes, resistió sus aristas y sus lomos encendidos[73], y miró vertical-
mente el cielo; lejanamente le llegó el zumbido[74] de un motor. 190

Cerrando los ojos se dijo que no miraría el avión, que no se dejaría
contaminar por lo peor de sí mismo que una vez más iba a pasar sobre la
isla. Pero en la penumbra de los párpados imaginó a Felisa con las
bandejas, en ese mismo instante distribuyendo las bandejas, y su reem-
plazante, tal vez Giorgio o alguno nuevo de otra línea, alguien que tam- 195
bién estaría sonriendo mientras alcanzaba las botellas de vino o el café.
Incapaz de luchar contra tanto pasado abrió los ojos y se enderezó, y en el
mismo momento vio el ala derecha[75] del avión, casi sobre su cabeza,
inclinándose inexplicablemente, el cambio de sonido de las turbinas, la
caída casi vertical sobre el mar. Bajó a toda carrera por la colina, gol- 200
peándose en las rocas y desgarrándose un brazo entre las espinas. La isla
le ocultaba el lugar de la caída, pero torció antes de llegar a la playa y por
un atajo[76] previsible franqueó[77] la primera estribación de la colina y salió
a la playa más pequeña. La cola del avión se hundía[78] a unos cien metros,
en un silencio total. Marini tomó impulso y se lanzó al agua, esperando 205
todavía que el avión volviera a flotar; pero no se veía más que la blanda
línea de las olas, una caja de cartón[79] oscilando absurdamente cerca del
lugar de la caída, y casi al final, cuando ya no tenía sentido seguir
nadando, una mano fuera del agua, apenas un instante, el tiempo para
que Marini cambiara de rumbo y se zambullera[80] hasta atrapar por el 210
pelo al hombre que luchó por aferrarse a él[81] y tragó roncamente el aire
que Marini le dejaba respirar sin acercarse demasiado. Remolcándolo[82]
poco a poco lo trajo hasta la orilla, tomó en brazos el cuerpo vestido de
blanco, y tendiéndolo en la arena miró la cara llena de espuma donde la
muerte estaba ya instalada, sangrando por una enorme herida en la 215
garganta. De qué podía servir la respiración artificial si con cada convul-
sión la herida parecía abrirse un poco más y era como una boca repug-
nante que llamaba a Marini, lo arrancaba a su pequeña felicidad de tan
pocas horas en la isla, le gritaba entre borbotones[83] algo que él ya no era
capaz de oír. A toda carrera venían los hijos de Klaios y más atrás las 220

---

[72] lo. . . muñeca *tore it off his wrist* / [73] sus aristas. . . encendidos *its edges and its burning ridges* / [74] zumbido *buzzing* / [75] ala derecha *right-side wing* / [76] atajo *short cut* / [77] franqueó *reached* / [78] La. . . hundía *The tail of the plane was sinking* / [79] caja de cartón *cardboard box* / [80] apenas. . . zambullera *just an instant, enough time for Marini to change direction and to dive* / [81] aferrarse a él *grab on to him* / [82] Remolcándolo *Towing him* / [83] borbotones *gushes*

mujeres. Cuando llegó Klaios, los muchachos rodeaban el cuerpo tendido en la arena, sin comprender cómo había tenido fuerzas para nadar a la orilla y arrastrarse desangrándose hasta ahí. «Ciérrale los ojos», pidió llorando una de las mujeres. Klaios miró hacia el mar, buscando algún otro sobreviviente[84]. Pero como siempre estaban solos en la isla, y el cadáver de ojos abiertos era lo único nuevo entre ellos y el mar.

225

PREGUNTAS

1. ¿Quién es Marini? ¿Qué trabajo tiene?
2. ¿Dónde está Xiros? ¿Es una isla muy turística? ¿Por qué?
3. Describa la isla según la ve Marini desde la ventanilla del avión.
4. ¿Le gustaba a Marini trabajar en la línea Roma-Teherán? ¿Por qué?
5. ¿Por qué cree usted que él rechazó la oferta y las ventajas de trabajar en la línea de Nueva York?
6. ¿Qué obsesión tenía Marini?
7. ¿Pensaba él visitar la isla alguna vez? ¿Cuándo?
8. ¿Quién es Carla? ¿Lucía? ¿Felisa?
9. Según Marini, ¿era muy difícil llegar a la isla? ¿Cómo llega él allí?
10. ¿Quién es Klaios? ¿Tiene familia?
11. ¿Cuánta gente vive en esa isla? ¿De qué viven?
12. ¿Dónde estaba Marini cuando escuchó el ruido del avión que se caía (cuando «lejanamente le llegó el zumbido de un motor»)?
13. Aparentemente, ¿qué le pasó al avión? Describa lo que ve Marini.
14. ¿Qué hizo Marini después de ver que «la cola del avión se hundía a unos cien metros»?
15. La persona a quien Marini trató de ayudar, remolcándola hasta la orilla, ¿era hombre o mujer?
16. ¿Cómo estaba vestida esa persona? ¿Qué le pasó al final?
17. ¿Cuántos cadáveres había en la playa cuando llegaron Klaios y su gente?
18. ¿Dónde estaba Marini? ¿De quién era realmente ese «cadáver de ojos abiertos» que estaba en la orilla?

B • *En torno al texto*

AMPLIACIÓN DE VOCABULARIO

A. **Definiciones:** La lista de abajo incluye diez palabras cuyas definiciones se dan en las diez oraciones que siguen. Para cada oración, indique cuál es la palabra de la lista allí definida.

---

[84] sobreviviente *survivor*

almuerzo	sobreviviente	guía
acuario	sueldo	falúa
pulpo	isla	sol
nocturno	arena	habitación
litoral	bandeja	mar

1. Cuarto o lugar donde uno duerme.
2. Libro generalmente con mapas, muy consultado por los turistas.
3. Relacionado con la noche.
4. Comida que se sirve alrededor del mediodía.
5. Sinónimo de «orilla» o «costa».
6. Astro central de nuestro sistema planetario.
7. Persona que queda con vida después de un accidente.
8. Barco pequeño.
9. Porción de tierra rodeada de agua.
10. Animal de mar que tiene ocho tentáculos.

B. **Modismos:** Sustituya la parte subrayada en cada oración por uno de los siguientes modismos. Cuando sea necesario, haga los cambios gramaticales apropiados. (Todos los modismos de la lista están contenidos en el cuento.)

echar a andar	otra vez	beber una copa
en seguida	tener ganas	a toda carrera
darse cuenta de	un rato	costarle (a alguien)
hacerle gracia (a alguien)		

1. El joven comprendió la situación.
2. La verdad es que no tengo deseos de ir al cine contigo.
3. Klaios y los suyos venían corriendo rápidamente.
4. Dijeron que vendrían inmediatamente.
5. ¿Me lo puedes repetir una vez más?
6. A Jorge le resultó difícil convencerte, ¿no?
7. Al llegar a la isla, comenzó a caminar por la playa.
8. Esperen un momento, por favor.
9. ¿Por qué no vamos a ese bar a tomar un trago juntos?
10. Aparentemente, no le divierten esos chistes.

TEMAS PARA DISCUSIÓN ORAL O ESCRITA

1. Discuta la personalidad de Marini y su vida como aeromozo. (¿Cómo es él? ¿Le gusta su trabajo? ¿Tiene familia? ¿amigos? ¿novia? ¿Qué hace en sus ratos libres? ¿Qué tipo de vida le atrae? ¿Por qué?)
2. Analice el título del cuento —«La isla a mediodía»— y discútalo en relación al contenido de la narración. (¿Qué sentido literal o metafórico tiene aquí la «isla»? ¿y el «mediodía»? ¿Qué otras significaciones o connotaciones podrían tener estos dos conceptos de «isla» y «mediodía»?)
3. ¿Cómo interpreta usted este cuento? (**a.** Marini fue a la isla; **b.** Marini no fue a la isla y el viaje es sólo imaginario; **c.** El no fue pero se quedó dormido y todo el cuento es un sueño; **d.** El avión tuvo un accidente y el viaje no es más que consecuencia de los últimos minutos delirantes de Marini. **e.** ¿Otras posibilidades?) Busque en el texto frases o pasajes que apoyen su interpretación.

4.   La idea del «doble» como posibilidad real o filosófica constituye una preocupación recurrente en el mundo narrativo de Cortázar. ¿Cómo se manifiesta este tema del «doble» en «La isla. . .»? Explique.

5.   Comente el final del cuento. Según su opinión, ¿qué pasó realmente?

SUGERENCIAS TEMÁTICAS SUPLEMENTARIAS

1.   Según Felisa, los pilotos le llaman a Marini «el loco de la isla». Imagine que usted es uno de esos pilotos y que realmente le preocupa la salud mental de su colega. Cree que un cambio de línea le vendría bien a Marini. Escriba una carta a su jefe recomendando que a Marini se le ofrezca la línea Roma-Madrid-México. ¿Qué va a decir de su colega en esa carta? Dirija su carta a: Sr. Director General, Compañía Aérea Internacional, Roma, Italia.

2.   Discuta el papel de los personajes femeninos en «La isla. . .» ¿Cómo aparecen presentadas aquí Carla, Tania, Felisa, Lucía. . .? ¿Qué función tienen aquí las mujeres? ¿Qué piensa usted de eso?

3.   ¿Qué tipo de relación tiene Marini con las mujeres? ¿Influye esto en la personalidad (problemas, obsesiones, planes, sueños) de Marini? Comente.

4.   Casi al final del cuento se nos dice que Marini atrapó «por el pelo al hombre que luchó por aferrarse a él. . ., tomó en brazos el cuerpo vestido de blanco, y tendiéndolo en la arena miró la cara llena de espuma donde la muerte estaba ya instalada. . .» ¿Cómo interpreta usted esto? ¿Quién es ese hombre? (Recuerde que al final sólo hay un cadáver en la orilla y que para Klaios y los suyos eso era «lo único nuevo entre ellos y el mar.»)

5.   Muchos de los cuentos de Cortázar tienen una estructura similar: empiezan de manera ordinaria, en un contexto muy realista; pero de repente —y a menudo sin que el lector se dé cuenta— algo pasa y lo fantástico invade la narración. Discuta este proceso de intrusión gradual de lo fantástico en «La isla. . .» ¿De qué técnica(s) se vale Cortázar para atrapar a sus lectores?

C • *Más allá del texto*

SALIENDO DEL TEXTO: PARA PENSAR Y OPINAR

«La isla a mediodía» investiga —a través de la experiencia de Marini— la interrelación entre realidad y fantasía, entre realidad e imaginación. El cuento parece dar gran importancia al papel de los sueños, deseos y obsesiones personales en nuestra vida cotidiana. ¿Cree usted que haya seres cuya fuerza mental pueda «crear» o «influenciar» la realidad? (Por ejemplo, ¿es posible que la obsesión de Marini haya ocasionado el accidente como solución al deseo de estar en la isla? ¿Cree en los sueños proféticos? ¿en la existencia de personas que puedan predecir el futuro o «producirlo», como en la película «Carrie». . . ?) En su vida personal o profesional, ¿qué lugar ocupa su imaginación? ¿Ve usted alguna relación entre sus sueños nocturnos (cuando duerme y sueña) y sus actividades/frustraciones/deseos diurnos? Comente.

D • *Texto en contexto: Una perspectiva entre muchas*

COMENTARIOS DE JULIO CORTÁZAR

NOTA: En enero de 1984 recibimos una amable cartita del escritor donde nos explicaba que por razones de salud le resultaba imposible dar respuesta inmediata a nuestro cuestionario (i.e., la mini-entrevista para esta sección), pero que esperaba poder hacerlo tan pronto vinieran «tiempos mejores». . . Desgraciadamente, eso no fue posible. Julio Cortázar murió en París sólo un mes después, un domingo 12 de febrero. Debido a esta triste situación, hemos decidido transcribir aquí algunas opiniones del autor sobre sus cuentos en general y sobre «La isla a mediodía» en particular, comentarios extraídos de las dos entrevistas abajo identificadas.

I. De: Ernesto González Bermejo, *Conversaciones con Cortázar* (Barcelona: Editora Hispano Americana, S.A., 1978), pp. 29 – 36.

EGB: ¿Cómo se le presenta hoy la idea de un cuento?

JC: Igual que hace cuarenta años; en eso no he cambiado un ápice[1]. De pronto a mí me invade eso que yo llamo una «situación», es decir que yo sé que algo me va a dar un cuento. [. . .] Cuando eso me cae encima y yo sé que voy a escribir un cuento, tengo hoy, como tenía hace cuarenta años, el mismo temblor de alegría, como una especie de amor; la idea de que va a nacer una cosa que yo espero que va a estar bien.

. . . .

EGB: ¿Por dónde empezamos? ¿por el tema del doble? Aparece ya en un cuento tan temprano como «Lejana» de *Bestiario*. . .

JC: Sí, hay en mí una especie de obsesión del doble. [. . .] No creo que se trate de una influencia literaria. Cuando yo escribí. . . «Lejana», entre 1947 y 1950, estoy absolutamente seguro. . . que esa noción de doble no era, en absoluto, una contaminación literaria. Era una vivencia[2].

. . . .

EGB: Usted me decía que el doble, para usted, es una vivencia antes que nada. ¿Puede ponerme un caso?

JC: Una vez yo me desdoblé[3]. Fue el horror más grande que he tenido en mi vida, y por suerte duró sólo algunos segundos. Un médico me había dado una droga experimental para las jaquecas[4]. . ., derivada del ácido lisérgico, uno de los alucinógenos más fuertes. [. . .] Un día de sol como

---

[1] no. . . ápice *I haven't changed a bit* / [2] vivencia **experiencia vivida** / [3] me desdoblé *I split into two* / [4] jaquecas **dolores fuertes de cabeza**

el de hoy —lo fantástico sucede en condiciones muy comunes y normales— yo estaba caminando por la rue de Rennes y en un momento dado supe —sin animarme[5] a mirar— que yo mismo estaba caminando a mi lado; algo de mi ojo debía ver alguna cosa porque yo, con una sensación de horror espantoso, sentía mi desdoblamiento físico. Al mismo tiempo razonaba muy lúcidamente: me metí en un bar, pedí un café doble amargo[6] y me lo bebí de un golpe. Me quedé esperando y de pronto comprendí que ya podía mirar, que yo ya no estaba a mi lado. El doble —al margen de esta anécdota— es una evidencia que he aceptado desde niño. Quizás a usted le va a divertir pero yo creo muy seriamente que Charles Baudelaire era el doble de Edgar Allan Poe. Y le puedo dar algunas pruebas. . . Primero hay una correspondencia temporal muy próxima. . . Baudelaire se obsesionó bruscamente con los cuentos de Poe a tal punto que la famosa traducción que hizo fue un *tour de force* extraordinario, ya que no era fuerte en inglés. . . Pero hay más: si usted toma las fotos más conocidas de Poe y de Baudelaire y las pone juntas, notará el increíble parecido físico que tienen; . . .los dos tenían, además, los ojos asimétricos, uno más alto que otro. Y además: una coincidencia sicológica acentuadísima, el mismo culto necrofílico, los mismos problemas sexuales, la misma actitud ante la vida, la misma inmensa calidad de poeta. Es inquietante y fascinante pero yo creo —y muy seriamente, le repito— que Poe y Baudelaire eran un mismo escritor desdoblado en dos personas.

II. De: Evelyn Picon Garfield, *Cortázar por Cortázar* (México: Universidad Veracruzana, 1978), pp. 13 – 15.

JC: . . .mis cuentos son a la vez muy realistas y muy fantásticos. Es decir que lo fantástico nace de una situación muy realista, de un episodio de todos los días, cotidiano, con gente vulgar[7]. No hay ningún personaje extraordinario como en Borges que son siempre daneses o suecos o gauchos[8], igualmente extraordinarios. No, mis personajes son gente de la calle, niños, jóvenes, hombres, gente muy común, pero lo fantástico se instala de golpe allí. [. . .] La idea abstracta del episodio fantástico, yo no la he tenido nunca. Yo tengo una especie de situación general. . . donde los personajes, digamos la parte realista, está ya en juego, y entonces allí hay un episodio fantástico, hay un elemento fantástico que se agrega.

EPG: Nace de la situación, no de la idea; la situación realista engendra lo fantástico en vez de que la idea se imponga.

JC: Claro. Yo tengo primero una experiencia vivida, no una experiencia mental. A mí me pasa algo, o veo gente a quien le pasa algo, entonces a partir de allí el resto continúa por su cuenta. Si quieres un ejemplo que se me ocurre en este momento, el cuento «La isla a mediodía». Yo volaba de

---

[5] animarme **tener coraje** / [6] amargo **sin azúcar** / [7] gente vulgar *ordinary people* /
[8] daneses. . . gauchos *Danish or Swedish or "gauchos" (Argentine cowboys)*

Teherán a París en un avión de Air France y a mediodía pasábamos sobre el mar Egeo. Yo estaba del lado de la ventanilla y vi en ese mar profundamente azul una maravillosa pequeña isla que era como una tortuga de oro que flotaba allí. Tuve una sensación de maravilla y de irrealidad, es decir, yo estaba pasando por encima de un lugar cuyo nombre ignoraba y que era inútil preguntarle al «steward» porque él no hubiera sabido tampoco. Era un lugar anónimo y sin embargo yo estaba encima y tenía una especie de deseo de estar allí. Y luego dejé de ver la isla y entonces de golpe me convertí en el «steward» que veía la isla todos los días. Es decir que el cuento nace primero de una experiencia vivida. [. . .] O sea, que en definitiva, lo fantástico nace en mí de elementos vividos, de elementos a veces tangibles a secas y a veces mentalmente tangibles.

Elena Poniatowska

(MEXICANA, n. 1933)

A UNQUE nació en París, de madre mexicana y padre polaco, Elena Poniatowska vino a México a fines de la segunda guerra mundial y allí vive desde entonces. En su adolescencia, viajó a Estados Unidos y terminó sus estudios secundarios en el Convento del Sagrado Corazón en Filadelfia. Luego de regresar a México, empezó su carrera de periodista en el *Excélsior*, en 1954. Desde entonces, Elena Poniatowska se dedicó tanto al periodismo como a la literatura, destacándose[1] en ambas áreas. Su novela *Hasta no verte Jesús mío* (1969) ganó el prestigioso premio de Mazatlán y ha tenido mucho éxito tanto entre el público lector como entre los críticos. En 1978 ganó el «Premio Nacional de Periodismo», siendo ella la primera mujer-periodista que recibía ese premio en su país.

[1] destacándose *excelling*

Entre sus catorce o quince obras publicadas hasta la fecha, se destacan de manera especial las de carácter documental o testimonial, como son, por ejemplo, la novela arriba mencionada *(Hasta no verte Jesús mío)*, *La noche de Tlatelolco* (1971) —su obra más leída; ya va por la 40ª edición—, basada en entrevistas y documentos relacionados con el movimiento estudiantil de 1968, y *Fuerte es el silencio* (1980), extensa y conmovedora crónica de su problemático México contemporáneo. Sus demás obras incluyen, entre otras, *Lilus Kikus* y *De noche vienes* (dos colecciones de cuentos), *Melés y Teleo* (obra de teatro), *Rojo de vida y negro de muerte* (libro de poesía), *Palabras cruzadas* (serie de entrevistas), *Todo empezó en domingo* y *Querido Diego, te abraza Quiela* (dos novelas breves).

Los dos cuentos aquí reproducidos aparecen en la edición ampliada de *Lilus Kikus* (México: Editorial Grijalbo, 1976), originalmente publicada en 1954. Según la escritora, los cuentos recogidos en esa primera edición reflejan vivencias o recuerdos de su niñez y adolescencia; la obra «es una historia que puede ser autobiográfica o son historias ligadas de varias amigas de la misma edad que tuvieron experiencias semejantes.» «El recado» cabe perfectamente dentro de esta atmósfera de evocación juvenil, y es muy probable que su joven protagonista recupere para la ficción, en una brevísima pero muy poética carta de amor, algún instante realmente vivido por la joven narradora-escritora Elena Poniatowska. Por otra parte, y aunque «Cine Prado» también está escrito en forma de carta, aquí no se exploran los sentimientos asociados con el primer amor, con el amor que nace, con el amor como fuerza positiva y creadora que vemos en «El recado.» «Cine Prado» describe la otra cara del amor: el amor como obsesión, el amor desesperado, el amor-pasión en su aspecto más negativo. Aquí, el protagonista es un hombre común y corriente[2], recién casado[3], cuya admiración inicial hacia una actriz de cine se convierte después en un sentimiento de pasión incontrolable, capaz de[4] destruirlo e incluso[5] de empujarlo al crimen.

[2] común y corriente　*ordinary*　/　[3] recién casado　*just married*　/　[4] capaz de　*capable of*　/　[5] incluso　*even*

A • *Frente al texto*

EL RECADO[1]

Vine, Martín, y no estás. Me he sentado en el peldaño[2] de tu casa, recargada en[3] tu puerta y pienso que en algún lugar de la ciudad, por una onda que cruza el aire, debes intuir que aquí estoy. Este es tu pedacito de

[1] recado　**mensaje**　/　[2] peldaño　*front step*　/　[3] recargada en　*leaning against*

jardín; tu mimosa se inclina hacia afuera y los niños al pasar le arrancan
las ramas más accesibles. . . En la tierra, sembradas alrededor del muro,   5
muy rectilíneas y serias veo unas flores que tienen hojas como espadas.
Son azul marino, parecen soldados. Son muy graves, muy honestas. Tú
también eres un soldado. Marchas por la vida, uno, dos, uno, dos. . . Todo
tu jardin es sólido; es como tú; tiene una reciedumbre[4] que inspira con-
fianza.   10

Aquí estoy contra el muro de tu casa, así como estoy a veces contra
el muro de tu espalda[5]. El sol da también contra el vidrio de tus ventanas
y poco a poco se debilita porque ya es tarde. El cielo enrojecido ha
calentado tu madreselva[6] y su olor se vuelve aún más penetrante. Es el
atardecer. El día va a decaer[7]. Tu vecina pasa. No sé si me habrá visto. Va   15
a regar[8] su pedazo de jardín. Recuerdo que ella te trae una sopa de pasta
cuando estás enfermo y que su hija te pone inyecciones. . . Pienso en ti
muy despacito, como si te dibujara dentro de mí y quedaras allí grabado.
Quisiera tener la certeza[9] de que te voy a ver mañana y pasado mañana y
siempre en una cadena ininterrumpida de días; que podré mirarte lenta-   20
mente aunque ya me sé cada rinconcito de tu rostro[10]; que nada entre
nosotros ha sido provisional o un accidente.

Estoy inclinada ante una hoja de papel y te escribo todo esto y
pienso que ahora, en alguna cuadra[11] donde camines apresurado, decidido como sueles hacerlo, en alguna de esas calles por donde te imagino   25
siempre: Donceles y Cinco de Febrero o Venustiano Carranza, en alguna
de esas banquetas grises y monocordes[12], rotas sólo por el remolino de
gente[13] que va a tomar el camión[14], has de saber dentro de ti que te
espero. Vine nada más a decirte que te quiero y como no estás te lo
escribo. Ya casi no puedo escribir porque ya se fue el sol y no sé bien a   30
bien lo que te pongo. Afuera pasan más niños, corriendo. Y una señora
con una olla[15] advierte irritada: «No me sacudas la mano porque voy a
tirar la leche. . .». Y dejo este lápiz, Martín, y dejo la hoja rayada[16] y dejo
que mis brazos cuelguen inútilmente a lo largo de mi cuerpo y te espero.
Pienso que te hubiera querido abrazar. A veces quisiera ser más vieja   35
porque la juventud lleva en sí la imperiosa, la implacable necesidad de
relacionarlo todo al amor.

Ladra un perro; ladra agresivamente. Creo que es hora de irme.
Dentro de poco vendrá la vecina a prender la luz de tu casa; ella tiene
llave y encenderá el foco de la recámara[17] que da hacia afuera porque en   40
esta colonia asaltan mucho, roban mucho. A los pobres les roban mucho;
los pobres se roban entre sí. . . Sabes, desde mi infancia me he sentado así
a esperar, siempre fui dócil, porque te esperaba. Te esperaba a ti. Sé

---

[4] reciedumbre **vigor, fuerza** / [5] tu espalda *your back* / [6] madreselva *honeysuckle* /
[7] decaer **declinar** / [8] regar *water* / [9] tener la certeza **estar segura** / [10] cada. . . rostro
each little corner of your face / [11] cuadra *city block* / [12] monocordes **monótonas** /
[13] remolino de gente *crowd of people* / [14] camión **autobús** / [15] olla *pot* / [16] hoja rayada
lined paper / [17] recámara **dormitorio, habitación**

que todas las mujeres aguardan[18]. Aguardan la vida futura, todas esas imágenes forjadas en la soledad, todo ese bosque que camina hacia ellas; toda esa inmensa promesa que es el hombre; una granada[19] que de pronto se abre y muestra sus granos rojos, lustrosos; una granada como una boca pulposa de mil gajos[20]. Más tarde esas horas vividas en la imaginación, hechas horas reales, tendrán que cobrar peso y tamaño y crudeza. Todos estamos —oh mi amor— tan llenos de retratos interiores, tan llenos de paisajes no vividos.

Ha caído la noche y ya casi no veo lo que estoy borroneando[21] en la hoja rayada. Ya no percibo las letras. Allí donde no le entiendas, en los espacios blancos, en los huecos[22], pon: «Te quiero». . . No sé si voy a echar esta hoja debajo de la puerta, no sé. Me has dado un tal respeto de ti mismo. . . Quizá ahora que me vaya, sólo pase a pedirle a la vecina que te dé el recado; que te diga que vine.

PREGUNTAS

1. ¿Para quién es la carta? ¿Quién es Martín?
2. Después de leer las primeras líneas, ¿cómo sabemos que la persona que escribe la carta es una mujer y no un hombre?
3. ¿Dónde está la narradora? ¿Para qué vino ella allí?
4. ¿Por qué dice ella que las flores «parecen soldados»? ¿Y por qué le dice a Martín: «Tú también eres un soldado»?
5. ¿Escribe ella esta carta por la mañana o por la tarde? ¿Cómo lo sabemos?
6. ¿Por qué dice ella que a veces quiere ser más vieja?
7. Según la narradora, ¿quién vendrá pronto a prender la luz de la casa de Martín? ¿Por qué prende ella el foco de la recámara?
8. Si tenemos en cuenta los datos del cuento, ¿qué podemos deducir de la situación económica de Martín? ¿Es él rico o pobre? Explique.
9. ¿Dónde piensa dejar su carta la narradora? ¿Sabemos al final si la deja o no?
10. ¿Cómo explica usted que el título de este cuento sea «El recado» y no «La carta»? ¿No cree usted que «La carta» sería un título más apropiado? ¿Por qué?

B • En torno al texto

AMPLIACIÓN DE VOCABULARIO

A. **Sinónimos:** Para cada una de las palabras de la columna izquierda, encuentre su sinónimo en la columna derecha. Los primeros dos casos sirven de ejemplo.

---

[18] aguardan **esperan** / [19] granada *pomegranate* / [20] gajos *branches* / [21] borroneando *scribbling* / [22] huecos *empty spaces*

1.	lugar	d	a.	habitación
2.	recado	h	b.	barrio
3.	aguardar	___	c.	autobús
4.	pedazo	___	d.	sitio
5.	marchar	___	e.	esperar
6.	rostro	___	f.	urgente
7.	recámara	___	g.	foto
8.	colonia	___	h.	mensaje
9.	camión	___	i.	encender
10.	imperioso	___	j.	caminar
11.	inmenso	___	k.	soler
12.	prender	___	l.	porción
13.	retrato	___	m.	grande
14.	acostumbrar	___	n.	cara

B. **La diferencia está en el detalle:** Complete las siguientes oraciones con la palabra apropiada. Fíjese que un acento o una letra ¡puede cambiar totalmente el sentido de la palabra!

1. Me gustan mucho _____ (estás, estas) flores.
2. ¿Por qué no me sirves una taza de _____ (té, te)?
3. Pedro tiene dolor de _____ (espada, espalda).
4. Ellos querían que tú te _____ (quedarás, quedaras) conmigo.
5. ¿Piensa regalarle un _____ (perro, pero) para su cumpleaños?
6. Cuando le pedía algo, él _____ (hacia, hacía) como que no me oía.
7. ¿Es verdad que te gusta estudiar _____ (sólo, solo)?
8. Nosotros vivimos a tres _____ (cuadras, cuadros) de su casa.
9. Yo no _____ (sé, se) absolutamente nada de eso.
10. ¿Qué diferencia hay _____ (entré, entre) un «recado» y una «carta»?
11. Según la biblia, Dios primero _____ (creo, creó) al hombre y después a la mujer.
12. ¿_____ (Cómo, Como) se llama su profesor(a) de español?

A • Frente al texto

CINE PRADO

Señorita:

A partir de hoy[1], debe usted borrar[2] mi nombre de la lista de sus admiradores. Tal vez convendría ocultarle esta deserción, pero callándome, iría en contra de una integridad personal que jamás ha eludido las exigencias de la verdad. Al apartarme de usted, sigo un profundo viraje[3] de mi   5

---

[1] A. . . hoy **Desde hoy** / [2] borrar *erase* / [3] viraje *turning point*

espíritu, que se resuelve en el propósito final de no volver a contarme entre los espectadores de una película suya.

Esta tarde, más bien esta noche, usted me destruyó. Ignoro si le importa saberlo, pero soy un hombre hecho pedazos[4]. ¿Se da usted cuenta? Soy un aficionado que persiguió su imagen en la pantalla[5] de todos los cines de estreno y de barrio[6], un crítico enamorado que justificó sus peores actuaciones morales y que ahora jura de rodillas separarse para siempre de usted aunque el simple anuncio de *Fruto prohibido* haga vacilar su decisión. Lo ve usted, sigo siendo un hombre que depende de una sombra engañosa.

Sentado en una cómoda butaca[7], fui uno de tantos, un ser perdido en la anónima oscuridad, que de pronto se sintió atrapado en una tristeza individual, amarga y sin salida. Entonces fui realmente yo, el solitario que sufre y que le escribe. Porque ninguna mano fraterna se ha extendido para estrechar la mía. Cuando usted destrozaba[8] tranquilamente mi corazón en la pantalla, todos se sentían inflamados y fieles. Hasta hubo un canalla[9] que rio descaradamente[10], mientras yo la veía desfallecer[11] en brazos de ese galán abominable que la condujo a usted al último extremo de la degradación humana.

Y un hombre que pierde de golpe[12] todos sus ideales ¿no cuenta para nada señorita?

Dirá usted que soy un soñador, un excéntrico, uno de esos aerolitos[13] que caen sobre la tierra al margen de todo cálculo[14]. Prescinda usted de cualquiera de sus hipótesis, el que la está juzgando soy yo, y hágame el favor de ser más responsable de sus actos, y antes de firmar un contrato o de aceptar un compañero estelar[15], piense que un hombre como yo puede contarse entre el público futuro y recibir un golpe mortal. No hablo movido por los celos[16], pero, créame usted: en *Esclavas del deseo* fue besada, acariciada y agredida[17] con exceso. No sé si mi memoria exagera, pero en la escena del cabaret no tenía usted por qué entreabrir de esa manera sus labios, desatar[18] sus cabellos sobre los hombros y tolerar los procaces ademanes[19] de aquel marinero, que sale bostezando[20], después de sumergirla en el lecho del desdoro[21] y abandonarla como una embarcación que hace agua[22].

Yo sé que los actores se deben a su público, que pierden en cierto modo su libre albedrío[23] y que se hallan a la merced de los caprichos de un director perverso; sé también que están obligados a seguir punto por

---

[4] hecho pedazos *broken to pieces* / [5] pantalla *screen* / [6] los. . . barrio *the first-run houses and neighborhood theaters* / [7] butaca *orchestra seat* / [8] destrozaba **destruía, arruinaba** / [9] canalla *bastard* / [10] descaradamente *shamelessly* / [11] desfallecer *languishing, weakening* / [12] de golpe *suddenly* / [13] aerolitos *meteoric stones* / [14] al. . . cálculo *against all odds* / [15] compañero estelar *co-star* / [16] celos *jealousy* / [17] agredida **asaltada, abusada** / [18] desatar *let loose* / [19] procaces ademanes *impudent manners* / [20] bostezando *yawning* / [21] el. . . desdoro **la cama del deshonor** / [22] embarcación. . . agua *leaky boat* / [23] libre albedrío *free will*

punto todas las deficiencias y las falacias del texto que deben interpretar, pero déjeme decirle que a todo el mundo le queda, en el peor de los casos, un mínimo de iniciativa, una brizna[24] de libertad que usted no pudo o no quiso aprovechar.   45

Si se tomara la molestia[25], usted podría alegar en su defensa que desde su primera irrupción en el celuloide[26] aparecieron algunos de los rasgos[27] de conducta que ahora le reprocho. Es verdad; y admito avergonzado que ningún derecho ampara mis querellas. Yo acepté amarla tal   50
como es. Perdón, tal como creía que era. Como todos los desengañados, maldigo el día en que uní mi vida a su destino cinematográfico. Y conste que la acepté toda opaca y principiante, cuando nadie la conocía y le dieron aquel papelito de trotacalles[28] con las medias chuecas[29] y los tacones carcomidos[30], papel que ninguna mujer decente habría sido   55
capaz de aceptar. Y sin embargo, yo la perdoné, y en aquella sala indiferente y llena de mugre[31] saludé la aparición de una estrella. Yo fui su descubridor, el único que supo asomarse a su alma, entonces inmaculada, pese a su bolsa arruinada y a sus vueltas de carnero[32]. Por lo que más quiera en la vida, perdóneme este brusco arrebato[33].   60

Se le cayó la máscara, señorita. Me he dado cuenta de la vileza de su engaño. Usted no es la criatura de delicias, la paloma frágil y tierna a la que yo estaba acostumbrado, la golondrina[34] de inocentes revuelos, el rostro perdido entre gorgueras de encaje[35] que yo soñé, sino una mala mujer hecha y derecha, un despojo de la humanidad, novelera en el peor   65
sentido de la palabra[36]. De ahora en adelante, muy estimada señorita, usted irá por su camino y yo por el mío. Ande, ande usted, siga trotando por las calles, que yo ya me caí como una rata en una alcantarilla[37]. Y conste que lo de señorita se lo digo porque a pesar de los golpes que me ha dado la vida sigo siendo un caballero. Mi viejita santa me inculcó en lo   70
más hondo el guardar siempre las apariencias. Las imágenes se detienen y mi vida también. Así es que. . . señorita. Tómelo usted, si quiere, como una desesperada ironía.

Yo la había visto prodigar besos y recibir caricias en cientos de películas, pero antes, usted no alojaba[38] a su dichoso compañero en el   75
espíritu. Besaba usted sencillamente como todas las buenas actrices: como se besa a un muñeco de cartón. Porque, sépalo usted de una vez por todas, la única sensualidad que vale la pena es la que se nos da envuelta en alma, porque el alma envuelve entonces nuestro cuerpo, como la piel

---

[24] una brizna **un fragmento, un poquito** / [25] Si. . . molestia *If you were to take the trouble* / [26] irrupción. . . celuloide *first screen-appearance* / [27] rasgos *traits, features* / [28] trotacalles *street walker* / [29] medias chuecas *crooked stockings* / [30] tacones carcomidos *worn-out heels* / [31] mugre *grime* / [32] vueltas de carnero *somersaults* / [33] brusco arrebato *sudden rage, fit* / [34] golondrina *swallow (bird)* / [35] gorgueras de encaje *ruffles of lace* / [36] sino. . . palabra *but a bad woman, fully mature and capable, a scrap of humanity, thrill seeker in the worst sense of the word* / [37] alcantarilla *sewer* / [38] alojaba *gave lodging*

de la uva comprime[39] la pulpa, la corteza guarda al zumo[40]. Antes, sus   80
escenas de amor no me alteraban, porque siempre había en usted un
rasgo de dignidad profanada, porque percibía siempre un íntimo rechazo, una falla en el último momento que rescataba mi angustia y
consolaba mi lamento. Pero en *La rabia en el cuerpo* con los ojos hú-
medos de amor, usted volvió hacia mí su rostro verdadero, ese que no   85
quiero ver nunca más. Confiéselo de una vez: usted está realmente ena-
morada de ese malvado, de ese comiquillo de segunda[41], ¿no es cierto? ¿Se
atrevería a negarlo impunemente? Por lo menos todas las palabras, todas
las promesas que le hizo, eran auténticas, y cada uno de sus gestos,
estaban respaldados en la firme decisión de un espíritu entregado[42]. ¿Por   90
qué ha jugado conmigo como juegan todas? ¿Por qué me ha engañado
usted como engañan todas las mujeres, a base de máscaras sucesivas y
distintas? ¿Por qué no me enseñó desde el principio, de una vez, el rostro
desatado[43] que ahora me atormenta?

Mi drama es casi metafísico y no le encuentro posible desenlace.   95
Estoy solo en la noche de mi desvarío[44]. Bueno, debo confesar que mi
esposa todo lo comprende y que a veces comparte mi consternación.
Estábamos gozando aún de los deliquios y la dulzura propia de los recién
casados cuando acudimos inermes[45] a su primera película. ¿Todavía la
guarda usted en su memoria? Aquella del buzo[46] atlético y estúpido que   100
se fue al fondo del mar, por culpa suya, con todo y escafandra[47]. Yo salí
del cine completamente trastornado[48], y habría sido una vana pretensión
el ocultárselo a mi mujer. Ella, por lo demás, estuvo completamente de mi
parte; y hubo de admitir que sus deshabillés son realmente espléndidos.
No tuvo inconveniente en acompañarme al cine otras seis veces,   105
creyendo de buena fe que la rutina rompería el encanto. Pero ¡ay! las
cosas fueron empeorando a medida que se estrenaban sus películas.
Nuestro presupuesto hogareño[49] tuvo que sufrir importantes modifica-
ciones, a fin de permitirnos frecuentar las pantallas unas tres veces por
semana. Está por demás decir que después de cada sesión cinematográ-   110
fica pasábamos el resto de la noche discutiendo. Sin embargo, mi compañera no se inmutaba[50]. Al fin y al cabo, usted no era más que una
sombra indefensa, una silueta de dos dimensiones, sujeta a las deficiencias de la luz. Y mi mujer aceptó buenamente tener como rival a un
fantasma cuyas apariciones podían controlarse a voluntad, pero no de-   115
saprovechaba la oportunidad de reírse a costa de usted y de mí. Recuerdo
su regocijo[51] aquella noche fatal en que, debido a un desajuste[52] fotoeléc-

---

[39] comprime *compresses, constricts* / [40] corteza. . . zumo *peel holds the juice* / [41] comiquillo de segunda *second-rate clown* / [42] entregado *defeated, given up* / [43] desatado
(here) unmasked, naked / [44] desvarío **delirio, locura** / [45] inermes *defenseless* /
[46] Aquella del buzo *That one about the diver* / [47] escafandra *diving suit* / [48] trastornado
perturbado, loco / [49] presupuesto hogareño *household budget* / [50] no se inmutaba **no
se alteraba** / [51] regocijo **alegría, felicidad** / [52] desajuste *maladjustment*

trico, usted habló durante diez minutos con voz inhumana, de robot casi, que iba del falsete al bajo profundo. . . A propósito de su voz, sepa usted que me puse a estudiar el francés porque no podía conformarme con el resumen de los títulos[53] en español, aberrantes e incoloros. Aprendí a descifrar el sonido melodioso de su voz, y con ello vino el flagelo[54] de entender a fuerza mía[55] algunas frases vulgares, la comprensión de ciertas palabras atroces que puestas en sus labios o aplicadas a usted me resultaron intolerables. Deploré aquellos tiempos en que llegaban a mí, atenuados por pudibundas[56] traducciones; ahora, las recibo como bofetadas[57].

Lo más grave del caso es que mi mujer está dando inquietantes muestras de mal humor. Las alusiones a usted, y a su conducta en la pantalla, son cada vez más frecuentes y feroces. Últimamente ha concentrado sus ataques en la ropa interior[58] y dice que estoy hablándole en balde a una mujer sin fondo. Y hablando sinceramente, aquí entre nosotros, ¿a qué viene toda esa profusión de infames transparencias, ese derroche de íntimas prendas de tenebroso acetato[59]? Si yo lo único que quiero hallar en usted es esa chispita[60] triste y amarga que ayer había en sus ojos. . . Pero volvamos a mi mujer. Hace visajes[61] y la imita. Me arremeda[62] a mí también. Repite burlona algunas de mis quejas más lastimeras. «Los besos que me duelen en *Qué me duras,* me están ardiendo como quemaduras». Dondequiera que estemos se complace en recordarla, dice que debemos afrontar este problema desde un ángulo puramente racional, con todos los adelantos de la ciencia y echa mano de[63] argumentos absurdos pero contundentes[64]. Alega, nada menos, que usted es irreal y que ella es una mujer concreta. Y a fuerza de demostrármelo está acabando una por una con mis ilusiones. No sé qué va a ser de mí si resulta cierto lo que aquí se rumora, que usted va a venir a filmar una película y honrará a nuestro país con su visita. Por amor de Dios, por lo más sagrado, quédese en su patria, señorita.

Sí, no quiero volver a verla, porque cada vez que la música cede poco a poco y los hechos se van borrando en la pantalla, yo soy un hombre anonadado[65]. Me refiero a la barrera mortal de esas tres letras crueles que ponen fin a la modesta felicidad de mis noches de amor, a dos pesos la luneta[66]. He ido desechando poco a poco el deseo de quedarme a vivir con usted en la película y ya no muero de pena cuando tengo que

---

[53] conformarme. . . títulos   *resign myself to the summary of the subtitles*   /   [54] flagelo *scourge*   /   [55] a fuerza mía   *at (with) my own power*   /   [56] pudibundas   *prudish*   /   [57] bofetadas   *slaps (in the face)*   /   [58] ropa interior   *underwear*   /   [59] ese. . . acetato   *that waste of lingerie made of filmy acetate*   /   [60] chispita   *little spark*   /   [61] Hace visajes   *She makes faces*   /   [62] Me arremeda   *She mimicks me*   /   [63] echa mano de   **usa, se sirve de**   /   [64] contundentes   **impresionantes, convincentes**   /   [65] anonadado   *crushed*   /   [66] a dos. . . luneta *at two pesos a seat (Approx. 25 cents a ticket. When this story was written, the exchange rate was about eight pesos to the dollar.)*

salir del cine remolcado[67] por mi mujer que tiene la mala costumbre de ponerse de pie al primer síntoma de que el último rollo[68] se está acabando. 155

Señorita, la dejo. No le pido siquiera un autógrafo, porque si llegara a enviármelo yo sería capaz de olvidar su traición imperdonable. Reciba esta carta como el homenaje[69] final de un espíritu arruinado y perdóneme por haberla incluido entre mis sueños. Sí, he soñado con usted más 160 de una noche, y nada tengo que envidiar a esos galanes de ocasión[70] que cobran un sueldo por estrecharla en sus brazos y que la seducen con palabras prestadas.

Créame sinceramente su servidor,

PD[71]. 165

Olvidaba decirle que escribo tras las rejas[72] de la cárcel. Esta carta no habría llegado nunca a sus manos si yo no tuviera el temor de que el mundo le diera noticias erróneas acerca de mí. Porque los periódicos, que siempre falsean los hechos, están abusando aquí de este suceso[73] ridículo: «Ayer por la noche, un desconocido, tal vez en estado de ebriedad[74] 170 o perturbado de sus facultades mentales, interrumpió la proyección de *Esclavas del deseo* en su punto más emocionante, cuando desgarró la pantalla del cine Prado al clavar un cuchillo en el pecho de Françoise Arnoul[75]. A pesar de la oscuridad, tres espectadoras vieron cómo el maniático corría hacia la actriz con el cuchillo en alto y se pusieron de pie 175 para examinarlo de cerca y poder reconocerlo a la hora de la consignación[76]. Fue fácil porque el individuo se desplomó[77] una vez consumado el acto».

Sé que es imposible, pero daría lo que no tengo con tal de que usted conservara para siempre en su pecho, el recuerdo de esa certera puña- 180 lada[78].

PREGUNTAS

1. ¿Quién es la «señorita» a quien va dirigida la carta? ¿Cree usted que ella probablemente conoce al narrador? ¿Por qué?
2. ¿Diría usted que ésta es una carta de amor? ¿Existe una relación amorosa entre la «señorita» y el narrador? Explique.
3. Describa brevemente al narrador. ¿Quién es y cómo es él?
4. ¿Ha visto él pocas o muchas películas de Françoise Arnoul? ¿La conoce él personalmente?

---

[67] remolcado *dragged* / [68] rollo *reel* / [69] homenaje *homage* / [70] galanes de ocasión *occasional lovers* / [71] PD *Abbrev. of* **posdata** (PS or postscript) / [72] rejas *bars (of a prison)* / [73] suceso *event* / [74] ebriedad *drunkenness* / [75] cuando. . . Arnoul *when he ripped the screen of the Prado Theater by plunging a knife in Françoise Arnoul's chest* / [76] a. . . consignación **en el momento de las declaraciones formales, de describir lo que pasó** / [77] se desplomó *collapsed* / [78] certera puñalada *well-aimed stab*

5. ¿Es el narrador una persona celosa o indiferente? ¿Se refleja esto en la carta? Dé uno o dos ejemplos.

6. ¿Qué se puede deducir de los títulos de las películas de Françoise Arnoul? ¿Con qué tipo de películas la asocia usted? ¿cómicas?, ¿serias?, ¿eróticas?, ¿infantiles? ¿Por qué?

7. Según el narrador, ¿por qué antes de ver *La rabia en el cuerpo* no le alteraban las escenas de amor de Françoise Arnoul y ahora sí?

8. ¿Sabe la esposa del narrador que su marido está enamorado de Françoise Arnoul? ¿Cómo reacciona ella? ¿Por qué cree usted que ella no se divorcia de él?

9. Aproximadamente, ¿cuántas películas de Françoise veía el narrador cada semana? ¿Tuvo eso alguna influencia en el presupuesto familiar?

10. ¿Por qué decidió él aprender francés? Después de aprender francés, ¿sintió mayor o menor admiración por la actriz francesa? ¿Por qué?

11. ¿Quiere el narrador que Françoise venga a México a filmar una película? ¿Por qué?

12. ¿Dónde está él cuando escribe esta carta? ¿Por qué está en ese lugar? Explique.

B • *En torno al texto*

AMPLIACIÓN DE VOCABULARIO

A. **Elementos fuera de lugar:** Escoja la palabra que no corresponde al grupo.

1. cine, canalla, película, pantalla
2. amante, admirador, atrapado, aficionado
3. amor, luneta, pasión, tristeza
4. compañera, esposa, mujer, actriz
5. galanes, aerolitos, jóvenes, muchachos
6. rollo, suceso, evento, hecho
7. besada, acariciada, bofetada, amada
8. labios, caballos, manos, cabellos
9. andar, envidiar, caminar, trotar
10. cierto, sueldo, real, verdadero

B. **Definiciones varias:** Indique a cuál de las dos palabras entre paréntesis corresponde la definición que se encuentra a la izquierda.

1.	lugar adonde uno va a ver películas	(cine, teatro)
2.	intención de hacer algo	(presupuesto, propósito)
3.	persona que está en estado de ebriedad	(loca, borracha)
4.	golpe que se da en la cara	(máscara, bofetada)
5.	lugar adonde van los criminales	(cárcel, puñalada)
6.	decir algo íntimo, como un secreto, por ejemplo	(confesar, engañar)
7.	palabra relacionada con lo regular, lo cotidiano y lo repetido	(ropa, rutina)

8. lugar donde se sientan los espectadores en un teatro o en
    un cine   (luneta, derroche)

TEMAS PARA DISCUSIÓN ORAL O ESCRITA

1. Según lo que nos dice de su novio la protagonista de «El recado», ¿cómo es él? ¿Qué imagen mental se hace usted de él con respecto a su aspecto físico, a su carácter, a su personalidad en general? Descríbalo brevemente y explique por qué se lo imagina usted así.

2. Según los comentarios de la autora en la entrevista incluida en este capítulo, lo que escribe la protagonista de «El recado» es realmente una carta de despedida, de adiós. ¿Está usted de acuerdo con esa interpretación? ¿Por qué? ¿Cree usted que hay en esa carta algún elemento, alguna señal que nos indique eso? Comente.

3. Teniendo en cuenta el contenido de «Cine Prado», ¿qué opinión parece tener la autora del cine erótico o pornográfico? ¿Qué hay en la carta que refleje esas ideas? Dé ejemplos concretos y coméntelos.

4. ¿Qué tema (temas) considera usted más importante(s) o interesante(s) en «Cine Prado»? ¿Hay alguna relación significativa entre el «contenido» y la «forma» en este cuento? Explique.

5. Compare y contraste las dos cartas, i.e., «El recado» y «Cine Prado». (¿En qué se parecen y en qué se diferencian ambas cartas? ¿Se refleja de alguna manera el sexo de los protagonistas en el contenido de sus respectivas cartas? ¿De qué manera?).

SUGERENCIAS TEMÁTICAS SUPLEMENTARIAS

1. Imagine ser el novio aludido en «El recado» y haber recibido la carta que a último momento su novia decidió dejársela debajo de la puerta. Escríbale inmediatamente una carta de contestación. ¿Qué le diría? Comente.

2. Según los datos que se nos dan en «El recado», compare y contraste la personalidad de su protagonista con la del muchacho a quien ella está escribiendo. ¿Tienen algo, mucho o nada en común estos dos jóvenes? Explique.

3. Imagine ser la actriz Françoise Arnoul y haber recibido la carta que desde la cárcel le ha escrito el protagonista de «Cine Prado». Conteste la carta de ese fanático admirador suyo. ¿Qué le diría? Comente.

4. Según su opinión, ¿hace falta o no la posdata que la autora añade al final de su cuento-carta? ¿Por qué? ¿Cree usted que su eliminación (de la P.D.) tendría efectos positivos o negativos en «Cine Prado»? Comente.

5. Compare y contraste a los destinatarios de ambas cartas, i.e., a Françoise Arnoul y al novio de «El recado». (¿En qué se parecen ambos personajes? ¿En qué se diferencian?)

C • *Más allá del texto*

SALIENDO DEL TEXTO: PARA PENSAR Y OPINAR

1. Discuta la influencia (¿positiva? ¿negativa?) del cine o la televisión en grupos de espectadores de edades diferentes: niños, adolescentes, jóvenes y adultos en general.

2.   El uso y abuso del elemento sexual o erótico en las películas consideradas pornográficas siempre ha tenido sus defensores y sus detractores: para algunos la pornografía cumple una función social necesaria mientras que para otros es otra forma de explotación sexual. ¿Se considera usted defensor(a) o detractor(a) del cine erótico? Comente sus ideas.

D • *Texto en contexto: Una perspectiva entre muchas*

CONVERSANDO CON ELENA PONIATOWSKA

(MINI-ENTREVISTA)

TMF: ¿Hay algún elemento autobiográfico en los cuentos aquí incluidos?

EP: Bueno, «El recado» es algo más o menos autobiográfico; refleja un sentimiento y tiene un sentido personal de la relación amorosa. Como has visto, es obviamente una carta de amor. Yo estaba en Francia, en París. . . Pasaba por una situación difícil y entonces se me ocurrió hacer esta «carta» que es muy pequeña, muy breve. . .

TMF: ¿Y «Cine Prado». . .?

EP: «Cine Prado» es puramente ficción, no tiene nada de autobiográfico o personal, aunque a veces he oído yo decir de gente que ha enloquecido[1] en los cines o que se ha levantado en el cine a gritar. . . Ahora, la historia de un hombre que se precipita sobre la pantalla y que la rompe para matar a la actriz es pura ocurrencia[2] mía. . .

TMF: Dime, ¿existió esa tal Françoise Arnoul o tú la inventaste?

EP: ¡No, yo no la inventé! Françoise Arnoul existe; es una actriz francesa que durante un tiempo fue muy famosa porque salía desnuda en las películas y además era muy hermosa. Y justamente el título del cuento se refiere al cine —que ahora ya no existe— donde la gente iba a ver sus películas. . .

TMF: Entonces, ¿había aquí en México un cine que se llamaba «Cine Prado»?

EP: Sí, claro, y todavía existía cuando yo escribí ese cuento. Estaba en la Avenida Juárez, al lado mismo del Hotel Prado. Hoy día hay una tienda de arte y cosas folklóricas donde antes estaba el «Cine Prado». Sabes que allí se daba puro cine erótico francés y se pasaban las películas de Françoise Arnoul. . .

---

[1] ha enloquecido *have gone crazy* / [2] ocurrencia **idea, invención**

TMF: ¿Escribiste estos dos cuentos más o menos en la misma época?

EP: No, «El recado» es muy posterior. Creo que es de 1965 y, como ya te dije, no lo escribí aquí en México sino en Francia. Ahora, el otro, «Cine Prado» es bastante anterior. Ha de ser de 1956 o 57. Yo lo debo haber escrito cuando era muy joven y entonces esas cosas me impactaban. . .

TMF: ¿Por qué agregaste[3] una posdata a esa carta que es «Cine Prado»?

EP: Es que esto yo lo hice como una noticia periodística[4]. Allí es donde se explica lo que pasó, lo del maniático[5] que corrió a la pantalla y la rompió. . . Además, sólo allí se dice que el hombre está en la cárcel. . .

TMF: ¿Y qué nos dices del final de la otra carta, de «El recado»? ¿Por qué no agregaste allí también una posdata?

EP: Creo que en «El recado» eso no era necesario porque la carta allí es una carta de ruptura, de fin de relación. Es una carta de adiós, de despedida. Ya no se puede pensar que después de esto ellos dos van a seguir. Ya la pareja se acabó. . .

TMF: Después de tantos años de haberlos escrito, ¿qué detalles de estos cuentos todavía recuerdas bien?

EP: Pues de «El recado» recuerdo perfectamente el muro, la soledad y el olor de la madreselva. Ahora, eso es porque es realmente una cosa muy personal y autobiográfica. «Cine Prado» también lo recuerdo pero es más bien un cuento que tiene que ver con el lenguaje, más intelectualizado, más un cuento para entrar al mundo de los cuentistas que un cuento que sea mío. Yo hace mucho que ya no escribo así. . .

---

[3] ¿Por qué agregaste. . . ? *Why did you add. . . ?* / [4] noticia periodística *news item* / [5] maniático *eccentric*

Gabriel García Márquez

(COLOMBIANO, n. 1928)

*E*STE célebre escritor, reciente ganador del Premio Nobel de Literatura (1982), nació en Aracataca —pequeña aldea de la costa Caribe de Colombia—, famosa e inmortal luego de ser transformada en el mítico Macondo, escenario privilegiado de toda su ficción. En 1947, García Márquez ingresó a la Facultad de Abogacía de la Universidad Nacional de Colombia en Bogotá, carrera que abandonó al año siguiente para dedicarse al periodismo. En 1954 empezó a trabajar en la redacción del diario *El espectador* que poco tiempo después lo envió como corresponsal a Europa (Ginebra, Roma y París). Durante su estadía en París, el entonces dictador Rojas Pinilla clausuró *El espectador*, lo que dejó sin trabajo al joven periodista. Aparentemente, sin embargo, «no hay mal que por bien no venga» ya que entonces García Márquez dedicó más tiempo a su narrativa. De esos años datan sus primeras novelas: *La hojarasca* (1955), *La mala hora* (terminada en 1957) y las varias versiones de *El coronel no tiene quien le escriba* (1961), su novela más corta. (Se dice que estando en París, escribió y re-escribió esta novelita unas once o doce veces. . .) En 1957 viajó por Europa Oriental; entre 1959 y 1960 trabajó para Prensa Latina, la agencia noticiosa cubana, primero en Bogotá y luego en Cuba y Nueva York. Entre 1961 y 1967 vivió en México trabajando como periodista y escribiendo guiones cinematográficos[1]. Se estableció luego en Barcelona donde residió hasta 1982, año en que regresó a su país natal. Actualmente intercala residencia entre México y Colombia.

En 1962, durante su estadía en México, publicó *La mala hora* (Premio Esso de Literatura) y *Los funerales de la Mamá Grande,* su primera colección de cuentos. También estando en México apareció *Cien años de soledad* (1967), su obra más conocida —y probablemente la novela más leída, más traducida y más premiada de los últimos veinte años (Recibió innumerables premios internacionales.)—, cuya publicación colocó a su autor entre los escritores más famosos de este siglo y le ganaron premios y reconocimientos varios, entre ellos el Premio Rómulo Gallegos de Venezuela (1969), el Premio Internacional Neustadt para libros extranjeros, el doctorado en Letras «Honoris Causa» de la Universidad de Columbia en Nueva York (1971), «La Legión de Honor» en el grado de Comendador que le otorgó el gobierno francés en 1981 y el Premio Nobel de Literatura que recibió un año después. Entre las obras más recientes del autor se incluyen: *La increíble y triste historia de la Cándida Eréndira y de su abuela desalmada* (1969), *Cuando era feliz e indocumentado* (1973), *El otoño del patriarca* (1975) y *Crónica de una muerte anunciada* (1981), su última novela.

Algunos temas recurrentes en la obra de García Márquez son los relacionados con la soledad, la violencia, la corrupción, la decadencia social, la explotación humana y el drama de la pobreza en un mundo de contrastes e injusticias socio-económicas básicas. De manera explícita o implícita, todos estos temas están contenidos en «La siesta del martes», cuento preferido de García Márquez y el primero de su colección *Los funerales de la Mamá Grande.* En esta breve narración, dos mujeres viajan a un pueblo vecino con un propósito que sólo se nos aclara después de haber leído más de la mitad del cuento. Los varios elementos narrativos, y especialmente el diálogo que se establece entre el cura[2] y la madre de Carlos Centeno, se combinan aquí para reflejar la personalidad de una mujer cuyo estoicismo y fortaleza moral, cuyo coraje y dignidad humana contrastan con las triviales preocupaciones del cura y su hermana. «La siesta del martes» nos deja la inolvidable imagen de uno los personajes más admirables de García Márquez.

---

[1] guiones cinematográficos *film scripts* / [2] cura *priest*

A · *Frente al texto*

LA SIESTA DEL MARTES

El tren salió del trepidante corredor de rocas bermejas[1], penetró en las plantaciones de banano, simétricas e interminables, y el aire se hizo húmedo y no se volvió a sentir la brisa del mar. Una humareda[2] sofocante entró por la ventanilla del vagón. En el estrecho camino paralelo a la vía férrea había carretas de bueyes[3] cargadas de racimos verdes. Al otro lado 5
del camino, en intempestivos espacios sin sembrar, había oficinas con ventiladores eléctricos, campamentos de ladrillos rojos y residencias con sillas y mesitas blancas en las terrazas, entre palmeras y rosales polvorientos[4]. Eran las once de la mañana y aún no había empezado el calor.

—Es mejor que subas el vidrio[5] —dijo la mujer—. El pelo se te va a 10
llenar de carbón.

La niña trató de hacerlo pero la persiana estaba bloqueada por óxido[6].

Eran los únicos pasajeros en el escueto[7] vagón de tercera clase. Como el humo de la locomotora siguió entrando por la ventanilla, la niña 15
abandonó el puesto[8] y puso en su lugar los únicos objetos que llevaban: una bolsa de material plástico con cosas de comer y un ramo de flores envuelto en papel de periódicos[9]. Se sentó en el asiento opuesto, alejada de la ventanilla, de frente a su madre. Ambas guardaban un luto riguroso y pobre[10]. 20

La niña tenía doce años y era la primera vez que viajaba. La mujer parecía demasiado vieja para ser su madre, a causa de las venas azules en los párpados[11] y del cuerpo pequeño, blando y sin formas, en un traje cortado como una sotana[12]. Viajaba con la columna vertebral firmemente apoyada contra el espaldar del asiento, sosteniendo en el regazo[13] 25
con ambas manos una cartera de charol desconchado[14]. Tenía la serenidad escrupulosa de la gente acostumbrada a la pobreza.

A las doce había empezado el calor. El tren se detuvo diez minutos en una estación sin pueblo para abastecerse de agua[15]. Afuera, en el misterioso silencio de las plantaciones, la sombra tenía un aspecto lim- 30
pio. Pero el aire estancado dentro del vagón olía a cuero sin curtir[16]. El

---

[1] trepidante... bermejas *trembling corridor of reddish stone* / [2] humareda *cloud of smoke* / [3] bueyes *oxen* / [4] polvorientos *dusty* / [5] Es... vidrio *You'd better raise the window* / [6] la persiana... óxido *the window blind was rusted shut* / [7] escueto **simple** / [8] puesto **lugar, asiento** / [9] envuelto... periódicos *wrapped in newsprint* / [10] Ambas... pobre. *Both maintained a rigorous and humble mourning.* / [11] párpados *eyelids* / [12] sotana *cassock (black priestly robe)* / [13] regazo *lap* / [14] una... desconchado *a chipped lacquer purse* / [15] para... agua *to take on water* / [16] cuero sin curtir *untanned hide*

tren no volvió a acelerar. Se detuvo en dos pueblos iguales, con casas de madera pintadas de colores vivos. La mujer inclinó la cabeza y se hundió en el sopor[17]. La niña se quitó los zapatos. Después fue a los servicios sanitarios a poner en agua el ramo de flores muertas.   35

Cuando volvió al asiento la madre la esperaba para comer. Le dio un pedazo de queso, medio bollo de maíz y una galleta dulce[18], y sacó para ella de la bolsa de material plástico una ración igual. Mientras comían, el tren atravesó muy despacio un puente de hierro[19] y pasó de largo por un pueblo igual a los anteriores, sólo que en éste había una   40 multitud en la plaza. Una banda de músicos tocaban una pieza alegre bajo el sol aplastante. Al otro lado del pueblo, en una llanura cuarteada por la aridez[20], terminaban las plantaciones.

La mujer dejó de comer.

—Ponte los zapatos —dijo.   45

La niña miró hacia el exterior. No vio nada más que la llanura desierta por donde el tren empezaba a correr de nuevo, pero metió en la bolsa el último pedazo de galleta y se puso rápidamente los zapatos. La mujer le dio la peineta[21].

—Péinate —dijo.   50

El tren empezó a pitar[22] mientras la niña se peinaba. La mujer se secó el sudor del cuello y se limpió la grasa de la cara con los dedos. Cuando la niña acabó de peinarse el tren pasó frente a las primeras casas de un pueblo más grande pero más triste que los anteriores.

—Si tienes ganas de hacer algo, hazlo ahora —dijo la mujer—.   55 Después, aunque te estés muriendo de sed no tomes agua en ninguna parte. Sobre todo, no vayas a llorar.

La niña aprobó con la cabeza. Por la ventanilla entraba un viento ardiente y seco, mezclado con el pito de la locomotora y el estrépito[23] de los viejos vagones. La mujer enrolló[24] la bolsa con el resto de los alimentos   60 y la metió en la cartera. Por un instante, la imagen total del pueblo, en el luminoso martes de agosto, resplandeció en la ventanilla. La niña envolvió las flores en los periódicos empapados[25], se apartó un poco más de la ventanilla y miró fijamente a su madre. Ella le devolvió una expresión apacible. El tren acabó de pitar y disminuyó la marcha. Un momento   65 después se detuvo.

No había nadie en la estación. Del otro lado de la calle, en la acera sombreada por los almendros[26], sólo estaba abierto el salón de billar[27]. El pueblo flotaba en el calor. La mujer y la niña descendieron del tren, atravesaron la estación abandonada cuyas baldosas[28] empezaban a   70

---

[17] se. . . sopor *sank into lethargy* / [18] medio. . . dulce *half a corn muffin and a cookie* / [19] puente de hierro *iron bridge* / [20] en. . . aridez *in a plain cracked by dryness* / [21] peineta *ornamental comb* / [22] pitar *whistle* / [23] estrépito **ruido** / [24] enrolló *rolled up* / [25] empapados *soggy* / [26] en. . . almendros *on the sidewalk shaded by the almond trees* / [27] salón de billar *billiard hall* / [28] baldosas *floor tiles*

cuartearse por la presión de la hierba, y cruzaron la calle hasta la acera de sombra.

Eran casi las dos. A esa hora, agobiado por el sopor, el pueblo hacía la siesta. Los almacenes, las oficinas públicas, la escuela municipal, se cerraban desde las once y no volvían a abrirse hasta un poco antes de las cuatro, cuando pasaba el tren de regreso. Sólo permanecían abiertos el hotel frente a la estación, su cantina y su salón de billar, y la oficina del telégrafo a un lado de la plaza. Las casas, en su mayoría construidas sobre el modelo de la compañía bananera, tenían las puertas cerradas por dentro y las persianas bajas. En algunas hacía tanto calor que sus habitantes almorzaban en el patio. Otros recostaban un asiento a la sombra de los almendros y hacían la siesta sentados en plena calle[29].

Buscando siempre la protección de los almendros la mujer y la niña penetraron en el pueblo sin perturbar la siesta. Fueron directamente a la casa cural[30]. La mujer raspó con la uña la red metálica[31] de la puerta, esperó un instante y volvió a llamar. En el interior zumbaba un ventilador eléctrico. No se oyeron los pasos. Se oyó apenas el leve crujido de una puerta y en seguida una voz cautelosa muy cerca de la red metálica: «¿Quién es?» La mujer trató de ver a través de la red metálica.

—Necesito al padre —dijo.

—Ahora está durmiendo.

—Es urgente —insistió la mujer.

Su voz tenía una tenacidad reposada.

La puerta se entreabrió sin ruido y apareció una mujer madura y regordeta[32], de cutis muy pálido y cabellos color de hierro. Los ojos parecían demasiado pequeños detrás de los gruesos cristales de los lentes.

—Sigan —dijo, y acabó de abrir la puerta.

Entraron en una sala impregnada de un viejo olor de flores. La mujer de la casa los condujo hasta un escaño[33] de madera y les hizo señas de que se sentaran. La niña lo hizo, pero su madre permaneció de pie, absorta, con la cartera apretada en las dos manos. No se percibía ningún ruido detrás del ventilador eléctrico.

La mujer de la casa apareció en la puerta del fondo.

—Dice que vuelvan después de las tres —dijo en voz muy baja—. Se acostó hace cinco minutos.

—El tren se va a las tres y media —dijo la mujer.

Fue una réplica breve y segura, pero la voz seguía siendo apacible, con muchos matices[34]. La mujer de la casa sonrió por primera vez.

—Bueno —dijo.

Cuando la puerta del fondo volvió a cerrarse la mujer se sentó junto

---

[29] en plena calle *right in the street* / [30] casa cural *priest's house* / [31] red metálica *metal grillwork* / [32] regordeta *chubby* / [33] escaño *bench* / [34] matices *(pl. of «matiz») shades*

a su hija. La angosta[35] sala de espera era pobre, ordenada y limpia. Al otro lado de una baranda de madera que dividía la habitación, había una mesa de trabajo, sencilla, con un tapete de hule[36], y encima de la mesa una máquina de escribir primitiva junto a un vaso con flores. Detrás estaban los archivos parroquiales. Se notaba que era un despacho[37] arreglado por una mujer soltera.

La puerta del fondo se abrió y esta vez apareció el sacerdote[38] limpiando los lentes con un pañuelo. Sólo cuando se los puso pareció evidente que era hermano de la mujer que había abierto la puerta.

—¿Qué se le ofrece? —preguntó.

—Las llaves del cementerio —dijo la mujer.

La niña estaba sentada con las flores en el regazo y los pies cruzados bajo el escaño. El sacerdote la miró, después miró a la mujer y después, a través de la red metálica de la ventana, el cielo brillante y sin nubes.

—Con este calor —dijo—. Han podido esperar a que bajara el sol[39].

La mujer movió la cabeza en silencio. El sacerdote pasó del otro lado de la baranda, extrajo del armario un cuaderno forrado[40] de hule, un plumero de palo y un tintero[41], y se sentó a la mesa. El pelo que le faltaba en la cabeza le sobraba en las manos.

—¿Qué tumba van a visitar? —preguntó.

—La de Carlos Centeno —dijo la mujer.

—¿Quién?

—Carlos Centeno —repitió la mujer.

El padre siguió sin entender.

—Es el ladrón que mataron aquí la semana pasada —dijo la mujer en el mismo tono—. Yo soy su madre.

El sacerdote la escrutó. Ella lo miró fijamente, con un dominio reposado, y el padre se ruborizó[42]. Bajó la cabeza para escribir. A medida que llenaba la hoja pedía a la mujer los datos de su identidad, y ella respondía sin vacilación, con detalles precisos, como si estuviera leyendo. El padre empezó a sudar. La niña se desabotonó la trabilla del zapato izquierdo, se descalzó el talón y lo apoyó en el contrafuerte[43]. Hizo lo mismo con el derecho.

Todo había empezado el lunes de la semana anterior, a las tres de la madrugada y a pocas cuadras de allí[44]. La señora Rebeca, una viuda[45] solitaria que vivía en una casa llena de cachivaches[46], sintió a través del

---

[35] angosta *narrow* / [36] tapete de hule *oilskin covering* / [37] despacho **oficina** / [38] sacerdote *priest* / [39] Han... sol. *You should have waited for the sun to go down.* / [40] forrado **cubierto** / [41] plumero... tintero *wooden penholder and an inkwell* / [42] se ruborizó *blushed* / [43] se desabotonó... contrafuerte *untied the strap of her left shoe, slipped her heel out, and rested it on the back of her shoe* / [44] a las... allí *at 3.00 A.M. and a few blocks from there* / [45] viuda *widow* / [46] cachivaches *odds and ends, useless things*

rumor de la llovizna que alguien trataba de forzar desde afuera la puerta de la calle. Se levantó, buscó a tientas[47] en el ropero un revólver arcaico que nadie había disparado desde los tiempos del coronel Aureliano Buendía, y fue a la sala sin encender las luces. Orientándose no tanto por el ruido de la cerradura como por un terror desarrollado en ella por 28 años de soledad, localizó en la imaginación no sólo el sitio donde estaba la puerta sino la altura exacta de la cerradura. Agarró el arma con las dos manos, cerró los ojos y apretó el gatillo[48]. Era la primera vez en su vida que disparaba un revólver. Inmediatamente después de la detonación no sintió nada más que el murmullo de la llovizna en el techo de cinc. Después percibió un golpecito metálico en el andén[49] de cemento y una voz muy baja, apacible, pero terriblemente fatigada: «Ay, mi madre». El hombre que amaneció muerto frente a la casa, con la nariz despedazada[50], vestía una franela a rayas de colores[51], un pantalón ordinario con una soga en lugar de cinturón, y estaba descalzo[52]. Nadie lo conocía en el pueblo.

—De manera que se llamaba Carlos Centeno —murmuró el padre cuando acabó de escribir.

—Centeno Ayala —dijo la mujer—. Era el único varón.

El sacerdote volvió al armario. Colgadas de un clavo[53] en el interior de la puerta había dos llaves grandes y oxidadas, como la niña imaginaba y como imaginaba la madre cuando era niña y como debió imaginar el propio sacerdote alguna vez que eran las llaves de San Pedro. Las descolgó[54], las puso en el cuaderno abierto sobre la baranda y mostró con el índice un lugar en la página escrita, mirando a la mujer.

—Firme aquí.

La mujer garabateó su nombre[55], sosteniendo la cartera bajo la axila. La niña recogió las flores, se dirigió a la baranda arrastrando los zapatos y observó atentamente a su madre.

El párroco suspiró.

—¿Nunca trató de hacerlo entrar por el buen camino?

La mujer contestó cuando acabó de firmar.

—Era un hombre muy bueno.

El sacerdote miró alternativamente a la mujer y a la niña y comprobó con una especie de piadoso estupor que no estaban a punto de llorar. La mujer continuó inalterable:

—Yo le decía que nunca robara nada que le hiciera falta a alguien

---

[47] a tientas *gropingly* / [48] apretó el gatillo *pulled the trigger* / [49] andén *footwalk* / [50] despedazada *torn to pieces* / [51] vestía… colores *was wearing a striped flannel shirt* / [52] un pantalón… descalzo *a cheap pair of pants with a rope instead of a belt, and he was barefoot* / [53] Colgadas… clavo *Hanging from a nail* / [54] Las descolgó *He took them (the keys) down* / [55] garabateó su nombre *scrawled her name*

para comer[56], y él me hacía caso[57]. En cambio, antes, cuando boxeaba, pasaba hasta tres días en la cama postrado por los golpes.

—Se tuvo que sacar todos los dientes —intervino la niña.

—Así es —confirmó la mujer—. Cada bocado[58] que me comía en ese tiempo me sabía a los porrazos[59] que le daban a mi hijo los sábados a la noche.

—La voluntad de Dios es inescrutable —dijo el padre.

Pero lo dijo sin mucha convicción, en parte porque la experiencia lo había vuelto un poco escéptico, y en parte por el calor. Les recomendó que se protegieran la cabeza para evitar la insolación[60]. Les indicó bostezando[61] y ya casi completamente dormido, cómo debían hacer para encontrar la tumba de Carlos Centeno. Al regreso no tenían que tocar. Debían meter la llave por debajo de la puerta, y poner allí mismo, si tenían, una limosna[62] para la Iglesia. La mujer escuchó las explicaciones con mucha atención, pero dio las gracias sin sonreír.

Desde antes de abrir la puerta de la calle el padre se dio cuenta de que había alguien mirando hacia adentro, las narices aplastadas contra la red metálica. Era un grupo de niños. Cuando la puerta se abrió por completo los niños se dispersaron. A esa hora, de ordinario, no había nadie en la calle. Ahora no sólo estaban los niños. Había grupos bajo los almendros. El padre examinó la calle distorsionada por la reverberación, y entonces comprendió. Suavemente volvió a cerrar la puerta.

—Esperen un minuto —dijo, sin mirar a la mujer.

Su hermana apareció en la puerta del fondo, con una chaqueta negra sobre la camisa de dormir y el cabello suelto en los hombros. Miró al padre en silencio.

—¿Qué fue? —preguntó él.

—La gente se ha dado cuenta —murmuró su hermana.

—Es mejor que salgan por la puerta del patio —dijo el padre.

—Es lo mismo —dijo su hermana—. Todo el mundo está en las ventanas.

La mujer parecía no haber comprendido hasta entonces. Trató de ver la calle a través de la red metálica. Luego le quitó el ramo de flores a la niña y empezó a moverse hacia la puerta. La niña la siguió.

—Esperen a que baje el sol —dijo el padre.

—Se van a derretir[63] —dijo su hermana, inmóvil en el fondo de la sala—. Espérense y les presto una sombrilla[64].

—Gracias —replicó la mujer—. Así vamos bien.

Tomó a la niña de la mano y salió a la calle.

---

[56] Yo. . . comer *I'd tell him never to steal anything that someone might need to eat* / [57] me hacía caso *listened to me* / [58] bocado *mouthful* / [59] me. . . porrazos *tasted for me like the blows* / [60] insolación *sunstroke* / [61] bostezando *yawning* / [62] limosna *alms, charity* / [63] derretir *melt* / [64] sombrilla *parasol, sunshade*

PREGUNTAS

1. ¿Dónde están las dos mujeres al empezar la narración?
2. ¿Qué sabemos de las dos viajeras? Descríbalas brevemente.
3. ¿Cómo podemos deducir que son personas pobres? (Por ejemplo, ¿cómo viajan?, ¿qué comen?, ¿cómo visten?) Explique.
4. ¿Cómo podemos deducir que éste no es un viaje largo ni un viaje de placer? (Por ejemplo, ¿llevan mucho equipaje la mujer y la niña?, ¿parecen felices?, ¿a qué hora salen y a qué hora llegan?, ¿cuándo piensan volver?)
5. Según el cuento, cuando las mujeres llegaron al pueblo «no había nadie en la estación». ¿Por qué?
6. ¿Qué oficinas y negocios estaban cerrados a esa hora? ¿Cuáles estaban abiertos? ¿Cómo se explica esa diferencia?
7. ¿Cómo era ese pueblo? Descríbalo brevemente.
8. Al llegar, ¿dónde fueron la mujer y su hija? ¿Por qué?
9. ¿Para qué querían ir ellas al cementerio?
10. ¿Qué le había pasado a Carlos Centeno? ¿Por qué?
11. Según la mujer, ¿era su hijo un hombre malo o bueno? ¿Por qué?
12. ¿Qué hacía Carlos Centeno antes de empezar a robar?
13. La mujer le explica al cura por qué ella prefería que su hijo robara en vez de boxear. ¿Está usted de acuerdo con ella? ¿Por qué?
14. ¿Por qué sugiere el cura que las mujeres salgan por la puerta del patio?
15. Según su opinión, ¿por qué no acepta la mujer la sombrilla que le ofrece la hermana del cura?

B • En torno al texto

AMPLIACIÓN DE VOCABULARIO

A. **Familia de palabras:** Dé una o más palabras relacionadas con los siguientes verbos. (En cada caso, el cuento contiene por lo menos una palabra de la misma familia que el verbo dado.)

EJEMPLOS: a. terminar   **interminable**
b. acompañar   **compañía, compañero**

1.	trabajar	9.	dominar
2.	imaginar	10.	vivir
3.	llover	11.	caminar
4.	ventilar	12.	pitar
5.	limpiar	13.	peinar
6.	sentarse	14.	servir
7.	plantar	15.	publicar
8.	telegrafiar	16.	habitar

B.   **Antónimos:** En cada una de las siguientes oraciones, sustituya la palabra subrayada por otra de sentido opuesto, usada en este cuento.

EJEMPLOS: a. ¿Puedes bajar el vidrio, por favor?   **(subir)**
               b. Es obvio que les sobra dinero.   **(les falta)**

1.   Acabo de leer su última novela.
2.   Don José parece más joven de lo que es.
3.   ¿Tienes parientes ricos?
4.   Ayer hizo mucho frío.
5.   La niña se puso los zapatos.
6.   Llegaron a un pueblo más pequeño que los anteriores.
7.   Esa carta la dejó muy triste.
8.   El tren aumentó la marcha.
9.   ¿Ya han cerrado la oficina?
10.   Quiere que lo llamen antes de las seis.
11.   ¿Qué preguntó el profesor?
12.   Siempre miramos ese programa.

TEMAS PARA DISCUSIÓN ORAL O ESCRITA

1.   En «La siesta del martes» la fortaleza moral y espiritual de la madre de Carlos Centeno contrasta con el estereotipo femenino que define a la mujer como un ser generalmente débil y sumiso. ¿Qué elementos del cuento sirven para caracterizar a este personaje? ¿Cómo se gana ella el respeto del lector? Comente.
2.   Compare y contraste la personalidad de la señora Centeno con la del cura en relación a sus respectivos papeles sociales. Según usted, ¿cuál de estos dos personajes tiene aquí más autoridad o parece controlar la situación? ¿Hay una inversión en la estructura tradicional del poder? Explique.
3.   Discuta la importancia o la significación de la niña en el cuento. (Por ejemplo, ¿por qué cree usted que el autor prefirió que fuera niña y no niño quien acompañara a la madre? ¿Por qué no podía viajar la mujer sola?)
4.   Según su opinión, ¿cuál es el tema o cuáles son los temas principales de «La siesta del martes»? Discútalo(s) brevemente.
5.   Con los datos del cuento (la descripción de la noche del robo, los comentarios de la madre y de la hermana), reconstruya la vida de Carlos Centeno y escriba/describa una breve biografía del muchacho muerto.

SUGERENCIAS TEMÁTICAS SUPLEMENTARIAS

1.   «La siesta del martes» como obra de comentario social. (¿Qué problemas sociales o económicos se ven reflejados en el cuento? ¿Cómo están tratados?)
2.   Discuta la importancia o significación del cura en el cuento. (¿Cree usted que su presencia implica una crítica indirecta al papel de la iglesia en la sociedad latinoamericana? ¿Por qué?)
3.   Teniendo en cuenta que «La siesta del martes» es un viaje en donde una madre acompaña/lleva/guía a su hija, discuta el cuento como posible «rito de iniciación» para la niña adolescente. (Recordemos que ella «tenía doce años y era la primera vez que viajaba.»)
4.   Antes de llegar al pueblo, la madre le dice a su hija que una vez allí, «aunque te

estés muriendo de sed no tomes agua en ninguna parte. Sobre todo, no vayas a llorar.» ¿Cómo se explica usted este pedido? Comente.

5.   Según este cuento, ¿cuál es la importancia relativa que tienen la religión y la familia en la vida cotidiana de la población latinoamericana? (¿Qué viene primero: la religión o la familia? ¿Cree usted que en el mundo de «La siesta. . .» se podría repetir la historia bíblica de Abraham y su hijo Isaac?)

C • *Más allá del texto*

SALIENDO DEL TEXTO: PARA PENSAR Y OPINAR

El crimen como consecuencia directa de la pobreza y del hambre es uno de los temas implícitos en «La siesta del martes». Según su madre, Carlos Centeno «era un hombre muy bueno» y sus palabras convencen porque nos hacen ver las causas que lo llevaron —que lo obligaron— a robar: el desempleo, la pobreza, el hambre. . . ¿Cree usted que también existen estos problemas en nuestra sociedad actual? ¿en todos los sectores sociales? ¿Hay programas federales o estatales de ayuda a los pobres, a los desempleados, a los jóvenes, a los viejos? ¿Tiene usted alguna sugerencia o fórmula mágica para solucionar estos problemas? Dé sus ideas/opiniones/sugerencias.

D • *Texto en contexto: Una perspectiva entre muchas*

COMENTARIOS DE GABRIEL GARCÍA MÁRQUEZ

NOTA: Debido a que hasta el momento de publicación de esta antología no hemos recibido respuesta de García Márquez al breve cuestionario de la mini-entrevista que pensábamos incluir en esta sección, transcribimos en su lugar partes de una larga entrevista donde el autor de «La siesta del martes» discute (catorce años antes de recibir el Premio Nobel de literatura) interesantes aspectos de su labor literaria. Los siguientes comentarios provienen de: Armando Durán, «Conversaciones con Gabriel García Márquez», *Revista Nacional de Cultura*, Caracas, julio-setiembre de 1968, No. 185, pp. 23–34.

AD: ¿Por qué escribes?
GGM: Empecé a escribir por casualidad[1], cuando tenía diecisiete años, sólo

---

[1] por casualidad   *by chance*

para demostrarle a un amigo mayor que mi generación era capaz de tener escritores.

AD: ¿Después?

GGM: Después caí en la trampa[2] de seguir escribiendo por gusto y luego en la otra trampa de que nada en este mundo me gustaba más que escribir. [. . .] La verdad es que yo escribo, simplemente, porque me gusta contarles cosas a mis amigos.

. . . .

AD: ¿Cuáles son los [autores favoritos] tuyos?

GGM: En mi caso personal, no tengo autores favoritos sino libros que me gustan más que otros, y éstos no son los mismos todos los días. . . Esta tarde, por ejemplo, haría la lista siguiente: *Edipo rey*, de Sófocles; *Amadís de Gaula* y *Lazarillo de Tormes*; *Diario del año de la peste*, de Daniel Defoe; *Primer viaje en torno del globo*, de Pigafetta; *Tarzán de los monos*, de Burroughs; y dos o tres más.

. . . .

AD: Cuando comienzas a escribir una narración, ¿ya tienes un esquema de su desarrollo y desenlace[3]? ¿Qué importancia tienen en tu obra lo imaginario y la experiencia personal? ¿Cómo trabajas esos materiales?

GGM: El origen de todos mis relatos es siempre una imagen simple. Todo el argumento[4] de «La siesta del martes», que considero mi mejor cuento, surgió de la visión de una mujer y una niña vestidas de negro, con un paraguas negro, caminando bajo el sol abrasante de un pueblo desierto. La complicada historia de *La hojarasca* surgió del recuerdo de mí mismo, cuando era muy niño, sentado en una silla en un rincón de la sala. De *El coronel no tiene quien le escriba* lo primero que vi fue al hombre, contemplando las barcas en el mercado de pescados de Barranquilla. . . Durante muchos años, lo único que sabía de *Cien años de soledad* era que un viejo llevaba a un niño a conocer el hielo[5], exhibido como curiosidad de circo. De la novela que escribo ahora (*El otoño del patriarca*), la única imagen que he tenido durante muchos años es la de un hombre inconcebiblemente viejo que se pasea por los inmensos salones abandonados de un palacio, lleno de animales. Esas imágenes originales, para mí, son lo único importante: lo demás es puro trabajo de burro.

AD: ¿Cómo sabes cuando una de esas ideas tiene porvenir[6]?

GGM: No me interesa una idea que no resista muchos años de abandono. Si es tan buena como la de mi última novela (*Cien años de soledad*), que resistió diecisiete años, no me queda más remedio que escribirla. [. . .] El problema más duro es escribir el primer párrafo. [. . .] Sólo cuando está escrito el primer párrafo se puede decidir, en definitiva, si la historia tiene porvenir. . .

[2] trampa *trap* / [3] desenlace *outcome* / [4] argumento *plot* / [5] hielo *ice* / [6] porvenir **futuro**

AD: Aquí entra en juego la disciplina. Se dice que la tuya es grande, que eres algo así como un escritor con horario de empleado bancario[7].

GGM: Escribo todos los días, inclusive los domingos, de nueve de la mañana a tres de la tarde, en un cuarto sin ruidos y con buena calefacción, porque lo único que me perturba son las voces y el frío. [. . .]

AD: ¿Cuánto avanzas cada día?

GGM: Si escribo un cuento, me siento satisfecho de avanzar una línea por día. Si es una novela, trato de avanzar una página. [. . .] Durante el tiempo que dura el trabajo, y *Cien años de soledad* duró más de 18 meses, no hay un solo minuto del día o de la noche en que piense en otra cosa.

. . . .

AD: Hemingway decía que el escritor puede sentirse feliz por las oportunidades que tiene de reescribir, al menos, parte de su obra. ¿Tú corriges mucho?

GGM: Lo primero que hago al levantarme es corregir a mano, con tinta[8] negra, el trabajo del día anterior, y en seguida saco todo en limpio[9]. Luego hago correcciones en el original completo y se lo voy llevando poco a poco a una mecanógrafa[10], porque nunca dejo copia de lo que escribo, y si algo se pierde en las idas y venidas, no será tanto que no lo pueda rehacer en un día.

AD: ¿Y las pruebas?

GGM: Siempre leo las pruebas por precaución. . . En realidad, desde que hago la última lectura satisfactoria de los originales, el libro me deja de interesar para siempre.

---

[7] empleado bancario *bank employee* / [8] tinta *ink* / [9] saco. . . limpio *I make a final copy* / [10] mecanógrafa *typist*

Fernando Alegría

(CHILENO, n. 1918)

FERNANDO Alegría, distinguido novelista, poeta y crítico, vive en los Estados Unidos desde hace muchos años. Graduado de la Universidad de Chile, obtuvo luego el doctorado en letras en la Universidad de California, Berkeley (1947). Desde entonces ha sido profesor de literatura latinoamericana en varias universidades. Entre 1970 y 1973 fue agregado cultural[1] de la Embajada Chilena en Washington, D.C. Actualmente enseña en la Universidad Stanford, donde también es jefe del Departamento de Español y Portugués. Autor de más de veinte obras, este prolífico escritor chileno ha ganado una serie de premios, entre los que se cuentan el Premio Latinoamericano de Literatura, el Premio Municipal de Chile y, en 1980, un diploma del «Hispanic Caucus» del Congreso estadounidense por sus muchas contribuciones al campo de la cultura hispánica en los Estados Unidos.

[1] agregado cultural *cultural attaché*

Además de su producción poética y de sus numerosos artículos y ensayos críticos, Fernando Alegría ha escrito una serie de cuentos y novelas de alto contenido social, donde lo ético y lo estético se combinan armoniosa y exitosamente, tarea siempre difícil para cualquier escritor. Sus obras narrativas (varias de las cuales han sido traducidas al inglés) incluyen, entre otros, los siguientes títulos: *Mañana los guerreros* (1965), *Los días contados* (1968), *Instrucciones para desnudar a la raza humana* (1968; trad. como *Instructions for Undressing the Human Race*), *Amerika, Amerikka, Amerikkka* (1970), *La maratón del Palomo* (1971), *El paso de los gansos* (1975; trad. como *The Chilean Spring*), *Coral de guerra* (1980; trad. como *War Chorale*) y *Una especie de memoria* (1983), su última novela.

En «Los inmigrantes», cuento originalmente publicado en la revista *Vórtice* (primavera, 1974), el autor hace uso del humor y de la sátira para comentar e indirectamente criticar, en esta breve fábula contemporánea, lo ilógico, alienante e inhumano de las leyes que regulan la entrada a los Estados Unidos. La situación tragicómica y hasta grotesca del pobre loro[2] indocumentado[3], sometido a un interrogatorio absurdo y condenado a muerte por las autoridades de inmigraciones, refleja demasiado fielmente la realidad de miles de inmigrantes que —como el narrador y su loro— llegan a este país llenos de ilusiones, esperando ser bienvenidos, y a menudo se dan cuenta de que aquí todavía no han aprendido a «tratar a los loros como inmigrantes» ni «a las gentes como loros».

---

[2] loro   *parrot*   /   [3] indocumentado   *without identification papers*

A • *Frente al texto*

LOS INMIGRANTES

Cuando nos abrochamos los cinturones[1] me di cuenta, repentinamente, de la gravedad de nuestros actos. La dama, a mi lado, advirtió la corriente nerviosa[2] que me sacudió. Volviéndose hacia mí, dijo:

—¿Qué lleva usted en ese bolsillo?

En esos momentos los motores rugían, las luces rojas del avión   5
lamían[3] la niebla. Secretos silbidos ayudaban al piloto a distinguir las torres escondidas.

Me pareció una pregunta impertinente. Pero, por otra parte, tenía derecho a hacerla.

---

[1] Cuando. . . cinturones   *When we fastened our seat belts*   /   [2] advirtió. . . nerviosa   *noticed the nervous tension*   /   [3] rugían. . . lamían   *were roaring, the red lights of the plane were licking*

—Un loro —dije con toda cortesía. 10

La mujer me examinó asombrada, arrugó los ojos[4] y lanzó un suspiro que agitó un tanto su bigotillo[5].

—Un loro —repetí, pensando que no había entendido.

—¿Le sacó visa[6]? —preguntó ella en tono sarcástico.

Al notar mi gesto desdeñoso no pudo contenerse. 15

—¡Qué gente! —exclamó, suspirando otra vez.

El avión repasaba la ruta del aeródromo volando sobre blancos hospitales, estanques[7] azules, zoológicos iluminados. A la distancia, se balanceaban las cenicientas palmeras[8] de la ciudad de Los Angeles. Quise seguir mirando, pero tuve que esforzarme por callar y calmar al 20 loro que asomaba[9] la cabeza por el bolsillo de mi abrigo.

Abrí, como pude, el maletín[10], saqué la botellita, metí el gotero[11] en ella, lo llené, dejé que el loro mostrara toda la cabeza, lo cogí del cuello y, poniéndole el gotero en el pico[12], empecé a echarle whiskey hasta que no pudo más y vi que se ahogaba[13]. Lo sequé con el pañuelo, entonces, le 25 peiné las plumas, lo acaricié un tanto —como se hace con un amigo ebrio— y volví a meterlo en el bolsillo.

La mujer me observaba con gran atención. Movía un poco la cabeza, como si no creyera, o como si nos compadeciera al loro y a mí.

—Le ha venido dando whiskey desde que partió. No crea que no me 30 he fijado.

—No. Unas gotas en Panamá, otras en Guatemala y ahora. No es mucho.

—¿Qué pretende? ¿Entrarlo sin visa? ¿Escondido? Ni lo piense[14]. La policía de inmigración de este país es implacable. 35

—Señora —repuse— sé lo que hago y por qué lo hago.

—¿Es alcohólico el loro? Peor aún[15]. ¡Hábráse visto!

—No se habrá visto, pero le aseguro que se verá —dije sin poder reprimir la furia.

Después nos callamos y cada uno se dedicó a lo suyo. Yo, me 40 abotoné el sobretodo[16], tomé el maletín y puse una mano en el bolsillo para sujetar al loro y apretarle el pico con el índice y el pulgar. Bajé muy circunspecto, como un pasajero cualquiera y, lo que es más importante, como si fuera solo.

Entramos al bello edificio de la Inmigración: enorme estructura de 45 piedra y mármol, iluminada como un teatro, limpia y fresca, sin adornos

---

[4] arrugó los ojos *knit her brow* / [5] agitó. . . bigotillo *shook her little mustache a bit* / [6] ¿Le sacó visa? *Did you take out a visa for him?* / [7] estanques *ponds* / [8] cenicientas palmeras *ash-colored palm trees* / [9] asomaba *stuck out* / [10] maletín **maleta de mano, valija pequeña** / [11] gotero *medicine dropper* / [12] pico *beak* / [13] se ahogaba *was drowning* / [14] Ni lo piense. *Don't even think of it.* / [15] Peor aún. *That's even worse.* / [16] Yo. . . sobretodo *I buttoned up my overcoat*

de ninguna clase, excepto algunos escupitines llenos de arena[17]. Al fondo
había un largo mesón de reluciente madera[18]; detrás del mesón, los
oficiales esperaban que nos acercáramos para interrogarnos. Me tocó el
turno[19]. Avancé entre dos filas de abigarrados[20] inmigrantes.   50

Los examinadores me pidieron los documentos. Por desgracia, no
podía manejarme[21] sino con la mano izquierda, así que demoraba[22].

—¿Su pasaporte? ¿La visa?

Fui enseñándolo todo, poco a poco.

—¿El examen médico? ¿Las radiografias?   55

Todo, todo en orden. Pero el loro empezó a aletear[23] en el bolsillo
queriendo sacar la cabeza, y como no se lo permitiese, le dio por protestar. Me mordió los dedos, se revolcaba como un vulgar borracho[24] y
pegaba con la cabeza, asomándose.

El oficial me miró sorprendido. Acaso creyó que yo era ventrílocuo   60
y que sufría de gastroenteritis, ya que el loro resoplaba, tragaba fuerte y
parecía echar aires, inflándose y desinflándose[25].

—¿Algo más?

Habría pasado sin mayor dificultad, pero el loro comenzó a hablar,
a decir sus cosas de loro, a entonar sus cancioncillas[26], a reírse y a silbar. 65
Lo que suelen hacer los loros, pero todo a la vez. El oficial dejó caer sus
timbres al suelo, abrió tamaña boca y me miró de arriba a abajo. Los
demás pasajeros se volvieron también y me observaron con estupor.
Quizás creían que llevaba un enano[27] escondido en el abrigo. Los oficiales
avanzaron con ademán amenazante. Estaba perdido. Tuve que sacar al   70
loro y ponerlo sobre el mesón.

—Ajá —dijo el interrogador— Viaja acompañado.

—Así es.

—Los documentos del pasajero. . .

—¿De cuál pasajero?   75

—De ése —dijo indicando al loro.

Se me vino el mundo encima[28]. El instante que tanto temía desde
que partí se producía al fin. De nada me habían servido todas mis precauciones, mis trucos[29], mis cuidados. De nada las píldoras para dormir
que le di al loro, de nada el whiskey, de nada los consejos. El loro se   80
delataba y me delataba[30]. ¿Qué nos esperaba ahora? ¿Cuál es la pena
para el inmigrante clandestino? ¿Y para su cómplice?

—Los documentos —repitió el oficial con cierta impaciencia.

---

[17] escupitines. . . arena *sand-filled spittoons* / [18] largo. . . madera *long counter made of
gleaming wood* / [19] Me. . . turno. *It was my turn.* / [20] abigarrados *motley* / [21] manejarme **manipular** / [22] así que demoraba *so I was slow* / [23] aletear **mover las alas** /
[24] se. . . borracho *rolled about like a common drunk* / [25] resoplaba. . . desinflándose
breathed noisily, swallowed loudly and seemed to show off, inflating and deflating himself /
[26] entonar sus cancioncillas **cantar sus pequeñas canciones** / [27] enano *dwarf* /
[28] Se. . . encima. *The world seemed to collapse around me.* / [29] trucos *tricks* / [30] se. . .
delataba **se acusaba y me acusaba**

—No. . . no. . . tiene.

—¿No tiene? ¿Dice usted que no tiene documentos?   85

—No, señor, no tiene.

—¿No tiene pasaporte? ¿Radiografías? ¿Certificado de antecedentes? ¿Nada?

—Nada.

El hombre tosió[31] exasperado y se puso a tocar timbres y a levantar   90
teléfonos. La conmoción atrajo a otros oficiales. Llegaron extraños uniformados corriendo, seguidos de azafatas y enfermeras[32]. Creyóse que
llegaba un apestado[33]. Pero el oficial que me interrogaba apartó a los
intrusos, aclaró su escritorio y, sin dilación, dispuso tres sillones y diciendo «Un momento», desapareció detrás de unas puertas muy ma-   95
cizas[34]. A los pocos instantes volvió con tres individuos de imponente
aspecto.

El interrogatorio no pudo extenderse mayormente. Mi loro —muy
Eran los magistrados: lucían limpias barbas blancas, lentes de
acero, toga y birrete negros; en la mano izquierda sostenían un martillo
de palo y en la derecha una biblia. Sentáronse en los sillones y comenzó la   100
audiencia. A las pocas palabras me di cuenta de que estaba frente a una
Corte Suprema cuyo dictamen sería inapelable[35].

El interrogatorio no pudo extenderse mayormente. Mi loro —muy
borracho, mareado y en suelo extranjero[36]— respondía excéntricamente
a todas las preguntas.   105

—¿Su nombre? ¿Edad? ¿Estado civil? ¿Residencia?

El loro dijo algunas cosas vagas: que le preguntaran a su abuela,
algo sobre los cuernos de la luna[37] y de unas niñas buenas mozas[38] del
barrio Estación, y otras cosas más igualmente desconcertantes.

El magistrado mayor, implacable, siguió adelante.   110

—¿Ha sido usted demente? —le preguntó al loro— ¿Leproso? ¿Palúdico[39]? ¿Ha sufrido de tracoma? ¿Psitacosis?

Volvió el loro a responder sin sentido, aunque un tanto más insolente. Dijo algo sobre las aspirinas y añadió, confundido, que eran «chicas
pero cumplidoras»[40]. Los magistrados se turnaban ahora haciendo pre-   115
guntas.

—¿Es usted comunista? —decía uno blandiendo su dedo índice
frente al loro— ¿Viene usted a derrocar[41] al gobierno? ¿Es usted tratante
de blancas[42]? ¿Sodomita? ¿Espiritista?

—   El loro comenzó a reírse. Esta actitud suya me pareció una estu-   120
pidez.

---

[31] tosió *coughed* / [32] seguidos. . . enfermeras *followed by stewardesses and nurses* /
[33] apestado *plague victim* / [34] macizas **sólidas** / [35] cuyo. . . inapelable **cuya sentencia
sería inalterable** / [36] mareado. . . extranjero *dizzy and on foreign soil* / [37] los. . . luna
the horns of the moon / [38] unas. . . mozas *some good-looking girls* / [39] ¿Palúdico? *Had
malaria?* / [40] chicas pero cumplidoras *small but reliable* / [41] derrocar *overthrow* /
[42] tratante de blancas *white slave dealer*

—Excúselo, señor magistrado —dije— está un poco alegre. Le aseguro que es un loro apolítico. A lo sumo, será liberal. Aunque más bien
diría yo que es un loro muy de su casa[43], tranquilo, conservador.

El magistrado se mesó la barba y volvió al ataque.   125

—¿Es usted marihuano? ¿Cocainómano? ¿Regenta usted lenocinios[44]?

El loro respondió que sí.

Creí morirme. Además, empezó a dar gritos.

—¡Abajo el gobierno! —decía— ¡Viva Fidel!   130

¿Quién le habría enseñado tales cosas? Esto me pasa por llevar
bolcheviques a mi casa[45], pensé.

Los magistrados discutían en voz baja. No reflejaban emoción alguna en sus rostros, pero presentí que el loro había firmado su sentencia
de muerte.   135

Así fue.

—Este loro —dijo el Presidente del tribunal— es un loro subver-
sivo, adicto a las drogas, elemento antisocial, es, además, un loro perjuro,
sin certificado de vacuna, sin radiografías, clandestino e intoxicado.
Debe morir.   140

—¿Es la sentencia? —preguntó el oficial de inmigración.

—Es nuestra sentencia. Pena de muerte.

Volvieron a aparecer los uniformados y las azafatas, despejaron la
mesa de papeles y otros objetos, hicieron retroceder a los espectadores y,
a un gesto del que los comandaba, avanzó un oficial con una caja, la abrió   145
con gran cuidado y de ella sacó una sillita de unas seis pulgadas[46].
Procedió a ajustar una serie de alambres, tornillos, y enchufes[47], la aseguró firmemente a la mesa y, satisfecho de su labor, dijo:

—Todo está listo.

Era una sillita eléctrica.   150

El loro no pareció darse cuenta de la situación. Lo tomaron por las
alas, le raparon[48] la cabeza y una pata. Lo sentaron; le amarraron las
correas[49]. Le preguntaron si tenía un último deseo. El loro me miró con
expresión desesperada. Se me hizo un nudo en la garganta[50]. Saqué la
botellita y llené el gotero de whiskey. Se lo puse en el pico y se lo di todo.   155
El loro pareció sonreír.

Los espectadores observaban la escena mudos de espanto. No se oía
un ruido en la sala luminosa y fría. El loro, sentado en su sillita eléctrica,
solo en medio de la gran mesa, parecía ya comulgar con la eternidad. Le

---

[43] un. . . casa *very much a homebody type of parrot* / [44] ¿Regenta usted lenocinios? *Do you
run brothels?* / [45] Esto. . .casa *This is what I get for bringing Bolsheviks home* / [46] una. . .
pulgadas *a little chair about six inches high* / [47] alambres. . .enchufes *wires, screws, and
plugs* / [48] raparon *shaved* / [49] le. . . correas *they fastened the straps* / [50] Se. . .gar-
ganta. *I got a knot in my throat.*

quedaban unos breves segundos. Imaginé la descarga, la tremenda descarga que lo iba a sacudir achicharrándolo[51].

El verdugo iba ya a bajar la palanca[52]. Y, de repente, un timbrazo[53] rompió el silencio.

—Aguarden[54] —dijo el Presidente de los magistrados tomando el teléfono— Un momento, señores.

Oyó atentamente, moviendo la cabeza; ora asintiendo, ora dudando[55]. Al fin, exclamó:

—Así se hará, señor. A Dios gracias ha llamado usted a tiempo —y, luego, volviéndose hacia el condenado y observándonos a todos con cierta tranquila superioridad, dijo:

—El preso ha sido indultado[56] por voluntad del Presidente de la República.

Los espectadores se pusieron a aplaudir. Le quitaron las correas al loro, le ayudaron a levantarse de la silla, le encaminaron hasta donde yo estaba. Al verle acercarse no pude contener una ligera sonrisa. Me pareció ridículo con la cabeza y una pata rapadas. Pero reaccioné. Me di cuenta de que había estado a punto de morir[57], que prácticamente volvía del más allá[58]. Puse cara seria, tosí, me arreglé el nudo de la corbata[59].

—Comprende usted que los dos, usted y éste, son deportados para siempre.

—Comprendo. Será un privilegio —respondí.

—Adiós —dije y, poniéndome al loro en el hombro[60], salimos por donde habíamos entrado y tomamos otro avión, siempre en busca de un país mejor y un mundo más justo donde aprecien el valor de la existencia y de verdad sepan tratar a los loros como inmigrantes y a las gentes como loros.

PREGUNTAS

1. Al principio del cuento, ¿dónde tiene lugar el diálogo entre el narrador y la dama? ¿De qué hablan ellos?
2. ¿Qué problema tiene el narrador? ¿Por qué?
3. ¿Adónde están por llegar ellos? ¿Cree usted que vienen de Nueva York? ¿Por qué?
4. ¿Qué lleva el narrador en su maletín? ¿Para qué lo usa?
5. ¿Cómo reacciona la pasajera sentada a su lado? ¿Qué piensa usted de ella?
6. ¿Qué le pidieron al narrador los oficiales de Inmigraciones? ¿Cómo descubrieron su secreto?

---

[51] lo. . . achicharrándolo *was going to shake him while frying him to a crisp* / [52] iba. . . palanca *was just about to push down the lever* / [53] timbrazo *loud bell* / [54] Aguarden **Esperen** / [55] moviendo. . . dudando *moving his head, now agreeing, now in doubt* / [56] El. . . indultado **El prisionero ha sido perdonado** / [57] había. . . morir *had been on the verge of dying* / [58] volvía. . . allá *was returning from the beyond* / [59] me. . . corbata *I adjusted the knot of my tie* / [60] hombro *shoulder*

7. ¿Tenía algún documento el «inmigrante clandestino»? ¿Cree usted que el narrador debería haberle sacado visa y pasaporte a su «amigo»?
8. ¿Qué le preguntaron los tres magistrados a su «compañero de viaje»? ¿Qué les contestó éste?
9. ¿Qué sentencia le dieron al «pasajero indocumentado»? ¿Por qué?
10. ¿Qué aparato trajeron para ejecutar la sentencia? ¿Cuál fue el último deseo del sentenciado?
11. ¿Cree usted que es trágica o cómica esta parte del cuento? ¿Por qué?
12. Al final, ¿se cumple o no la sentencia? ¿Por qué? ¿Qué hacen los dos amigos?

B • *En torno al texto*

AMPLIACIÓN DE VOCABULARIO

A. **Antónimos:** Para cada una de las doce palabras de la columna izquierda, se dan tres posibles respuestas entre paréntesis. Indique cuál de ellas es la palabra antónima. En cada caso, sólo hay una respuesta correcta.

1. delatar   (relatar, callar, abrochar)
2. silencio   (ruido, cómplice, gesto)
3. partir   (salir, llevar, llegar)
4. acompañado   (asombrado, escondido, solo)
5. enorme   (pequeño, corto, grande)
6. retroceder   (avanzar, ajustar, observar)
7. bello   (limpio, imponente, feo)
8. responder   (pedir, preguntar, contestar)
9. enano   (timbre, mesón, gigante)
10. callar   (calmar, hablar, lanzar)
11. dama   (caballero, dado, pañuelo)
12. sacar   (asomar, meter, llenar)

B. **Palabras engañosas o problemáticas:** Para cada una de las oraciones que siguen, escoja el equivalente inglés que mejor traduce la parte subrayada.

1. Me di cuenta de mi situación.
    a. I recounted   b. I realized
2. ¿Te fijaste en ese maletín?
    a. Did you pay attention to   b. Did you fix
3. ¿Qué pretende hacer usted?
    a. are you trying   b. are you pretending
4. Esto no está firmado.
    a. affirmed   b. signed
5. La señora está tosiendo mucho.
    a. tossing   b. coughing
6. Los niños juegan en la arena.
    a. sand   b. arena

7. Tengo un amigo <u>enano</u>.
    a. inane   b. dwarf
8. ¿Por qué no tocan el <u>timbre</u>?
    a. bell   b. timber
9. Viajamos a varios países <u>extranjeros</u>.
    a. strange   b. foreign
10. Ésa es una expresión <u>vulgar</u>.
    a. vulgar   b. common

TEMAS PARA DISCUSIÓN ORAL O ESCRITA

1. Comente la elección del loro como personaje-víctima en este cuento. ¿Por qué cree usted que el autor no dio ese papel a un ser humano, a algún «inmigrante ilegal» o a un «típico trabajador indocumentado»? Explique.
2. Según su opinión, ¿cuál es el tema o cuáles son los temas de este cuento? Exprésele(s) brevemente.
3. Discuta «Los inmigrantes» como obra de crítica social. (¿Qué comentario se hace en este cuento sobre los Estados Unidos? ¿Está usted de acuerdo?)
4. Significación o importancia del título de este cuento. ¿Qué relación hay entre el contenido del cuento y su título? ¿Cree usted que el impacto o el mensaje del cuento cambiaría si el título fuera otro, como por ejemplo, «Tragedia de un loro indocumentado», «Peripecias de un pobre loro chileno» o «Tragicomedia de un narrador y su loro»? Comente.

SUGERENCIAS TEMÁTICAS SUPLEMENTARIAS

1. Compare y contraste el proceso paralelo de humanización del loro y deshumanización de los oficiales de Inmigraciones. ¿Cómo afecta esto al lector y, consecuentemente, su interpretación del cuento?
2. Dé algunos ejemplos relacionados con el uso del humor, del absurdo y del grotesco en «Los inmigrantes». Según su opinión, ¿qué propósito sirven en el texto?
3. En el cuento se menciona una «sillita eléctrica» especialmente construida para el pequeño animal. ¿Cree usted que ese pasaje y la detallada descripción de los preparativos para la ejecución de la sentencia reflejan lo que piensa el autor de la pena de muerte? Comente.

C · Más allá del texto

SALIENDO DEL TEXTO: PARA PENSAR Y OPINAR

¿Qué piensa usted de los miles de inmigrantes ilegales que entran a los Estados Unidos todos los años? Según su opinión, ¿debería el gobierno deportarlos, meterlos en la cárcel, darles la oportunidad de naturalizarse, permitirles trabajar, pero con ciertas condiciones? ¿Qué condiciones? ¿Sugiere usted alguna otra solución?

D • *Texto en contexto: Una perspectiva entre muchas*

CONVERSANDO CON FERNANDO ALEGRÍA

(MINI-ENTREVISTA)

TMF: Aproximadamente, ¿cuándo escribió «Los inmigrantes» y cómo surgió la idea de este cuento?

FA: En realidad, el cuento lo escribí hace algunos años y partí de una experiencia verdadera. Veníamos nosotros —mi esposa y yo— de El Salvador, de regreso a California, y traíamos un periquito[1]. El problema es que para traer a este país un perico o un loro o cualquier otro animal se necesita un certificado del veterinario y toda clase de papeles, ¡más que para una persona!. . . Y finalmente, al llegar al aeropuerto, los funcionarios de inmigraciones se llevan al loro, perico o lo que sea, y lo ponen en cuarentena, lo cual es increíble porque son cuarenta días que lo tienen ellos antes de que uno se lo pueda llevar a la casa. . . Todo esto lo sé porque ya antes nosotros habíamos entrado legalmente una lora muy vieja que hablaba y cantaba. . .

TMF: . . .Y en el caso del perico salvadoreño, ¿también lo entraron legalmente?

FA: No, con ese periquito se nos ocurrió que había que evitar todo ese lío[2], todo ese papeleo burocrático[3]. . . Entonces lo traía mi mujer en el bolsillo de un impermeable[4]. Durante el vuelo —y luego cuando pasamos la aduana y la inmigración también— le dimos unas gotitas de whiskey con el gotero para que se durmiera. . .

TMF: ¿Y no se despertó?. . .

FA: No, así es como ese perico pasó y entró al país. . . Pero se me ocurrió a mí después qué hubiera pasado si no le hubiera hecho efecto el whiskey. . .

TMF: . . .y es allí donde termina la «realidad» y empieza la «ficción», ¿no?

FA: Sí, así es. Pero hay que aclarar que aunque «Los inmigrantes» esté basado o inspirado en un episodio real, el loro es un personaje del folklore popular chileno. En Chile tenemos los llamados «cuentos del loro». . .

TMF: ¿Nos puede decir algo acerca de esos cuentos, de ese loro como personaje folklórico?

FA: Pues, literariamente hablando, el loro es un personaje popular, cómico, pero que también sale con cosas audaces. Como personaje de cuento, el loro tiene características muy definidas. Por eso hablamos nosotros (los chilenos) de «los cuentos del loro». Es también un personaje que es un

---

[1] periquito *small parakeet* / [2] lío *trouble* / [3] papeleo burocrático *red tape* / [4] impermeable *raincoat*

poco víctima; le pasan cosas muy divertidas, pero el loro siempre termina diciendo algo que es una barbaridad. El loro es un personaje atrabiliario[5], excéntrico y pintoresco, lleno de humor popular.

TMF: Ahora, en cuanto a la crítica implícita en «Los inmigrantes», ¿va dirigida específicamente contra los Estados Unidos?

FA: No necesariamente. Vivimos en un mundo en que la burocracia se ha transformado en una institución y entonces ése no sólo es el caso de los Estados Unidos sino de todo el mundo. En todos los países existe una burocracia que le impide al individuo moverse libremente. Por eso la intención del cuento es satirizar esa burocracia universal. Es uno de los factores que actúa sobre el individuo en la sociedad contemporánea para transformarlo en una cosa mecánica, y si el individuo se rebela, para transformarlo en un delincuente, gratuitamente. . .

TMF: . . .y matarlo, aunque sea en una sillita eléctrica especialmente hecha a la medida de la víctima. . . ¿Había otros finales posibles para este cuento?

FA: ¡Sí, claro! ¡Había muchas posibilidades! Podría haber terminado el cuento con el loro electrocutado. . . También existía la posibilidad de que tuviera un final feliz, que lo perdonaran y que le permitieran entrar. . . En fin, de varios finales posibles yo escogí uno, el que recoge, creo, la significación del episodio. . . Si usted se fija, el cuento tiene un final indeciso. No hay un final. . . Su moraleja es, en verdad, una pregunta.

TMF: Y una última pregunta, ¿qué lugar emocional ocupa «Los inmigrantes» con respecto a sus otros cuentos?

FA: «Los inmigrantes» es un cuento con el cual yo simpatizo porque es un cuento liviano[6], que produce una impresión favorable. Además, las personas que lo han leído siempre me lo han comentado en términos de simpatía. . . Y creo que lo más interesante, o uno de los valores que puede tener el cuento, es que puede leerse a varios niveles. El lector le puede dar una lectura que no sea necesariamente la que yo intenté. Puede interpretarlo de manera totalmente diferente. Y eso está bien.

---

[5] atrabiliario **melancólico** / [6] liviano *light*

Augusto Roa Bastos

(PARAGUAYO, n. 1917)

A UGUSTO Roa Bastos, el escritor paraguayo de más fama internacional, nació en Asunción pero pasó la mayor parte de su niñez en Iturbe, un pequeño pueblo del interior. Cuando años más tarde su familia se trasladó definitivamente a Asunción, el joven Roa completó sus estudios secundarios en el Colegio San José y en la Escuela Superior de Comercio. Poco tiempo después de iniciada la Guerra del Chaco (1932–35) entre Paraguay y Bolivia, Roa Bastos fue reclutado[1] y llegó a participar en ella, a pesar de sólo tener diecisiete años. Se dedicó luego al periodismo y colaboró en el diario *El País* por varios años. Durante la Segunda Guerra Mundial viajó como corresponsal a varios países de Europa y al norte del Africa. Cuando en 1947 se produjo una sangrienta guerra civil en Paraguay, Augusto Roa Bastos se vio en la necesidad de optar por el exilio[2]. Desde entonces (1947) ha vivido fuera del país, primero en la Argentina y después en Francia, donde reside actualmente.

---

[1] fue reclutado *was drafted* / [2] optar. . . exilio *choosing exile*

Aunque empezó su carrera literaria como poeta, es en la narrativa donde Roa Bastos ha llegado a ocupar un lugar prominente. Es interesante señalar, no obstante, que toda su ficción ha sido escrita en el exilio. En 1952 apareció *El trueno entre las hojas*, colección de cuentos en donde se describen la violencia y la miseria de unos seres para quienes la lucha por la existencia adquiere dimensiones trágicas. Sin embargo, fue con la publicación de *Hijo de hombre* (1960), su primera novela —y una de las novelas paraguayas más importantes de este siglo—, cuando Augusto Roa Bastos empezó a adquirir renombre internacional. A partir de entonces ha publicado numerosas colecciones de cuentos, entre ellas: *El baldío* (1966), *Los pies sobre el agua* (1967), *Madera quemada* (1967), *Moriencia* (1969) y *Cuerpo presente* (1971). En 1974 apareció *Yo el Supremo*, su segunda y —hasta la fecha— última novela, considerada por varios críticos como su obra maestra.

Los innumerables problemas históricos y políticos de su país natal, como también su experiencia personal en casi cuarenta años de exilio, han tenido una gran influencia en la obra narrativa de este escritor. Sin embargo, y aunque sus cuentos y novelas giran en torno a[3] la realidad problemática del Paraguay, su ficción cobra valor universal por la similitud de los problemas contemporáneos, tanto en los países latinoamericanos como en otros de nuestro mundo actual. «La flecha y la manzana» proviene de *El baldío* y trata —como otros cuentos de esta colección— de la vida en el exilio. En Buenos Aires, y después de muchísimos años de separación, dos viejos conocidos[4] —el visitante y el padre de Alicia—, ex-compañeros en la escuela militar, vuelven a encontrarse. El cuento se desarrolla un día después del inesperado encuentro, en el living de los padres de la niña. Allí, mientras el visitante espera a su antiguo compañero, la pequeña Alicia conecta, por medio de sus dibujos, un remoto pasado legendario —al que alude el título del cuento— con otro más cercano e histórico —que relaciona a su padre y al visitante en un pasado trágico— y aún con otro tiempo, un futuro totalmente imaginario (¿o tal vez no tan imaginario. . .?) donde ella interviene decididamente en el destino de sus dos hermanos. . .

[3] giran. . . a *revolve around* / [4] conocidos *acquaintances*

A • *Frente al texto*

LA FLECHA[1] *Y LA MANZANA*

Faltaba aún un buen rato[2] para la cena. Sobre la mesa del living los tres chicos simulaban concluir sus deberes[3]. Es decir, los tres no; sólo la niña

[1] flecha *arrow* / [2] Faltaba. . .rato *There was still a lot of time* / [3] deberes *homework*

de trenzas rubias y de cara pecosa[4] se afanaba[5] de veras con sus lápices de colores sobre un cuaderno copiando algo de un libro. Los otros dos no hacían más que molestarla; o al menos lo intentaban, sin éxito. Concentrada en su trabajo la pequeña dibujante no hacía el menor caso de sus hermanos. Los ignoraba por completo. Parecía sorda a sus ruidos, inmune a sus burlas, insensible a los pérfidos puntapiés[6] bajo la mesa, a las insidiosas maquinaciones. Estaba lejos de allí, rodeada tal vez de altos árboles silenciosos o en alguna almena[7] inaccesible sobre ese precipicio que le hacía palpitar de vértigo la nariz[8] y morder el labio inferior dándole un aire absorto.

El niño de la lámina[9] estaba ya en el papel, iba surgiendo de los trazos[10], pero era un niño nuevo, distinto, a medida que ella iba ocupando su lugar en la lámina, cada vez más quieta y absorta, moviéndose sólo en ese último vestigio animado de la mano que hacía de puente entre la lámina y el cuaderno, entre el niño vivo y la niña muerta y renacida. Los aeroplanos de papel se estrellaban contra las afiladas puntas de los lápices sin lograr interrumpir su vaivén[11], sin poder evitar la transmigración.

Un alfiler[12] rodó sobre el oscuro barniz[13] de la mesa. Los dos hermanos se pusieron a soplar de un lado y de otro, en sentido contrario, levantando una nube de carbonilla de colores[14]. El alfiler iba y venía en el viento de los tenaces carrillos[15], hinchados bajo la luz de la araña. La aguja mareada, enloquecida, iba marcando distintos puntos de la lámina, sin decidirse por ninguno, pero el polvillo coloreado se estaba posando en los bordes y comenzaba a invadir el dibujo animándolo con una improvisada nevisca[16], y formando sobre la cabeza del niño algo como la sombra tornasolada de un objeto redondo. La niña continuaba impávida[17]; parecía contar incluso con la imprevista ayuda de esa agresión, o tal vez en ese momento su exaltación no podía hacerse cargo de ella[18], o quizás con una astucia[19] y paciencia que tomaban la forma del candor o de la impasibilidad, esperaba secretamente el instante del desquite[20].

Los otros dejaron de soplar. El alfiler osciló una o dos veces más y quedó muerto. Un abucheo bajito pero bastante procaz reemplazó al vendaval. Entonces la niña sopló a su vez con fuerza, un soplo corto y fulmíneo[21] que arrancó el alfiler de la mesa y lo incrustó[22] en el pómulo[23] de uno de los chicos, donde quedó oscilando con la cabeza para abajo, mientras el herido gritaba de susto, no de dolor.

---

[4] pecosa *freckled* / [5] se afanaba *busied herself* / [6] puntapiés *kicks* / [7] almena *parapet (high ledge)* / [8] que. . . nariz *that made her nostrils quiver with dizziness* / [9] lámina **ilustración** / [10] trazos *outline* / [11] vaivén *back-and-forth motion* / [12] alfiler *pin* / [13] barniz *varnish* / [14] carbonilla de colores *colored-pencil shavings* / [15] carrillos *cheeks* / [16] nevisca *snowfall* / [17] impávida **serena** / [18] su exaltación. . . ella *her exhilaration could not take it into consideration* / [19] astucia *shrewdness* / [20] desquite *revenge* / [21] fulmíneo **rápido, abrupto** / [22] incrustó *embedded* / [23] pómulo *cheekbone*

Desde un sofá el visitante observaba ensimismado[24] ese mínimo episodio de la eterna lucha entre el bien y el mal, que hace una víctima de cada triunfador. Una mano se apoyaba con cierta rigidez en el bastón de bambú; con la otra comenzó a rascarse[25] lenta, suavemente, la nuca atezada[26] que conservaba su juventud bajo los cabellos canosos[27].   45

Pasó la madre. Los gritos no cesaron con suficiente rapidez, esos gritos que traían el clamor de un campo de batalla entre el olor de un guiso casero[28], ruiditos de lápices y las tapas de un libro al cerrarse sobre precipicios, almenas, guerreros y cabellos. Los ojos grises, moteados[29] de oro, de la niña, miraban seguros delante de sí en una especie de sueño   50
realizado y las aletas de la nariz habían cesado de latir.

—¡A ver, chicos, por favor! ¡Pórtense bien! ¡No respetan ni a las visitas!

—Déjelos, señora —abogó[30] el visitante con una sonrisa de lenidad, como si él también buscara disculparse de algo que no tenía relación con   55
los chicos y sólo le concernía a él mismo.

—¡Son insoportables! —sentenció la madre.

—Los chicos me gustan —dijo el visitante haciendo girar la caña[31] barnizada entre los dedos y mirándola fijamente.

—No diría lo mismo si los tuviera a éstos a su lado más de un día.   60
¡Me tienen loca con sus diabluras! Esa chiquilina, sobre todo. Ahí donde la ve es una verdadera piel de Judas[32]. Imagínese que ayer metió el canario en la heladera.

—Hacía mucho calor, mamá. . . El canario se esponjaba[33] en la jaula. Abría la boca, pero no podía cantar. Además, allí el gato no lo podía   65
alcanzar.

—¿Ve? —el rictus[34] de la boca dio a la cara una expresión de ansiedad y desgano[35] que ahora ya tampoco incluía a los chicos; surgía de ella, de ese vacío de años y noches que le habría crecido bajo la piel y que tal vez ya nada podría colmar[36], aunque ella se resistiera todavía a   70
admitirlo. Se pasó las manos por las ampulosas caderas[37], por la cintura delgada, que la maternidad y la cuarentena[38] habían acabado por desafinar[39]. —Usted ve. . . —dijo—. ¡No tienen remedio! —Y luego, otra vez en dueña de casa: —José Félix está tardando. Esa bendita fábrica lo tiene esclavizado todo el día. Me dijo por teléfono que iba a llegar de un   75
momento a otro[40]. Pero usted sabe cómo es él.

—¡Uf!, si lo conoceré. . . —rió el visitante; podía evidentemente juzgar al padre con la misma condescendencia que un momento antes

---

[24] ensimismado **concentrado** / [25] rascarse *to scratch* / [26] nuca atezada *tanned nape* / [27] canosos **blancos** / [28] guiso casero *home-cooked stew* / [29] moteados *speckled* / [30] abogó **intercedió** / [31] caña *cane* / [32] una. . . Judas *a really difficult child* / [33] se esponjaba *was becoming puffed up* / [34] rictus *convulsive grin* / [35] desgano **desinterés** / [36] colmar **llenar** / [37] ampulosas caderas *big hips* / [38] la cuarentena *the forties (age)* / [39] habían. . . desafinar *had left out of shape* / [40] de. . . otro *any moment*

había usado para mediar por los hijos. «Astillas de un mismo palo[41]», tal
vez pensaron esos ojos, uno de los cuales parecía más apagado[42] que el   80
otro, como si se hubiesen cansado desigualmente de ver el absurdo
espectáculo de vivir.

—Pepe me contó cómo se encontraron ayer, después de tanto
tiempo.

—Casi treinta años. ¡Toda una vida! O media vida, si se quiere, ya   85
que la nuestra está irremediablemente partida por la mitad. Y luego este
encuentro casual, casualísimo.

—Es que Buenos Aires es una ciudad increíble. Vivir como quien
dice a la vuelta de la esquina[43], y no saber nada el uno del otro. Es ya el
colmo[44], ¿no le parece?   90

—Es que yo en realidad salgo poco, señora, por lo que ando bastante desconectado de mis connacionales[45]. Hemos llegado a ser muchos
aquí, una población casi dos veces mayor que la de la propia Asunción[46].
No podemos frecuentarnos demasiado.

—Pero usted y Pepe fueron compañeros de armas[47], ¿no es así?   95

—De la misma promoción[48].

—Pepe no solía hablar mucho de usted. . . —una súbita[49] pausa y el
gesto de friccionarse el cuello orillaron[50] el peligro de una indiscreción—.
Y ahora está muy contento de haberlo reencontrado. También hay que
decir que ustedes los paraguayos son un poco raros[51], ¿verdad? Nunca se   100
puede conocerlos del todo[52]. El visitante rió entre los reflejos ambarinos
del bastón que hacía oscilar delante de los ojos; el más vivo no parpa-
deaba, como si estuviera en constante alerta.

—Con nosotros vive ahora otro compatriota de ustedes, también
desterrado[53]. Un muchacho periodista[54], muy inteligente y despierto   105
—la actitud de ansiedad y contención produjo otra pausa.

—Sí, Ibáñez me habló de él. El destierro es la ocupación casi exclu-
siva de los paraguayos. A algunos les resulta muy productiva —ironizó
el visitante; el chillido[55] sordo y sostenido de una boca aplastada contra la
mesa, lo interrumpió.   110

—¡Alicia!. . . ¡Voy a acabar encerrándote en el baño! Y ustedes dos,
al patio, ¡vamos!

Salieron como dos encapuchados[56].

—Usted ve. No dejan en paz un solo momento. —Y luego cambiando de voz: —Le traeré el copetín[57] mientras tanto.   115

---

[41] Astillas. . . palo *Chips off the old block* / [42] más apagado *dimmer* / [43] Vivir. . . esquina
Living just around the corner from each other, so to speak / [44] Es. . . colmo *That beats all* /
[45] connacionales *countrymen* / [46] Asunción **capital del Paraguay** / [47] compañeros de
armas *comrades in arms* / [48] De. . . promoción *Of the same graduating class (military
school, presumably)* / [49] súbita *sudden* / [50] orillaron *got around* / [51] un poco raros *a
bit odd* / [52] del todo **completamente** / [53] desterrado **exiliado** / [54] periodista *journalist* / [55] chillido *screaming* / [56] encapuchados *hooded men (capuchin monks)* /
[57] copetín *cocktail*

—Mejor lo espero a Ibáñez.

El tufo[58] de alguna comida que se estaba quemando, invadió el living.

—Si usted me permite un momento. . .

—¡Por favor, señora! Atienda no más[59].

La dueña de casa acudió hacia la chamusquina[60]; se la oyó refunfuñar a la cocinera entre un golpear de cacharros sacados a escape del horno y luego chirriando en el agua de la pileta[61].

El visitante se levantó y se aproximó a la mesa; puso una mano sobre la cabeza de la niña, que no dejó de dibujar.

—Así que te llamas Alicia.

—Sí. Pero es un nombre que a mí no me gusta.

—¿Y qué nombre te hubiera gustado?

—No sé. Cualquier otro. Me gustaría tener muchos nombres, uno para cada día. Tengo varios, pero no me alcanzan[62]. Los chicos me llaman Pimpi, de Pimpinela Escarlata[63]. Papá, cuando está enojado, me llama *Añá*, que en guaraní[64] quiere decir diablo. En el colegio me llaman La Rueda. Pero el que más me gusta es *Luba*.

—¿Luba? —el visitante retiró la mano—. Y ese nombre, ¿qué significa?

—Es una palabra mágica. Me la enseñó una gitana. Pero nadie me llama así. Sólo yo, cuando hablo a solas conmigo. . . —se quedó un instante mirando al hombre con los ojos forzadamente bizcos[65]; parecía decapitada al borde de la mesa.

El visitante sonreía.

—Y ese ojo que usted tiene, es de vidrio, ¿no?

—Sí. ¿En qué lo has notado?

—En que uno es un ojo y el otro una ventana detrás de la cual no mira nadie. —Pero ya la niña estaba de nuevo absorta en su trabajo copiando otra lámina. Tal vez era la misma, pero ahora cambiada. Además del niño, con la sombra de un objeto redondo sobre la cabeza, surgía ahora la figura de un hombre en un ángulo del cuaderno, con el esbozo[66] de un arco en las manos.

El visitante se inclinó, y a través de la rampa[67] abierta de pronto por la mano de la niña se precipitó lejos de allí, hacia un parque, en la madrugada, con árboles oscuros y esfumados por la llovizna, hacia dos hombres que se batían[68] haciendo entrechocar y resplandecer los

---

[58] tufo *stench* / [59] Atienda no más. *Go right ahead.* / [60] chamusquina *scorching* / [61] se la oyó. . . pileta *she was heard grumbling to the cook amid the sound of saucepans being rushed out of the oven and then sizzling in the water of the sink* / [62] no me alcanzan *they are not enough for me* / [63] Pimpinela Escarlata *Scarlet Pimpernell, a romantic character in a series of novels by Baroness Orczy (1865–1947).* / [64] guaraní *Indian language spoken in Paraguay.* / [65] forzadamente bizcos *artificially crossed* / [66] esbozo *outline* / [67] rampa *slope* / [68] se batían *were fighting*

sables[69], que no habían cesado de batirse y que ahora, a lo largo de los años, ya no sabían qué hacer de la antigua furia tan envejecida como ellos. Por la ventana ve a dos chicos que disparan sus flechas sobre un 155 pájaro disecado[70] puesto como blanco sobre el césped[71]. Contempla sus sombras moviéndose contra la blanca pared. Con un leve chasquido[72], que no se escucha pero que se ve en la vibración del chasquido, las flechas se clavan en abanico[73] sobre ese pájaro ecuatorial que va emergiendo de las reverberaciones. A cada chasquido gira un poco, da un saltito sobre el 160 césped, pesado para volar por esa cola de flechas que va emplumando bajo el sol. Y otra vez, los hombres, a lo lejos. Uno de ellos se lleva la mano a la cara ensangrentada, al ojo vaciado por la punta del sable del adversario, al ojo que cuelga del nervio en la repentina oscuridad.

Sonó el timbre, pero en seguida la puerta se abrió y entró el dueño 165 de casa buscando con los ojos a su alrededor, buscando afianzarse[74] en una atmósfera de la que evidentemente había perdido el dominio hacía mucho tiempo, pero que aún le daba la ilusión de dominio. El otro tardó un poco en reponerse[75] y acudió a su encuentro. La niña miraba en dirección al padre, enfurruñada sobre el dibujo que la mano del visitante 170 había estrujado como una garra[76]. Luego atravesó con la punta del lápiz al arrugado[77] niño de la manzana. Esa manzana que un rato después la pequeña Luba ofrecerá a los hermanos que estarán flechando el limonero[78] del patio sin errar una sola vez las frutitas amarillas, y les dirá con el candor de siempre y la nariz palpitante: 175

—A que no son capaces de darle a ésta a veinte pasos[79].

—Bah, ¿qué problema? Es más grande que un limón.

—Y a ésos los estamos clavando desde más lejos —añadirá el más chico.

—Pero yo digo sobre la cabeza de uno de ustedes —dirá ella mi- 180 rando a lo lejos delante de sí.

—Por qué no —dirá el mayor tomándole la manzana y pasándola al otro—. Primero vos, después yo.

El más chico se plantará en medio del patio con la manzana sobre la coronilla[80]. El otro apuntará sin apuro y amagará[81] varias veces el tiro 185 como si quisiera hacer rabiar a la hermana. En los ojos de Luba se ve que la flecha sale silbando y se incrusta no en la manzana sino en un alarido[82], se ve la sombra del más chico retorciéndose contra la cegadora

---

[69] entrechocar. . . sables *sabers clash together and glitter* / [70] pájaro disecado *dried-up bird* / [71] como. . . césped *as target on the lawn* / [72] leve chasquido *slight cracking sound* / [73] en abanico *in a fan-like shape* / [74] buscando afianzarse *attempting to find a footing* / [75] reponerse *recover* / [76] enfurruñada. . . garra *angrily bent over the drawing that the visitor's hand had crushed as with a claw* / [77] arrugado *crumpled* / [78] limonero *lemon tree* / [79] A que. . . pasos. *I bet you can't hit this one from twenty paces.* / [80] coronilla *top of the head* / [81] apuntará. . . amagará *will aim without hurry and will feign* / [82] alarido *howl*

blancura de la tapia[83]. Pero ella no tiene apuro, mirará sin pestañear[84] el
punto rojo que oscilará sobre la cabeza del más chico, parado bajo el sol,   190
esperando.

PREGUNTAS

1. ¿Dónde tiene lugar la acción de este cuento? (¿En qué lugar? ¿En qué ciudad? ¿En qué país?)
2. ¿Qué hora era aproximadamente y qué hacían los niños?
3. ¿Qué copiaba la niña? ¿Qué hacían sus hermanos mientras ella trabajaba?
4. ¿Hay alguna relación entre el dibujo de la niña y el título del cuento? Explique.
5. ¿Quién es el visitante? ¿Cómo es él? Descríbalo brevemente.
6. ¿De qué país es él? ¿Qué tienen en común él y José Félix Ibáñez?
7. ¿Qué piensa la madre de su hija? ¿Por qué?
8. ¿Cómo se llama la niña? ¿Tiene otros nombres? ¿Cuál le gusta más a ella? ¿Por qué?
9. ¿Qué sabemos de la vida familiar de los Ibáñez? (¿Cómo viven? ¿Son felices? ¿Tienen problemas económicos? ¿Dónde trabaja el señor Ibáñez?)
10. ¿Hay muchos paraguayos en Buenos Aires? ¿Más o menos que en la capital del Paraguay? ¿Cómo explica usted eso?
11. ¿Cómo había cambiado el dibujo original de la niña? ¿Qué había ahora allí que no había antes?
12. ¿Qué recuerda el visitante cuando ve este último dibujo de la niña? Describa la escena que él recuerda.
13. Mientras Alicia dibuja y el hombre recuerda un pasado lejano, ¿qué hacen los dos niños en el patio?
14. ¿Cree usted que ahora puede explicar por qué el visitante tiene un ojo de vidrio? ¿Cuál es su hipótesis? ¿Tiene alguna prueba? ¿Cuál?
15. Al final, ¿piensa usted que Alicia realmente pone la manzana sobre la cabeza de su hermano menor y espera que el mayor se decida a tirar la flecha? ¿Qué detalles del cuento apoyan su respuesta?

B · *En torno al texto*

AMPLIACIÓN DE VOCABULARIO

A. **Sinónimos:** En la lista de abajo, encuentre un sinónimo para cada una de las palabras subrayadas en las oraciones que siguen. (Todas las palabras de la lista están en el cuento.)

---

[83] cegadora. . . tapia *blinding whiteness of the wall*   /   [84] sin pestañear *without blinking*

ensimismada	trazos	lámina
chiquilina	chicos	impávida
canoso	tufo	copetín
desterrados	tapia	connacionales

1. ¿Te gusta esa ilustración?
2. Son sus compatriotas, ¿no?
3. El hombre tiene el pelo blanco.
4. ¿Quieren un cóctel?
5. ¡Aquí hay un olor horrible!
6. La flecha se incrustó en la pared.
7. Alicia estaba concentrada en su trabajo.
8. Es una niña muy activa.
9. ¿Tienen muchos amigos exiliados?
10. A pesar de los ruidos, ella continuaba serena.

B.   Definiciones: Para cada una de las frases que siguen, se dan dos definiciones: una correcta y otra incorrecta. Identifique la definición correcta.

1.   de madrugada
      a. de mala madre   b. de mañana temprano
2.   hablar a solas con una persona
      a. hablar en privado con una persona   b. hablar sólo con una persona
3.   ir al colegio
      a. ir a la universidad   b. ir a la escuela
4.   personas raras
      a. pocas personas   b. personas extrañas
5.   tener un rato libre
      a. tener una rata en libertad   b. tener un momento desocupado
6.   un encuentro casual
      a. un encuentro inesperado   b. un encuentro informal
7.   sin éxito
      a. sin salida   b. sin resultado satisfactorio
8.   sentido contrario
      a. sentimiento opuesto   b. dirección opuesta

TEMAS PARA DISCUSIÓN ORAL O ESCRITA

1.   El narrador de «La flecha y la manzana» explica que en el episodio del desquite de la niña cuyos hermanos se pasan molestándola, el visitante ve otra instancia «de la eterna lucha entre el bien y el mal, que hace una víctima de cada triunfador». Comente esa cita en el contexto del cuento.
2.   Teniendo en cuenta lo que sabemos de los Ibáñez, ¿qué se podría deducir de la vida en el exilio en general? (¿Cómo es la vida en el destierro? ¿Qué problemas se presentan? ¿De qué manera afecta eso a la familia?)
3.   Según su opinión, ¿cuál es el tema de este cuento? ¿Hay subtemas? ¿Cuáles? ¿De qué manera se relacionan al tema principal? Explique.
4.   ¿Qué relación hay entre este cuento y la leyenda de William Tell? Comente.
5.   ¿Qué pasa al final del cuento? Dé su interpretación personal y use el texto para probar o apoyar su hipótesis.

SUGERENCIAS TEMÁTICAS SUPLEMENTARIAS

1. Según el cuento, José Félix Ibáñez y el visitante «se encontraron ayer, después de. . . casi treinta años». Sabemos algo, aunque muy poco, de ese pasado. Invente un pasado para esos personajes. . . (¿Cómo, cuándo y dónde se conocieron? ¿Por qué dejaron de verse durante tantos años? ¿Qué pasó exactamente en aquel parque, aquella lejana madrugada que recuerda el visitante? ¿Quiénes eran los dos adversarios que allí se batían?)

2. Fantasía y realidad en «La flecha y la manzana». ¿Cómo se relacionan o interrelacionan estos dos niveles en el cuento? Comente.

3. Los varios nombres de Alicia y su significación estructural. (¿Hay alguna relación entre esos nombres y la estructura del cuento? ¿Ayuda eso, por ejemplo, a entender lo que pasa al final del cuento?)

4. Prácticamente toda la parte narrativa del cuento está en el pasado, con excepción de la última parte, desde más o menos la mitad del penúltimo párrafo («Esa manzana que un rato después. . . ofrecerá. . .») hasta el final. Comente la significación o importancia del uso del «futuro» en esa parte final.

5. Imagine que usted es el autor de este cuento y que por razones económicas (i.e., necesitaba dinero con urgencia) lo publicó antes de terminarlo. En realidad a «La flecha. . .» le falta el párrafo final. Escriba ahora esa parte final que tal vez ayude a sus lectores a comprender mejor su cuento.

C • Más allá del texto

SALIENDO DEL TEXTO: PARA PENSAR Y OPINAR

En este cuento se recrea la vida de una familia que por alguna razón —tal vez de carácter político— tiene que vivir en el exilio, lejos de su país y probablemente también lejos de sus parientes y amigos. ¿Piensa usted que el cuento refleja una realidad no común o muy común en Latinoamérica hoy día? ¿En todo el mundo? ¿Cree usted que esa realidad del exilio está bien o mal reflejada? ¿Por qué? Comente.

D • Texto en contexto: Una perspectiva entre muchas

CONVERSANDO CON AUGUSTO ROA BASTOS

(MINI-ENTREVISTA)

TMF: ¿Qué nos puedes comentar de la génesis de «La flecha y la manzana»?

ARB: Como tú sabes, a un autor le es muy difícil «comentar» la génesis de un texto de ficción. Hay tantas cosas entrelazadas[1], elementos inconscientes, ese «espejo oscuro» escondido en lo más secreto de nuestra intimidad, que refleja nuestros sueños y fantasías sin que lo sepamos y sin que podamos siquiera saberlo nunca. . . Pero en la génesis de «La flecha y la manzana» tal vez pueda estar una vivencia infantil muy particular. . .

TMF: ¡No nos dejes en suspenso!. . . ¿A qué vivencia infantil te refieres?. . .

ARB: Resulta que a nuestra casa de Iturbe solía venir de vez en cuando un indio que se hacía llamar don Casiano, *Karaí Kaxí* («Señor Casí», en guaraní). Aparecía sobre todo en las épocas de la cosecha de caña de azúcar para el ingenio[2] donde mi padre trabajaba. Karaí Kaxí me inició en el manejo[3] del arco y de la flecha y me hizo un arco apropiado a mi estatura física, con el que me convertí en un experto tirador[4] y temible cazador[5] de conejos salvajes y todo tipo de aves pequeñas. Al enterarme por casualidad de la historia del legendario héroe Guillermo Tell, se me contagiaron las ganas de imitarlo. Una hermanita menor se ofreció a sostener la manzana, es decir la naranja (que es lo que teníamos en casa), sobre su cabeza. Karaí Kaxí sospechó lo que se tramaba[6] y apareció a tiempo para impedir la prueba que pudo dar no un nuevo héroe sino una víctima inocente de este tipo de tentaciones históricas y legendarias. Karaí Kaxí rompió el arco y me miró de tal manera que se me fueron desde entonces todas las pretensiones heroicas. ¿Ves tú qué lío[7] esto de las «génesis»?. . .

TMF: ¡Así lo veo!. . . pero no se puede negar que esto de las «génesis» es para nosotros los lectores (los no-escritores) algo realmente fascinante e interesante. . . Y ahora dime, ¿por qué ese título de «La flecha y la manzana»?

ARB: Ahora que me lo preguntas, se me ocurre que el título es uno de esos típicos marbetes[8] que resultan de nuestra cultura mestiza, reflejo de muchas voces: *flecha* (Aquiles, Guillermo Tell, etc.); *hu'y* (flecha en guaraní) y *apá* (arco en guaraní); *manzana* (el fruto o la fruta de oro y del pecado del Edén; la forma, el mito, esa esfera suave, jugosa, perfecta, que para mí encarnó siempre la imagen de la mujer —en lo erótico— y de la madre —como hacedora de la vida, como el inolvidable refugio fetal). Luego el mito cultural simbolizado, por ejemplo, en la manzana de Cézanne[9]. Pero además, en mi caso, porque la manzana es mi fruta predilecta[10] después de la naranja.

TMF: ¿De cuándo, más o menos, es «La flecha. . .»?

ARB: Este cuento es de otro tiempo; de otra época de mi vida, que fue muy conflictiva, en los comienzos del exilio y a causa de él. . . «La flecha. . .»

---

[1] entrelazadas *interweaved* / [2] ingenio *sugar mill* / [3] manejo *handling* / [4] tirador *shooter* / [5] cazador *hunter* / [6] tramaba **planeaba** / [7] qué lío *what a mess* / [8] marbetes *labels* / [9] *The allusion might be to Cézanne's "The Basket of Apples"* / [10] predilecta **favorita**

forma parte de los «cuentos del exilio», un ciclo de unos veinte cuentos escritos en las décadas del 50 y del 60. . .

TMF: ¿Dirías que los personajes de este cuento en particular —y de tu narrativa en general— reflejan tus propias vivencias, recuerdos, experiencias pasadas, o son totalmente inventados, frutos de tu imaginación?. . .

ARB: No, verdaderamente no sé inventar nada. En el caso particular de «La flecha. . .», la Luba (junto con otros personajes —Lía, el Gordo, etc.— de esos cuentos más o menos sombríos del «ciclo del exilio») trata de encarnar las dolorosas experiencias y vivencias de aquella prueba (principios del exilio) que fue lacerante para todos los que la sufrimos. . . Ahora, en general, lo que hago es transformar un poco, según mi gusto personal, mis sueños, obsesiones y perversiones, las cosas de la realidad que son siempre más fabulosas que las fábulas. Suelo recorrer en sueños un grano de arena, un vulgar y casi infinitesimal granito de arena. Encuentro en él mares, desiertos, colinas con senos[11] de mujer, palacios de mármol[12]. . . Un inmenso palacio rodeado de nubes por todas partes. Sus corredores y escaleras no tienen fin. . . En ese cálido, suave e infinito palacio encerrado en un grano de arena veo el rostro de los seres queridos, vivos y muertos, que me cuentan cosas que, de sólo oídas, me convierten en el hombre más rico y feliz del universo, pero también en el más desdichado[13]. Esto no es invención del artista sino, en todo caso, invención del sueño de la realidad que incluye al escritor y al artista.

TMF: . . .Y en esa «invención del sueño de la realidad» que te incluye y donde se establece —según lo observa el visitante— esa «eterna lucha entre el bien y el mal», ¿qué representa Alicia: el bien o el mal. . .?

ARB: Alicia (Luba) *es* el bien y el mal, como cada uno de nosotros y todos. Creo que la inocencia perfecta no es de este mundo. Pero el mal sí lo es. De lo contrario, creo que otro, muy otro, habría sido el destino de la especie humana.

TMF: Y ahora, en cuanto al ambiguo final del cuento, ¿fue intención tuya dejar a tus lectores con esa visión de violencia y crueldad y ese sentimiento de horror que producen la visualización de la última escena. . .?

ARB: La atmósfera de ambigüedad de un relato de imaginación no es o no debería ser deliberada. Es su naturaleza misma la que es ambigua por la oposición de los elementos contrarios o contradictorios que componen su trama. Como en los sueños, que tienen su propia lógica y nos imponen su horror, su crueldad y su violencia, o a veces también la sensación (¿la nostalgia?) de una indecible[14] felicidad. El fenómeno humano es, en mi sentir, este equilibrio inestable entre el horror y la felicidad. ¿Por qué su expresión en la literatura de imaginación debería ser de otro modo?

---

[11] senos *breasts* / [12] mármol *marble* / [13] desdichado **infeliz** / [14] indecible **inexpresable**

Rosario Ferré

(PUERTORRIQUEÑA, n. 1942)

NACIDA en Ponce (Puerto Rico), esta cuentista, poeta y ensayista puertorriqueña se inició muy temprano en el mundo de las letras. Luego de especializarse en literatura inglesa y de graduarse de Manhattanville College (New York), continuó sus estudios en la Universidad de Puerto Rico, donde obtuvo la maestría[1] en literatura hispanoamericana y española. Actualmente está completando los requisitos para el doctorado —en literatura latinoamericana— en la Universidad de Maryland.

Entre 1972 y 1974 dirigió *Zona de carga y descarga*, importante revista literaria de su país, especializada en la nueva literatura puertorriqueña. Allí aparecieron sus primeros poemas, narraciones y ensayos críticos. En 1976 recibió un premio del Ateneo puertorriqueño por un grupo de cuentos que poco tiempo después fueron incluídos y publicados en *Papeles de Pandora*

---

[1] maestría *master's degree*

(1976), colección de catorce cuentos y seis poemas narrativos. Posteriormente participó y ganó en una serie de concursos de cuentos y su obra apareció en diversas publicaciones, tanto dentro como fuera de Puerto Rico. El resto de su producción literaria comprende: *La caja de cristal* (1978) y *Los cuentos de Juan Bobo* (1981), otras dos colecciones de cuentos; *El medio pollito* (1978), *La mona que le pisaron la cola* (1981) y *Fábulas de la garza desangrada* (1982), tres libros de fábulas; *Sitio a Eros* (1980), libro de trece ensayos dedicados a una variedad de escritoras, a la mujer con vocación artística en particular y a la problemática femenina contemporánea en general; y una novela aún en proceso, tentativamente titulada *Maldito amor*.

«La muñeca menor» proviene de *Papeles de Pandora,* su primer libro. Como en otros cuentos suyos, aquí se mezclan lo real y lo fantástico, lo mágico y lo mítico, lo posible y lo imposible. Con un lenguaje apasionante y ardiente a la vez, la escritora crea un mundo predominantemente sensorial, casi primitivo, donde conviven las altas y las bajas pasiones y donde quien ha usado y abusado de los demás recibe al final su justo castigo[2]. Como en gran parte de la ficción de Rosario Ferré, «La muñeca menor» se desarrolla en un universo marcado por lo femenino, lo afectivo, lo sensual, donde se crean «muñecas» como se «crían» hijas/sobrinas, donde la anécdota se inicia, progresa y concluye a través de la acción de un personaje-mujer. Debido al carácter metafórico y simbólico que adquieren aquí ciertos elementos del cuento (la «chágara», las «muñecas», las «siemprevivas moradas», las varias alusiones al agua/río, el ritual con los «ojos» de las muñecas, la «miel», etc.), «La muñeca menor» se presta a múltiples interpretaciones. No obstante, la metamorfosis final de la joven esposa en «muñeca menor» —como parte de un plan bien pensado y cuidadosamente planeado por la tía-bruja o tía-diosa— sugiere que uno de los temas principales del cuento es el de la venganza[3], y en este caso una venganza que es también, indudablemente, un acto de «justicia poética».

---

[2] castigo *punishment*   /   [3] venganza *revenge*

A • *Frente al texto*

LA MUÑECA[1] MENOR

La tía vieja había sacado desde muy temprano el sillón al balcón que daba al cañaveral[2] como hacía siempre que se despertaba con ganas de hacer una muñeca. De joven se bañaba a menudo en el río, pero un día en

---

[1] muñeca *doll*   /   [2] balcón. . . cañaveral *balcony that faced the sugar cane plantation*

que la lluvia había recrecido la corriente en cola de dragón había sentido
en el tuétano[3] de los huesos una mullida[4] sensación de nieve. La cabeza
metida en el reverbero negro de las rocas, había creído escuchar, revol-
cados con el sonido del agua, los estallidos del salitre sobre la playa y
pensó que sus cabellos habían llegado por fin a desembocar en el mar. En
ese preciso momento sintió una mordida terrible en la pantorrilla[5]. La
sacaron del agua gritando y se la llevaron a la casa en parihuelas[6] retorciéndose de dolor.

El médico que la examinó aseguró que no era nada, probablemente
había sido mordida por una chágara viciosa. Sin embargo pasaron los
días y la llaga[7] no cerraba. Al cabo de un mes el médico había llegado a la
conclusión de que la chágara se había introducido dentro de la carne
blanda de la pantorrilla, donde había evidentemente comenzado a engordar. Indicó que le aplicaran un sinapismo[8] para que el calor la obli-
gara a salir. La tía estuvo una semana con la pierna rígida, cubierta de
mostaza desde el tobillo hasta el muslo[9], pero al finalizar el tratamiento
se descubrió que la llaga se había abultado aún más, recubriéndose de
una substancia pétrea y limosa[10] que era imposible tratar de remover sin
que peligrara toda la pierna. Entonces se resignó a vivir para siempre con
la chágara enroscada dentro de la gruta[11] de su pantorrilla.

Había sido muy hermosa, pero la chágara que escondía bajo los
largos pliegues de gasa[12] de sus faldas la había despojado de toda vanidad. Se había encerrado en la casa rehusando a todos sus pretendientes[13].
Al principio se había dedicado a la crianza[14] de las hijas de su hermana,
arrastrando por toda la casa la pierna monstruosa con bastante agilidad.
Por aquella época la familia vivía rodeada de un pasado que dejaba
desintegrar a su alrededor con la misma impasible musicalidad con que
la lámpara de cristal del comedor se desgranaba[15] a pedazos sobre el
mantel raído de la mesa. Las niñas adoraban a la tía. Ella las peinaba, las
bañaba y les daba de comer. Cuando les leía cuentos se sentaban a su
alrededor y levantaban con disimulo el volante almidonado de su falda
para oler el perfume de guanábana[16] madura que supuraba la pierna en
estado de quietud.

Cuando las niñas fueron creciendo la tía se dedicó a hacerles muñecas para jugar. Al principio eran sólo muñecas comunes, con carne
de guata de higüera[17] y ojos de botones perdidos. Pero con el pasar
del tiempo fue refinando su arte hasta ganarse el respeto y la reverencia
de toda la familia. El nacimiento de una muñeca era siempre motivo de

---

[3] tuétano *marrow* / [4] mullida *fluffy* / [5] una. . . pantorrilla *a terrible bite on the calf of
her leg* / [6] parihuelas *stretcher* / [7] llaga *wound* / [8] sinapismo *mustard plaster* /
[9] desde. . . muslo *from her ankle to her thigh* / [10] limosa *slimy* / [11] gruta *cavity* /
[12] pliegues de gasa *gauze folds* / [13] pretendientes *suitors* / [14] a la crianza *to the rear-
ing* / [15] se desgranaba *was wearing away* / [16] guanábana *custard apple (tropical
fruit)* / [17] con. . . higüera *stuffed with the pulp of the calabash (a pumpkin-like fruit)*

regocijo[18] sagrado, lo cual explicaba el que jamás se les hubiese ocurrido vender una de ellas, ni siquiera[19] cuando las niñas eran ya grandes y la familia comenzaba a pasar necesidad. La tía había ido agrandando el tamaño[20] de las muñecas de manera que correspondieran a la estatura[21] y a las medidas de cada una de las niñas. Como eran nueve y la tía hacía una muñeca de cada niña por año, hubo que separar una pieza de la casa para que la habitasen exclusivamente las muñecas. Cuando la mayor cumplió diez y ocho años había ciento veintiséis muñecas de todas las edades en la habitación. Al abrir la puerta, daba la sensación de entrar en un palomar[22], o en el cuarto de muñecas del palacio de las tzarinas, o en un almacén donde alguien había puesto a madurar una larga hilera[23] de hojas de tabaco. Sin embargo, la tía no entraba en la habitación por ninguno de estos placeres, sino que echaba el pestillo a la puerta e iba levantando amorosamente cada una de las muñecas canturreándoles mientras las mecía[24]: Así eras cuando tenías un año, así cuando tenías dos, así cuando tenías tres, reviviendo la vida de cada una de ellas por la dimensión del hueco que le dejaban entre los brazos.

El día que la mayor de las niñas cumplió diez años, la tía se sentó en el sillón frente al cañaveral y no se volvió a levantar jamás. Se balconeaba días enteros observando los cambios de agua de las cañas y sólo salía de su sopor cuando la venía a visitar el doctor o cuando se despertaba con ganas de hacer una muñeca. Comenzaba entonces a clamar para que todos los habitantes de la casa viniesen a ayudarla. Podía verse ese día a los peones de la hacienda[25] haciendo constantes relevos[26] al pueblo como alegres mensajeros incas, a comprar cera, a comprar barro de porcelana, encajes, agujas, carretes de hilos[27] de todos los colores. Mientras se llevaban a cabo estas diligencias[28], la tía llamaba a su habitación a la niña con la que había soñado esa noche y le tomaba las medidas[29]. Luego le hacía una mascarilla de cera que cubría de yeso[30] por ambos lados como una cara viva dentro de dos caras muertas; luego hacía salir un hilillo rubio interminable por un hoyito en la barbilla. La porcelana de las manos era siempre translúcida; tenía un ligero tinte marfileño[31] que contrastaba con la blancura granulada de las caras de biscuit[32]. Para hacer el cuerpo, la tía enviaba al jardín por veinte higüeras relucientes. Las cogía con una mano y con un movimiento experto de la cuchilla las iba rebanando[33] una a una en cráneos relucientes de cuero verde. Luego las inclinaba en hilera contra la pared del balcón, para que el sol y el aire secaran los

---

[18] regocijo **alegría, felicidad** / [19] ni siquiera *not even* / [20] tamaño *size* / [21] estatura *height* / [22] palomar *pigeon coop* / [23] una larga hilera *a long row* / [24] canturreándoles. . .mecía *humming (to them) while rocking them* / [25] hacienda **plantación** / [26] relevos **viajes** / [27] cera. . . hilos *wax, to buy porcelain clay, lace, needles, spools of thread* / [28] se. . . diligencias **se hacían estas actividades** / [29] le. . . medidas *took her measurements* / [30] yeso *plaster* / [31] marfileño *ivory-like* / [32] biscuit *In ceramics, pottery baked once but not glazed.* / [33] rebanando *slicing*

cerebros algodonosos de guano gris. Al cabo de algunos días raspaba el contenido con una cuchara y lo iba introduciendo con infinita paciencia por la boca de la muñeca. 80

Lo único que la tía transigía en utilizar en la creación de las muñecas sin que estuviese hecho por ella, eran las bolas de los ojos. Se los enviaban por correo desde Europa en todos los colores, pero la tía los consideraba inservibles[34] hasta no haberlos dejado sumergidos durante 85 un número de días en el fondo de la quebrada[35] para que aprendiesen a reconocer el más leve movimiento de las antenas de las chágaras. Sólo entonces los lavaba con agua de amoniaco y los guardaba, relucientes como gemas, colocados sobre camas de algodón, en el fondo de una lata de galletas holandesas[36]. El vestido de las muñecas no variaba nunca, a 90 pesar de que las niñas iban creciendo. Vestía siempre a las más pequeñas de tira bordada[37] y a las mayores de broderí[38], colocando en la cabeza de cada una el mismo lazo abullonado[39] y trémulo de pecho de paloma.

Las niñas empezaron a casarse y a abandonar la casa. El día de la boda la tía les regalaba a cada una la última muñeca dándoles un beso en 95 la frente y diciéndoles con una sonrisa: «Aquí tienes tu Pascua de Resurrección[40]». A los novios los tranquilizaba asegurándoles que la muñeca era sólo una decoración sentimental que solía colocarse sentada, en las casas de antes, sobre la cola del piano. Desde lo alto del balcón la tía observaba a las niñas bajar por última vez las escaleras[41] de la casa 100 sosteniendo en una mano la modesta maleta a cuadros de cartón[42] y pasando el otro brazo alrededor de la cintura de aquella exhuberante muñeca hecha a su imagen y semejanza, calzada con zapatillas de ante[43], faldas de bordados nevados y pantaletas de valenciennes[44]. Las manos y la cara de estas muñecas, sin embargo, se notaban menos 105 transparentes, tenían la consistencia de la leche cortada[45]. Esta diferencia encubría otra más sutil: la muñeca de boda no estaba jamás rellena de guata, sino de miel[46].

Ya se habían casado todas las niñas y en la casa quedaba sólo la más joven cuando el doctor hizo a la tía la visita mensual acompañado de 110 su hijo que acababa de regresar de sus estudios de medicina en el norte. El joven levantó el volante de la falda almidonada y se quedó mirando aquella inmensa vejiga abotagada[47] que manaba una esperma perfumada por la punta de sus escamas[48] verdes. Sacó su estetoscopio y la

---

[34] inservibles *useless* / [35] en. . .quebrada *at the bottom of the brook* / [36] de. . . holandesas *of a tin of Dutch cookies* / [37] tira bordada *embroidered strip* / [38] broderí *A type of embroidered fabric.* / [39] lazo abullonado *full bow* / [40] «Aquí. . . Resurrección». *"Here is your Easter gift." (Since it is a wedding gift, here she's probably referring to the miracle of the resurrection rather than the actual festival.)* / [41] escaleras *stairs* / [42] la. . . cartón *the modest suitcase of checkered cardboard* / [43] zapatillas de ante *buckskin slippers* / [44] pantaletas de valenciennes *ruffled bloomers* / [45] leche cortada *curdled milk* / [46] miel *honey* / [47] vejiga abotagada *swollen blister* / [48] escamas *scales*

auscultó[49] cuidadosamente. La tía pensó que auscultaba la respiración de   115
la chágara para verificar si todavía estaba viva, y cogiéndole la mano con
cariño se la puso sobre un lugar determinado para que palpara el movimiento constante de las antenas. El joven dejó caer la falda y miró
fijamente al padre. Usted hubiese podido haber curado esto en sus comienzos, le dijo. Es cierto, contestó el padre, pero yo sólo quería que   120
viniera a ver la chágara que te había pagado los estudios durante veinte
años.

En adelante fue el joven médico quien visitó mensualmente a la tía
vieja. Era evidente su interés por la menor y la tía pudo comenzar su
última muñeca con amplia anticipación. Se presentaba siempre con el   125
cuello almidonado[50], los zapatos brillantes y el ostentoso alfiler de corbata oriental del que no tiene donde caerse muerto[51]. Luego de examinar
a la tía se sentaba en la sala recostando[52] su silueta de papel dentro de un
marco ovalado[53], a la vez que le entregaba a la menor el mismo ramo de
siemprevivas moradas[54]. Ella le ofrecía galletitas de jengibre[55] y cogía el   130
ramo quisquillosamente[56] con la punta de los dedos como quien coge el
estómago de un erizo[57] vuelto al revés. Decidió casarse con él porque le
intrigaba su perfil dormido[58], y porque ya tenía ganas de saber cómo era
por dentro la carne de delfín[59].

El día de la boda la menor se sorprendió al coger la muñeca por la   135
cintura y encontrarla tibia[60], pero lo olvidó en seguida, asombrada ante
su excelencia artística. Las manos y la cara estaban confeccionadas con
delicadísima porcelana de Mikado. Reconoció en la sonrisa entreabierta
y un poco triste la colección completa de sus dientes de leche. Había,
además, otro detalle particular: la tía había incrustado[61] en el fondo de   140
las pupilas de los ojos sus dormilonas[62] de brillantes.

El joven médico se la llevó a vivir al pueblo, a una casa encuadrada
dentro de un bloque de cemento. La obligaba todos los días a sentarse en
el balcón, para que los que pasaban por la calle supiesen que él se había
casado en sociedad. Inmóvil dentro de su cubo de calor, la menor co-   145
menzó a sospechar que su marido no sólo tenía el perfil de silueta de
papel sino también el alma. Confirmó sus sospechas al poco tiempo. Un
día él le sacó los ojos a la muñeca con la punta del bisturí[63] y los empeñó[64]
por un lujoso reloj de cebolla con una larga leontina[65]. Desde entonces la
muñeca siguió sentada sobre la cola del piano, pero con los ojos bajos.   150

A los pocos meses el joven médico notó la ausencia de la muñeca y

---

[49] auscultó **examinó** / [50] almidonado *starched* / [51] del. . . muerto **del que no tiene un
centavo** / [52] recostando **reclinando** / [53] marco ovalado *oval frame* / [54] siemprevivas
moradas *violet forget-me-nots* / [55] jengibre *ginger* / [56] quisquillosamente **fastidiosa-
mente** / [57] erizo *porcupine* / [58] perfil dormido *sleeping profile* / [59] delfín *dolphin* /
[60] tibia *warm* / [61] incrustado *embedded* / [62] dormilonas *round earrings* / [63] bisturí
scalpel / [64] los empeñó *pawned them* / [65] leontina *watch chain*

le preguntó a la menor qué había hecho con ella. Una cofradía[66] de señoras piadosas le había ofrecido una buena suma por la cara y las manos de porcelana para hacerle un retablo a la Verónica[67] en la próxima procesión de Cuaresma[68]. La menor le contestó que las hormigas habían   155
descubierto por fin que la muñeca estaba rellena de miel[69] y en una sola noche se la habían devorado. «Como las manos y la cara eran de porcelana de Mikado, dijo, seguramente las hormigas las creyeron hechas de azúcar, y en este preciso momento deben de estar quebrándose[70] los dientes, royendo[71] con furia dedos y párpados en alguna cueva subterrá-   160
nea.» Esa noche el médico cavó toda la tierra alrededor de la casa sin encontrar nada.

Pasaron los años y el médico se hizo millonario. Se había quedado con toda la clientela del pueblo, a quienes no les importaba pagar honorarios exorbitantes para poder ver de cerca a un miembro legítimo de la   165
extinta aristocracia cañera[72]. La menor seguía sentada en el balcón, inmóvil dentro de sus gasas y encajes, siempre con los ojos bajos. Cuando los pacientes de su marido, colgados de collares, plumachos y bastones[73], se acomodaban cerca de ella removiendo los rollos de sus carnes satisfechas con un alboroto[74] de monedas, percibían a su alrededor un perfume   170
particular que les hacía recordar involuntariamente la lenta supuración de una guanábana. Entonces les entraban a todos unas ganas[75] irresistibles de restregarse[76] las manos como si fueran patas[77].

Una sola cosa perturbaba la felicidad del médico. Notaba que mientras él se iba poniendo viejo, la menor guardaba la misma piel   175
aporcelanada y dura que tenía cuando la iba a visitar a la casa del cañaveral. Una noche decidió entrar en su habitación para observarla durmiendo. Notó que su pecho no se movía. Colocó delicadamente el estetoscopio sobre su corazón y oyó un lejano rumor de agua. Entonces la muñeca levantó los párpados[78] y por las cuencas vacías[79] de los ojos   180
comenzaron a salir las antenas furibundas[80] de las chágaras.

PREGUNTAS

1. Cuando joven, ¿qué hacía la tía en el río? ¿Qué le pasó un día?
2. ¿Pensaba el médico que el accidente había sido grave? Según él, ¿qué habría pasado?
3. ¿Pudo él curarle totalmente la pierna a la tía? ¿Por qué?
4. ¿Cómo visualiza usted a esa chágara? (¿Color?, ¿forma?, ¿tamaño?) ¿Por qué? ¿Sabe si hay otros parásitos de características similares?

---

[66] cofradía **asociación** / [67] retablo. . . Verónica *altarpiece to Saint Veronica* / [68] Cuaresma *Lent* / [69] rellena de miel *filled with honey* / [70] quebrándose **rompiéndose** / [71] royendo **comiendo** / [72] cañera **Relac. con la caña de azúcar.** / [73] plumachos y bastones *large feathers and canes* / [74] alboroto **ruido** / [75] ganas **deseos** / [76] restregarse *scrub* / [77] patas *feet and legs of animals* / [78] párpados *eyelids* / [79] cuencas vacías *empty cavities* / [80] furibundas **furiosas**

5. ¿Cómo influyó el accidente en la vida de la tía? Explique.
6. ¿A qué se dedicó la tía después del accidente? ¿Querían las niñas a la tía? ¿Por qué?
7. Cuando sus sobrinas fueron creciendo, ¿qué empezó a hacerles la tía? ¿Para qué?
8. Al principio, ¿cómo eran las muñecas? ¿Y después?
9. ¿Alguna vez hizo la tía muñecas para vender y ganar dinero? ¿Por qué?
10. ¿Había alguna relación entre el tamaño de las niñas y el de las muñecas? Explique.
11. ¿Cuántas niñas había? ¿Y cuántas muñecas? ¿Por qué tantas?
12. ¿Cómo creaba la tía sus muñecas? ¿Y cómo las trataba?
13. ¿Qué era lo único de esas muñecas que la tía prefería comprar? ¿De dónde venían esas partes?
14. ¿Qué hacía ella antes de usarlas en sus muñecas? ¿Para qué?
15. ¿Qué les daba la tía a sus sobrinas cuando se casaban? ¿Había algún aspecto o detalle particular en este regalo? Explique.
16. Según el médico joven, ¿podría haber curado su padre a la tía? Entonces, ¿por qué no la curó él?
17. ¿Con quién se casó la sobrina menor? Según su opinión, ¿por qué se casaron ellos? (¿Amor?; ¿atracción sexual?; ¿curiosidad?; ¿razones sociales?, ¿económicas?) Explique.
18. ¿Hay alguna(s) diferencia(s) entre el regalo de boda que ella recibe de su tía y los que habían recibido sus hermanas mayores? ¿Qué diferencia(s)?
19. ¿Dónde llevó a vivir a su esposa el joven médico? Describa un día típico en la vida de esta muchacha.
20. Según su opinión, ¿qué pasa al final? ¿Quién es la mujer del último párrafo? (¿La esposa, convertida en muñeca. . .? ¿La muñeca, humanizada?. . .)

B • *En torno al texto*

AMPLIACIÓN DE VOCABULARIO

A. **Elementos fuera de lugar:** Escoja la palabra que no corresponde al grupo.

1. pantorrilla, chágara, muslo, tobillo
2. mar, río, quebrada, hilera
3. muñeca, ojos, cara, cabeza
4. llaga, encaje, broderí, gasa
5. palomar, puerta, ventana, balcón
6. guanábanos, mangos, siemprevivas, papayas
7. sillón, sinapismo, sofá, silla
8. pretendientes, novios, parihuelas, amantes
9. hacienda, crianza, educación, enseñanza
10. regocijo, tristeza, alegría, felicidad

B.   **Completar las frases:** Llene los espacios en blanco con la palabra más apropiada de la lista que sigue.

alboroto	parihuela	inservible	alma
negro	cañaveral	leontina	ganas
llaga	ausculta	furibundo	bisturí

1. Un _____ es una plantación de caña de azúcar.
2. El _____ es un instrumento que usan los médicos.
3. La _____ es una cadena para reloj.
4. El blanco y el _____ son dos colores opuestos.
5. La doctora examina o _____ a sus pacientes.
6. Tener deseos de hacer algo es lo mismo que tener _____ de hacerlo.
7. Ruido y _____ son palabras sinónimas.
8. Sin embargo, útil e _____ son conceptos opuestos.
9. Una palabra sinónima de herida es _____.
10. La _____ es una cama portátil que se usa para transportar enfermos.
11. Cuerpo y _____ son ideas generalmente asociadas con los seres humanos.
12. Estar feliz y estar _____ son sentimientos totalmente contradictorios.

TEMAS PARA DISCUSIÓN ORAL O ESCRITA

1. ¿Considera usted que «La muñeca menor» es un cuento realista? ¿fantástico? ¿folklórico? ¿de terror? ¿Lo caracterizaría usted de alguna otra manera? ¿Cómo? Explique su respuesta y dé ejemplos del texto que apoyen o confirmen su opinión.
2. Según su opinión, ¿cuál es el tema o cuáles son los temas de este cuento? Identifíquelo(s) y coméntelo(s) brevemente.
3. ¿De qué técnicas se sirve la escritora para personificar a las muñecas? (Por ejemplo, se habla del «nacimiento» de esas muñecas, de que hubo que separar una pieza para que la «habitasen» ellas, de que la tía levantaba «amorosamente cada una de las muñecas canturreándoles mientras las mecía», etc. ¿Qué otros ejemplos puede encontrar usted?) ¿Que significación o importancia tiene para usted dicha personificación? Explique.
4. Comente el título («La muñeca menor») **a.** en relación con el tema o los temas del cuento y **b.** con respecto a la sobrina menor. ¿De qué manera están relacionados estos tres elementos?
5. Compare y contraste **a.** la personalidad de la tía vs. la de la sobrina, o **b.** la personalidad del doctor viejo vs. la de su hijo, o **c.** la personalidad de las dos mujeres vs. la de los dos hombres. (¿Qué se puede decir de los dos personajes femeninos? ¿o de los dos masculinos? ¿o de los personajes masculinos y femeninos?)

SUGERENCIAS TEMÁTICAS SUPLEMENTARIAS

1. Describa la situación económica y social en que se mueven los personajes de este cuento (¿A qué clase social pertenecen la tía y la sobrina? ¿y los dos doctores? ¿En qué posición económica se encuentran estos personajes al principio? ¿y al final?) y su posible influencia en el casamiento de la sobrina menor con el joven médico.

2. ¿Qué tipo de relación tienen el doctor y su joven esposa? ¿De qué manera la casa donde viven refleja el tipo de vida que llevan? ¿Cómo la trata él a ella? ¿Acepta ella el tratamiento que él le da? Comente.

3. Según su opinión, ¿hay alguna significación en el hecho de que antes de ser utilizadas en la creación de las muñecas, las bolas de los ojos debían ser sumergidas por varios días en el fondo de la quebrada? ¿Se puede relacionar eso con la experiencia de la tía y con el final del cuento? Explique.

4. ¿Cómo se diferencia la última muñeca de las demás? ¿Qué significación o importancia tiene esto en el contexto del cuento? (¿Contribuyen estas diferencias al proceso de fusión entre sobrina y muñeca que aparentemente se produce al final?) Comente.

5. ¿Cómo interpreta usted el final de este cuento (i.e., los dos últimos párrafos)? ¿Por qué cree usted que la última oración —«Entonces. . . por las cuencas vacías de los ojos comenzaron a salir las antenas furibundas de las chágaras».— tiene tanto impacto en el lector? Comente.

C • *Más allá del texto*

SALIENDO DEL TEXTO: PARA PENSAR Y OPINAR

Los personajes femeninos de este cuento aparecen caracterizados como seres pasivos, usados, abusados —la chágara de la tía paga los estudios del hijo del doctor y luego éste usa a la sobrina para escalar socialmente y enriquecerse al mismo tiempo—, víctimas y hasta partícipes en su propia victimización. (Ambas mujeres parecen aceptar sin cuestionar sus papeles secundarios en la sociedad.) ¿Podemos decir que la situación de la mujer en este país es muy diferente a la reflejada en este cuento? ¿En qué sentido? ¿Podemos ya hablar de que nuestra sociedad ha logrado —en la teoría y en la práctica— la igualdad de los sexos?

D • *Texto en contexto: Una perspectiva entre muchas*

CONVERSANDO CON ROSARIO FERRÉ

(MINI-ENTREVISTA)

TMF: ¿Cuándo escribiste «La muñeca menor»?

RF: Pues ése es mi primer cuento y lo escribí hace unos once o doce años. . .

TMF: ¿Está inspirado en alguna historia leída, escuchada. . . o es un cuento totalmente inventado?

RF: No, la anécdota original de ese cuento yo se la escuché contar a una tía.

TMF: ¿Y en tu cuento tú recreas esa anécdota, tal como te la contaron. . .?

RF: No, claro que no. . . Aquella anécdota me sirvió de inspiración, de base, de punto de partida, pero «La muñeca menor» no es la anécdota.

TMF: ¿Por qué no nos cuentas lo que recuerdas de la historia original. . .? Creo que sería interesante comparar ambas versiones, ¿no te parece?

RF: Bueno, si lo quieres. . . Según esa tía, la historia había tenido lugar en una lejana hacienda de caña[1], a comienzos de este siglo, y su heroína era una parienta lejana[2] suya que hacía muñecas rellenas de miel. . . Aparentemente, la parienta esa había sido víctima de su marido, un borrachín[3] que luego de abandonarla y dilapidar su fortuna la había echado de la casa. Entonces la familia de mi tía la ayudó ofreciéndole techo y sustento[4], a pesar de que para aquellos tiempos la hacienda de caña en que vivían estaba al borde de la ruina. La pobre mujer, para corresponder a aquella generosidad, se dedicó a hacerles muñecas rellenas de miel a las hijas de la familia. . .

TMF: . . .Y ese detalle, el de la miel, lo usas para las muñecas de boda. . .

RF: Sí, aunque en mi cuento eso también funciona como una metáfora. . .

TMF: ¿Metáfora que hace referencia a la «luna de miel», quizás. . .?

RF: Quizás. . . En fin, según el cuento, poco después de su llegada a la hacienda, a esa parienta —que aún era joven y hermosa— se le había empezado a hinchar[5] la pierna derecha sin motivo aparente y sus familiares decidieron mandar llamar al médico del pueblo cercano para que la examinara. Este, un joven sin escrúpulos y recién graduado de una universidad extranjera, primero la sedujo y luego decidió tratarla como lo haría un curandero[6], condenándola a vivir inválida en un sillón, mientras él le sacaba sin compasión todo el poco dinero que ella tenía. . . No te voy a repetir aquí el resto de la historia que me hizo mi tía aquella tarde porque eso está en «La muñeca menor». . .

TMF: ¿Qué es lo que más te impactó o impresionó de esa anécdota?

RF: La imagen de aquella mujer, sentada en su balcón años enteros frente al cañaveral, con el corazón roto. . . Lo que más me conmovió fue esa resignación absoluta con la cual, en nombre del amor, aquella mujer se había dejado explotar durante años. . .

TMF: ¿Se menciona la «chágara» en la anécdota original?

RF: No, eso es invención mía. . .

TMF: ¿Existen realmente las «chágaras». . .?

RF: Bueno, sí y no. . . La chágara de «La muñeca menor» es un animal fantástico, por supuesto. Pero la palabra «chágara» sí existe. Es una voz taína[7] que significa «camarón[8] de río». . . Ahora, el animal de mi cuento es totalmente fantástico, producto de mi imaginación y de la de quienes

---

[1] hacienda de caña *sugar cane plantation* / [2] parienta lejana *distant relative* / [3] borrachín **alcohólico** / [4] techo y sustento **casa y comida** / [5] hinchar *swell* / [6] curandero *quack* / [7] taína **indígena, de los indios taínos de Puerto Rico** / [8] camarón *shrimp*

lean el cuento, ya que cada lector puede visualizar esa chágara como se la imagine. . .

TMF: Dime, ¿hay algún elemento autobiográfico en «La muñeca menor»?

RF: Autobiográfico en el sentido estricto de la palabra, no, pero en un sentido más general, en un contexto cultural, quizás sí. . . El cuento tiene lugar en una hacienda y hasta hace cuarenta o cincuenta años Puerto Rico subsistía a base del azúcar. . . Pero yo nunca viví en una hacienda, aunque la tía que me contó la anécdota y otros parientes de mi madre sí vivieron en haciendas.

TMF: ¿Te identificas parcialmente con la tía inválida de tu cuento?

RF: Sí, y creo que mi identificación con la mujer que inspiró ese personaje (aquella extraña parienta de la anécdota original) ha influenciado profundamente en el tema o los temas de mi cuento.

TMF: ¿Puedes explicar un poco más eso?

RF: Es que yo creo que al escribir sobre sus personajes, un escritor escribe siempre sobre sí mismo, o sobre posibles vertientes[9] de sí mismo. . . En el caso de «La muñeca menor», por un lado yo había reconstruido, en la desventura[10] de la tía inválida, mi propia desventura amorosa, y por otro lado, al darme cuenta de sus debilidades —su pasividad, su conformidad, su terrible resignación— la había destruido en mi nombre. Aunque es posible que también la haya salvado. . .

---

[9] vertientes *outpourings* / [10] desventura *misfortune*

VOCABULARIO

Éste es un vocabulario de referencia contextual y contiene todas las palabras usadas en *Con-Textos* con ciertas excepciones lógicas por tratarse de un texto de nivel intermedio. Se han omitido: **a.** palabras básicas contenidas en textos de primer año, incluyendo cognados obvios o fácilmente reconocibles; **b.** las primeras mil palabras que aparecen en Hayward Keniston, *A Standard List of Spanish Words and Idioms*, rev. ed. (Lexington, Mass.: D. C. Heath, 1941); **c.** adverbios terminados en **-mente** cuando se incluyen los adjetivos correspondientes y **d.** formas verbales con excepción de infinitivos y participios pasados con valor de adjetivo (si éstos tienen significado diferente al del infinitivo correspondiente).

    No se indica el género de los sustantivos masculinos terminados en **-o** y de los femeninos terminados en **-a, -dad, -ión, -tad** y **-tud.** Los adjetivos aparecen en su forma masculina. Se hace uso de las siguientes abreviaciones:

abrev	abreviación	*interj*	interjección
adj	adjetivo	*m*	masculino
adv	adverbio	*Mex*	México
Arg	Argentina	*pl*	plural
col	coloquial	*s*	sustantivo *(noun)*
conj	conjunción	*Urug*	Uruguay
dim	diminutivo	*var*	variante
f	femenino	*vul*	vulgarismo
fig	(sentido) figurado		

A

abajo: hacia abajo downward; **¡abajo. . .!** down with!; **de arriba abajo** from top to bottom

abalanzarse to throw oneself

abanico fan; **en abanico** fan-shaped

abastecer to supply, provide

abigarrado motley; orderless collection of ill-assorted things

abogacía: Facultad de Abogacía Law School

abogado lawyer

abogar to plead; to intercede
abotagado swollen
abotonar to button up
abrazo embrace, hug
abrasante *adj* burning
abrigo overcoat
abrochar to buckle, fasten; **abrocharse los cinturones** to fasten one's seat belts
abrumador *adj* overwhelming
absorto *adj* entranced, absorbed
abstemio abstainer, nondrinker
abstraído withdrawn
abucheo hissing; outcry
abultar to enlarge, swell; **abultarse** to be bulky
abullonado balloonlike
aburrirse to get bored
acá: por acá around here
acampar to camp
acariciador tender
acariciar to caress, fondle
acceder to agree
acechar to watch, spy on
acecho: en acecho in wait
acento accent mark
acera sidewalk
acerca de about
acero steel
aclaración clarification
aclarar to clarify, explain
acogida welcome, reception
acomodarse to make oneself comfortable
aconsejar to advise
acontecimiento event, incident
acordarse (de) to remember (to)
acorde *m* chord; triad
acortar to shorten
acostarse to go to bed, lie down
acostumbrarse (a) to get used (to)
acotación stage direction
acribillar to riddle with holes
actorial *adj* related to acting
actriz *f* actress
actuación performance; acting
actual *adj* present, current
actualidad present time
actualmente at present, at the present time
actuar to act; to perform
acuclillarse to squat
acuerdo agreement, understanding; **de acuerdo con** according to;

estar de acuerdo (con) to agree (with)
achicharrar to scorch, fry
adecuado appropriate
adelante: de ahora en adelante from now on; **en adelante** in the future, from now on; **más adelante** farther on, later on
adelanto advance, progress
adelgazar to lose weight, get thin
ademán *m* gesture
adentro inside; inward
adivinar to guess
admirador, -ra *m, f* admirer
adorno ornament
aduana customs
advertencia warning; advice
aeromozo (airline) steward
aeroplano airplane
afanarse to work hard
afanosamente eagerly
afectivo emotional, sentimental
aferrarase a to cling to, hold on to
afianzarse to make oneself secure
afición liking, enthusiasm
aficionado fan; amateur
afilado sharp
afirmación assertion
afortunadamente fortunately
afrontar to face; to confront
afuera outside; outward
agachar to lower, bend (the head or body); **agacharse** to crouch, squat
agarrar to grab
agazapado in a crouch
agilidad quickness, speed
agitar to shake; **agitarse** to become agitated or excited
agobiado tired, worn out
agotar to exhaust, use up
agradar to be pleasing, please
agradecimiento gratitude
agrandar to enlarge, increase
agredir to assault, attack
agregado: agregado cultural cultural attaché
agregar to add
agrupación group; crowd
aguantar to bear, endure; to put up with
aguja needle
ahí: de ahí hence; **por ahí** around there, over there
ahíto gorged, stuffed

ahogarse to drown; to suffocate
ahorrar to save (money, time)
ahuyentar to chase away
airado angry, vexed
aislamiento isolation
aislar to isolate
ajedrez *m* chess
ajeno belonging to another; foreign. alien
ala wing
alambre *m* wire
alarido howl, scream
albañil *m* bricklayer
albedrío: libre albedrío free will
albergar to lodge, shelter
alboroto tumult, confusion
alcantarilla sewer
aldea village
aledaño *adj* bordering, adjoining
alegar to contend; to state, declare
alegrarse to be happy; to feel glad
alejarse to move away, withdraw
alemán *adj* German
alentado encouraged
aleta wing
aletear to flap (wings)
alfiler *m* pin
algodón *m* cotton
algodonoso cotton-like
alimento food; sustenance
almacén *m* store; warehouse
almena merlon, a parapet between two openings
almendro almond tree
almidonar to starch (laundry)
almorzar to lunch
almuerzo lunch
alojamiento lodging
alojar to lodge
alquiler *m* rent
alrededor *adv* around; **alrededor de** around, about; **alrededores** *m pl* outskirts, environs
alta: alta sociedad high society; **clase alta** high or upper class; **en voz alta** out loud, aloud; **a altas horas de la noche** in the small (wee) hours of the morning, very late at night
altanero arrogant, haughty
alterar to alter; to annoy, irritate
altura height; **a esa altura** at that point
alzar to raise, lift

allá there, over there; **el más allá** the other world; **más allá de** beyond; **por allá** around there
allegado: estar de allegado to be boarding (at a boardinghouse)
ama: ama de casa housewife
amabilidad kindness
amagar to feign, simulate
amanecer to be at daybreak (in a certain place or condition); *m* dawn, daybreak
amante *m, f* lover
amargo bitter; **café amargo** coffee without sugar
amarillo yellow
amenaza threat
amenazador *adj* threatening
amenazante *adj* threatening
amenazar to threaten
ametralladora machine gun
amohinarse to become annoyed
amoroso affectionate, loving
amparar to protect
ampliación expansion
ampuloso pompous, full of redundancies
amurar (*Arg, col*) to jail, imprison
anca croup (of a horse)
anciano *adj* old, aged; *m* old man
andar to walk; to be, go; to work, function; *m* walk, pace
andén *m* railway platform; footpath
angosto narrow
ángulo angle, corner
angustia anguish, anxiety
animarse to take heart; to feel like, decide
ánimo spirit, courage
aniquilador *adj* destructive, annihilating
aniquilar to exterminate, wipe out
anonadar to destroy, crush
anotación note, comment
anotar to write down
ante before, in front of; with regard to; *m* buckskin
antecedentes *m pl* background, record, case history
antecesor, -ra *m, f* predecessor
antemano: de antemano beforehand, in advance
antes: antes que nada first and foremost; **lo antes posible** as soon as possible

antier *var de* **anteayer** *adv* the day before yesterday
antologado included in an anthology
anunciador, -ra *m, f* announcer
anuncio announcement; advertisement
apacible placid; gentle
apaciguador, -ra *m, f* pacifier, appeaser
apagado *adj* dull; lifeless
apalear to beat, club
aparador *m* cupboard
aparato device, gadget, machine
aparatoso showy; ostentatious
apartarse to move away, withdraw
apasionante *adj* exhilarating, exciting
apenas *adv* barely, hardly; *conj* no sooner than, as soon as
apestado (someone) infected with the plague
apiadarse de to have pity on
ápice *m* small fraction, whit; **no cambiar un ápice** not to change a bit
apilar to pile up
aplastante *adj* exhausting; overwhelming
aplastar to crush, flatten
apoderarse de to seize, take hold of
aporte *m* contribution
apostar to bet; **apostar a** to bet on
apoyar to rest, lean; to support; **apoyarse** to be supported; to rest
apoyo support; help
aprendizaje *m* learning
apresurado hurried, hasty, precipitated
apretar to press; to hold tight; to squeeze, squash
aprobación approval
aproximarse to approach, get close to
apuntar to aim
apurarse to hurry
apuro haste, hurry
aquejar to afflict
araña chandelier; spider
arañar to scratch
arbusto bush, shrub
arco bow
arder to burn, blaze; to sting
arena sand
argumento plot; argument, reasoning
aridez *f* aridity, barrenness

arista edge
armario closet; cupboard
armarse to start, break out (trouble, scandal, etc.)
arquear to arch
arrancar to pull out; to tear off; to snatch
arrastrarse to drag
arrebatar to seize, snatch away
arrebato fit, rage
arrecife *m* reef
arreglo arrangement
arremedar *var de* **remedar** to mimic, mock
arriba: de arriba a abajo from top to bottom; **hacia arriba** upwards
arriesgado: ser arriesgado to be risky
arrobado ecstatic, rapturous
arrodillado kneeling, on one's knees
arrugar to wrinkle; to crumple
arrullar to lull or sing to sleep
asar to roast
asco nausea; **dar asco (a alguien)** to disgust (someone)
asegurar to assure; to secure; to fasten
asentir to agree, assent
asir to grasp; **asidos de la mano** holding hands
asolado devastated, destroyed
asombrar to astonish, amaze
asombro amazement; surprise
astilla splinter, chip; **«de tal palo tal astilla»** "like father, like son"; **«astillas de un mismo palo»** "birds of a feather"
astro star
astucia cleverness, shrewdness
atajo shortcut
atar to tie
atardecer *m* late afternoon
ataúd *m* coffin, casket
ateo atheist
aterrado terrified
atezado tanned, sunburned
atiborrado crammed; packed
atónito *adj* amazed, astounded
atrás *adv* back, ago; behind
audiencia audience, hearing
auge *m* apogee; boom
aún yet, still; **aún no** not yet
auspiciar to sponsor
ave *f* bird, fowl
avergonzarse to be or feel ashamed

averiguar to find out
avión *m* airplane
avisar to inform; to warn
aviso notice; news; advertisement;
   poner (un) aviso to place an ad
axila armpit
ayuda help, assistance
azafata stewardess
azar *m* chance; **al azar** at random;
   by chance
azúcar *m* sugar
azucena white lily

B

babor *m* port side
bailable danceable
bailarín, -na *m, f* dancer
baile *m* dance, ball
bajar to get off; to lower; **bajar la
   voz** to lower one's voice; **bajarse**
   to come down; to get down
bajo *adj* low; base; lowered (head,
   eyes, etc.)
balbucir to babble; to stammer,
   stutter
balde: en balde in vain, of no use
baldosa floor tile
balneario beach resort
bancario *s* bank employee
banco bench; bank
bandeja tray
bandera flag; banner
banqueta stool; footstool
baranda railing, banister
barato cheap, inexpensive
barba beard
barbaridad absurdity, piece of
   nonsense; **decir barbaridades** to
   talk nonsense
barbilla (tip of the) chin
barbudo bearded
barca boat
barco ship
barniz *m* varnish
barnizar to varnish
barrera barrier
barrio neighborhood
barro clay
bastón *m* cane
batalla battle; **campo de batalla**
   battlefield
batirse to fight
beca scholarship; grant

belleza beauty; **salón de belleza**
   beauty parlor
bendición *f* blessing
bendito blessed
bermejo bright red (color)
bienvenido welcome
bigote *m* mustache
billar *m* pool; **salón de billar** poolhall
billete *m* (money) bill
birrete *m* cap, beret
bisabuelo great-grandfather
bisturí *m* scalpel, surgical knife
bizco cross-eyed
blancura whiteness
blandir to brandish, swing; to shake
blando soft
bocado mouthful
boda wedding
bofetada slap in the face
bola ball
boleto ticket
bolsa bag, purse
bolso purse, handbag
bollo bun, roll; **bollo de maíz** corn
   roll
borbotón *m* bubbling, boiling
bordado embroidery; **tira bordada** embroidered lace edging
bordar to embroider
borde *m* edge; **al borde de** to be on
   the verge of
borracho drunk
borrar to erase
borrego yearling sheep or lamb
borronear to scribble
borroso blurry; confusing
bosque *m* forest
bostezar to yawn
botella bottle
botica drugstore
botón *m* button
brazo: tomar del brazo to grab by
   the arm; **estrechar a uno en los
   brazos** to hug or embrace someone; **llevar a alguien en brazos**
   to hold someone in one's arms
brindar to offer
brisa breeze
brizna fragment, minute piece
broderí *m* embroidered cloth
broma joke
bruces: caer de bruces to fall flat
   on one's face

bruja witch
buey *m* ox
burla mockery
burlarse (de) to make fun (of)
burlón *adj* joking; mocking
busca: en busca de in search of
buscador, -ra *m, f* searcher
búsqueda search
butaca orchestra or box seat
buzo (underwater) diver

C

cabello hair
caber to fit; **no cabe duda** there is
    no doubt
cabeza: dolor de cabeza headache
cabizbajo *adj* depressed, down-
    hearted
cabo: al cabo de at the end of; **al
    fin y al cabo** after all; **llevar a
    cabo** to carry out; **llevarse a
    cabo** to take place
cacharro pot, saucepan; *pl* pots and
    pans
cachivache *m* junk
cadena chain; succession
cadera hip
caída fall; slope, gradient
cajón *m* drawer; large box, case
calabaza pumpkin
cálculo calculation
calefacción heating
calentar to heat
caleta cove
cálido warm
caliente hot
calmante sedative
calzar to wear shoes or boots
calzones *m pl* panties, underpants,
    pants
callarse to be quiet
camarón *m* shrimp
cambiarse to be changed; to shift to
caminar to walk
camión *m* truck
camisa shirt; **camisa de dormir**
    nightgown
camiseta undershirt, T-shirt
campamento camp
campana bell
campo: campo de batalla battlefield
canalla *m, f* swine, despicable person
canario canary
canción song

canoso gray-haired
cansarse to get tired
cansancio fatigue
cantina bar, saloon
canturrear *(col)* to hum, sing softly
caña (sugar) cane
cañaveral *m* sugar cane plantation
caos *m* chaos
capricho whim
cara face; side
carajo *interj (vul)* damn
carbón *m* coal
carbónico carbon paper
carbonilla coal dust
cárcel *f* jail
carcomido worn out
caricia caress
carnada bait
carnero ram; mutton; **vueltas de
    carnero** forward rolls, head rolls;
    somersaults
caro expensive
carpeta folder
carrera: a toda carrera in a rush
carreta cart
carretera highway
carrete *m* reel
carrizo ditch reed
cartel *m* poster
cartera handbag, purse
cartucho cartridge
casamiento wedding, marriage
casarse to get married
casilla doghouse
castigar to punish
castigo punishment
casual accidental, fortuitous
casualidad coincidence; **por
    casualidad** by chance
catarro head cold
catedrático professor (of a univer-
    sity)
caudillo leader, commander
cauteloso cautious
cavar to dig
cazador *m* hunter
cebolla onion; **reloj de cebolla**
    pocket watch
ceder to give away, yield
cegador *adj* blinding
cegar to blind
ceja eyebrow
célebre famous
celeste sky-blue (color)

celos *pl* jealousy
celoso jealous
cena dinner
cenar to dine
ceniciento ash-colored
ceniza ash, ashes, cinders
centellear to sparkle
cera wax
cerca: de cerca closely
cercano *adj* close
cerebro brain
cerradura lock
cerrojo bolt, latch
certero *adj* well-aimed, accurate
certeza certainty
cerveza beer
césped *m* lawn; grass
cicatriz *f* scar
cientos *pl* hundreds
cierto: es cierto it is true
cigüeña stork
cimentar to consolidate
cintura waist
cinturón *m* belt; **abrocharse los cinturones** to fasten one's seat belts
cirquero acrobat; circus person
cita quote, quotation
citar to quote
civil *m, f* civilian
clamar to cry out
clausurar to close, close down
clavar to pierce, spike; **clavarse** to be driven in
clave *f* key; code
clavel *m* carnation
clavo nail
cobrizo copper-colored
cocinera cook
codo elbow
cofradía sisterhood; association
cohetes *m pl* fireworks
cola tail; tail end; **formar (hacer) cola** to form a line, line up
colectivo *(Arg, Urug)* bus; **taxi colectivo** multiple-party taxi
colegio secondary school; private (elementary or secondary) school
colina hill
colmar to fill up; **colmar la medida** to go too far
colmo limit; **ser el colmo** to be the last straw
colorao *var de* **colorado** red

colorido colored; colorful
comedimiento courtesy
comedor *m* dining room
compadecer to feel sorry for
compartir to share
compatriota *m, f* fellow citizen; fellow countryman (countrywoman)
complacerse en to take pleasure in
comportarse to behave
compra purchase, shopping; **ir de compras** to go shopping
comprensión understanding
comprimir to compress
comprobar to verify; to prove, confirm
comulgar to commune
concurso contest
condenado *m* convict
conducir to lead, guide
conejo rabbit
confeccionar to make
conferencia lecture, (public) talk
congoja anguish
conmoverse to be moved
conocimiento knowledge
conscripto conscript, recruit, draftee
conseguir to obtain, get; **conseguir (hacerlo)** to succeed (in doing it)
consejo (piece of) advice; board; **consejo de redacción** editorial board
conservador conservative
consignación consignment
constar to be clear; **constar de** to consist of; **conste que** let it be clear that; **(no) me consta** I (don't) know for certain
consuelo consolation, relief
contagiar to infect with, transmit
contar (con) to have
contenerse to hold oneself back
contenido *adj* contained; *s* content
contestación answer
contrabandear to smuggle
contrafuerte *m* stiffener (in a shoe)
contrario: de lo contrario otherwise; **en sentido contrario** in the opposite direction
contratar to hire
contundente conclusive
convivir to cohabit
copa: beber (tomar) una copa to have a drink (alcoholic)
copetín *m* drink, cocktail

coqueta flirtatious
coraje *m* courage; anger
corbata tie
cordón *m* curb (of sidewalk or pavement)
cordura sanity
coro: a coro in unison
coronilla crown (of the head)
correa strap
corredor *m* corridor; passage
corregir to correct
correo: por correo by mail
correspondiente suitable; corresponding
corresponsal *m, f* correspondent
corrida race, run
corromper to corrupt
cortesía courtesy, politeness
cortésmente courteously, politely
corteza skin, peel (of a fruit)
corva tumor on the inner side of the hock (of a horse)
coser to sew, mend
costa coast; **a costa de** at the expense of
costado flank, side
cotidiano daily
coyuntura joint, articulation
cráneo skull
creador, -ra *m, f* creator
crear to create
creencia belief
creyente *m, f* believer
crianza upbringing
criar to raise, bring up
crispar to contract, make twitch
crudeza crudeness; roughness
crujido crackling sound
cruz *f* cross
cuadra block
cuadros: a cuadros checkered, plaid
cuarentena quarantine; **la cuarentena** the forties (age)
cuaresma Lent
cuartearse to crack, split
cubierta cover (as of a book)
cuchara spoon
cuchilla razor blade
cuchillo knife
cuenca socket (of an eye)
cuenta: darse cuenta to realize, become aware of; **hacer(se) cuenta de** to pretend, make believe; **llevar la cuenta (de)** to keep track (of); **por cuenta de uno** to one's account; **por su cuenta** on his/her own; **tener en cuenta** to keep in mind
cuento story, tale; short story
cuerda cord, rope
cuerno horn
cuero leather; skin
cuesta *f* slope; **(me) cuesta** it is difficult (for me)
cueva cave
cuidado: con cuidado carefully; **tener cuidado** to be careful
cuidadoso careful
culpa: por culpa (de) because (of); **tener la culpa de** to be responsible for, be to blame for
cumpleaños *m* birthday
cumplidor reliable, trustworthy
cumplir: cumplir diez (veinte) años to be (turn) ten (twenty); **cumplir con** to fulfill one's obligations
cuna cradle
cuñado brother-in-law
cural: casa cural priest's house
curandero quack; witch doctor
curar to cure
curtido tanned; weatherbeaten
curtir to tan (leather; the skin)
cutis *m* complexion

CH

chillido scream, screech
chiquilina *var de* **chiquilla** child, young girl
chiquilla *dim de* **chica** child, young girl
chirriar to sizzle; to screech
chispa spark
chiste *m* joke, fun, witty saying
¡chita! *(Chile) interj* darn!, drat!
chueco crooked, bent

D

deber *m* duty; exercise, piece of school work or homework
debidamente duly, properly
decaer to decay; to fade
decepción disappointment
decir: querer decir to mean; **estar por demás decir** needless to say
decomisar to confiscate

defectuoso defective
defensor, -ra *m, f* defender, protector
delantal *m* apron
delatar to denounce, inform on
delectación delight, pleasure
deleznable frail, weak
delfín *m* dolphin
delgado slim, slender
delicia delight, pleasure
delirante delirious
demás: estar por demás decir
needless to say; **lo demás** the rest:
los demás the others; **por lo
demás** apart from this, otherwise
demente insane, mad
demorar to delay; **demorarse** to
take a long time, delay
deprimido depressed
depurar to purify, cleanse; to purge
derecho: hecho y derecho fully
mature and capable, complete,
perfect
derretir to melt
derrocar to overthrow
derroche *m* waste, extravagance
desabotonar to unbutton
desabridamente insipidly, taste-
lessly
desafiante challenging, defiant
desafinar to be (play, sing) out of tune
desajuste *m* maladjustment
desalmado wretched, heartless
desangrar to bleed copiously or pro-
fusely
desaparecer to vanish, disappear
desaparecido *m* missing (person)
desaprovechar to waste, misuse
desarrollar to develop
desarrollo development
desatado loose; unrestrained
desatar to let loose
desbaratar to come apart
desbordar to overflow
descalzar to take off footwear
descalzo barefooted
descansar to rest
descaradamente shamelessly
descaro insolence
descarga unloading; discharge, blow
descifrar to decipher
descolgar to take down
descomunal enormous, colossal
desconchado chipped
desconocido stranger

desconsolado discouraged; miserable
descorrer to unbolt (door)
descosido unstitched, that is coming
apart
descubierto: al descubierto in the
open
descubridor, -ra *m, f* discoverer
descubrimiento discovery
descuido carelessness; **al descuido**
with affected carelessness
desdeñoso disdainful, scornful
desdichado unfortunate; miserable
desdoblado split
desdoblamiento action of dividing
or splitting in two
desdoro tarnishing; blemish (on
reputation)
desechar to discard, reject
desembarcar to disembark, land
desembocar to empty, flow (river
into sea)
desempleado unemployed
desempleo unemployment
desenfrenado unrestrained
desengañado disillusioned
desenlace *m* outcome
desenvolver to unwrap
desesperanza hopelessness
desfallecer to faint
desgano reluctance, unwillingness
desgarrado torn; dissolute
desgarrar to tear
desgracia: por desgracia unfortunately
desgraciadamente unfortunately
deshabillé *m* dressing gown, robe,
housecoat
deshollinar to clean anything dirty
desigualmente unequally, differ-
ently
desinflar to deflate
deslizarse to slide
deslumbrador dazzling, brilliant,
glaring
desnudar to strip away, leave bare;
desnudarse to undress
desnudo naked
desorden *m* disorder
despacio slowly
despacho office
despedazado broken
despedida farewell
despejar to clear

desperezarse to stretch out
desplazar to displace
desplomar to collapse, fall down
despojar to deprive
despojo victim, prey; spoils
desprestigiado in bad repute
desquite *m* retaliation, revenge
destacado prominent
destacarse to stand out; to excel
desterrado banished, outcast, exile
destierro banishment, deportation, exile
destinatario addressee
destrozar to destroy
desuso: caer en desuso to become obsolete
desvanecimiento faintness
desvarío delirium, madness
desvencijado broken-down, rickety
desventura misfortune
desvestirse to get undressed
desviarse to deviate
detallar to relate in detail
detalle *m* detail
detenerse to stop, pause
determinado specific
detonación blast, explosion
deuda debt
devolver to return
diablura piece of mischief
dialogar to converse, speak in dialogue
diario *m* newspaper; diary
dibujante *m, f* sketcher; someone who draws
dibujar to draw
dibujo drawing
dictadura dictatorship
dictamen *m* judgement
dicho *adj* such; said, aforementioned; **mejor dicho** in other words
dilación delay
diligencia task, errand
diminuto minute, little
Dios: ¡por Dios! goodness gracious!
directorio governing body; board of directors
dirigirse to go to; to address
disculparse to apologize
discurso speech
discutir to discuss; to argue
disecado stuffed; dissected
disfrazar to disguise
disfrutar to enjoy

disgusto: con disgusto annoyed; unwillingly
disimulo: con disimulo furtively, slyly
disparar to shoot
displicente indifferent, aloof
distinto different
distorsionado distorted
distraído absent-minded
diurno diurnal, daily
divertido amusing
divisar to see, perceive
doblar to fold; to turn
docena dozen
doler to hurt, ache
dolor: dolor de cabeza (espalda) headache (backache)
dominio power; possession; control; self-control
dondequiera wherever
don *m* gift
dorado golden
dormilonas *pl* pearl or diamond earrings
dormitorio bedroom
dramaturgo playwright
duda: no cabe duda there is no doubt
duende *m* elf, goblin
dulce: bolitas de dulce pieces of candy
dulzura sweetness

E

ebriedad drunkenness
ebrio drunk
EEUU *abrev de* **Estados Unidos** United States
efectivamente in effect, indeed
eje *m* axis
ejército army
elogio praise
embajada embassy
embajador, -ra *m, f* ambassador
embarazada pregnant
embarcación boat
embelesado enthralled, fascinated
emborracharse to get drunk
emocionante exciting, thrilling; touching
empapado drenched, soaked
empelotarse *(col)* to strip, undress completely
empeñar to pawn; **empeñarse** to insist, persist

empeño persistence
empeorar to get worse
empequeñecer to diminish, grow
  smaller
empleado employee
empleo job
emplumar to flee, take flight; to
  decorate with feathers
empobrecimiento impoverishment
empresa undertaking
empresario contractor, manager,
  entrepreneur
empujar to push
empujón *m* push, shove
**enamorado: estar enamorado(a)
  (de)** to be in love (with)
enamorarse to fall in love
enano dwarf
encabezar to head, lead
encadenar to link
encaje *m* lace
encaminar to guide
encanto charm; enchantment
encapuchado hooded, cowled
encararse (con) to face, confront
encargarse de to take care of; to be
  in charge of
encariñarse: estar encariñado con
  to be fond of
encerrarse to shut oneself up; to
  confine oneself
encerrado locked up
encima: encima de over, on top of;
  por encima de over (of motion)
encogerse: encogerse de hombros
  to shrug one's shoulders
encontrarse to meet
encuadrar to frame; to fit in, insert
encuentro encounter; meeting
encuesta survey; investigation
enchufe *m* socket, plug
enderezarse to stand up straight
endurecer to harden, make hard
enfermera nurse
enfocado focused
enfrascado entangled, involved
enfrentarse to face
enfurruñado angry, peeved
engañarse to deceive oneself
engaño fraud
engordar to fatten; to grow or get fat
enlace *m* link, connection
enloquecer to go mad; to drive insane
enloquecido demented

enojado angry; annoyed, irritated
enojarse to get angry
enorgullecer to make proud
enredadera vine, climbing plant
enredarse to tangle
enriquecerse to get rich
enrojecido reddened
enrollar to roll up
enroscado coiled, twisted
ensangrentado covered with blood
ensayar to rehearse; to try, test
ensayista *m, f* essayist
enseñanza teaching; education
ensimismado absorbed in thought
ensueño reverie, daydream
entallado tight, close-fitting
entenderse to communicate
enterarse (de) to find out (about)
enterrar to bury
entierro funeral, burial
entonar to sing in tune
entreabierto ajar, half-opened
entreabrir to open slightly, set ajar
entreacto intermission
entrechocar to collide
entrelazado intertwined, interweaved
entremés *m* short piece, one-act
  farce (presented between acts of a
  play)
entremezclar to intermingle
entretejido interwoven
entretenerse to amuse oneself
entrever to catch a glimpse of, see
  vaguely
entrevista interview
entristecerse to become sad
envejecido old, aged; worn out
envidiar to envy
envidioso envious
envoltorio bundle
envolver to wrap
equipaje *m* luggage
equipo equipment
equivocado mistaken; wrong
erizo sea urchin
esbozo sketch, outline
escabullirse to sneak away
escafandra diver's suit; space suit
escala stopping point, port of call
escalera staircase
escama scale
escaño bench
escarlata scarlet (color)

escarpado steep; rugged
escena scene, scenery; stage; **poner en escena** to stage, present (a play); **puesta en escena** (theater) staging
escenario stage, scenery; setting
esclavo slave
esclavizar to enslave
esconder to hide
escritor, -ra *m, f* writer
escritorio desk
escrutar to scrutinize, inspect, examine
escudo monetary unit of Chile
escueto unadorned; simple
escupitín *m* spit, spittle
esforzarse to make an effort
esfumado faded, toned down
esgrimir to wield; to hold up; to put forward
espalda: **dolor de espalda** backache
espaldar back (of a chair)
espantar to frighten, scare; **espantarse** to be frightened or scared
espanto terror, fright
espejo mirror
espera: **sala de espera** waiting room
espeso thick
espina thorn
esponjarse to become spongy
espuma foam
esquema sketch, outline
esquina corner; **a la vuelta de la esquina** around the corner
estadía stay
estallar to explode
estallido explosion
estampado stamped
estancado stagnant
estanque *m* pond; pool
estatuario statuary, statue-like
estatura height
estirpe *f* lineage
estrechar: **estrechar a uno en los brazos** to hug or embrace someone; **estrechar la mano a** to shake hands with
estrecho narrow
estrella star
estrellarse to crash
estremecido shaken
estremecimiento shuddering
estrenar to open; to debut
estreno opening

estrépito deafening noise
estribación spur (of mountain range)
estruendoso deafening, clamorous
estrujar to squeeze; to crush
etapa stage, step
examinador, -ra *m, f* examiner
exigencia demand
exigente *adj* demanding
eximir to exempt, exonerate
éxito success
exitoso successful
expectativa expectation
explorador, -ra *m, f* explorer
exponer to expose; to show
extraer to extract
extrañado puzzled

F

fábrica factory
fabricar to make, manufacture
facultad ability; power; department or school (of a university)
falda skirt
falsear to distort
falta: **hacer falta** to be missing; to need
faltar: **faltar (minutos, horas)** to be (minutes, hours) to
falúa small boat
falla failure
fallar to fail
fallecer to die
fallecido deceased
fanfarrón *m* braggart; *adj* bragging, boasting
fantasma *m* ghost
fantoche *m* puppet, marionette
febrilmente feverishly; anxiously
fecha date; **hasta la fecha** to date
férrea: **vía férrea** railway, railroad
fibra fiber
fichero filing cabinet
figurado figurative
fijarse (en) to notice; pay attention (to)
fila row; line
fin: **a fin de** in order to; **al fin y al cabo** after all; **con el fin de** with the object of, in order to; **fin de semana** weekend
final *m* ending; *adj* last; end; final; **al final** at the end
fingir to pretend, feign
firmar to sign

flagelo scourge; calamity
flecha arrow
flechar to strike with an arrow
fletar to charter (a ship); to hire
flor: a flor de piel on or near the
  surface; **ramo de flores** bouquet,
  bunch of flowers
florecer to flourish, prosper
fogata bonfire
fondo: en el fondo at heart,
  essentially, basically
forrar to cover; to line (a garment)
fortaleza strength
fosa grave; cavity
fotocopiadora copying machine
fracaso failure
franela flannel
franja strip (of land); fringe; band,
  stripe
frasco flask; bottle
frialdad coldness; (*fig*) indifference
frito: estar frito (*col*) to be sunk, be
  done for
fuera: por fuera on the outside
fuerza: a fuerza de because of; by
  dint of; **por la fuerza** by force
funcionario official, civil servant
furibundo furious, irate, enraged

G

gajo branch; slice; prong
galán *m* elegant young man; actor
galleta biscuit, cracker
galletita cookie; **galletita de
  jengibre** ginger cookie
gana desire, wish; **estar muriéndose de ganas de** to be dying to;
  tener ganas de to want to, feel like
ganador, -ra *m, f* winner
ganar: ganar dinero to make or
  earn money; **ganar peso** to put on
  weight; **ganarse la vida** to earn
  one's living
ganso goose
garabatear to scribble
garganta throat; **dolor de garganta** sore throat; **nudo en la
  garganta** lump in the throat,
  great emotion
garra claw
gasto expense
gatillo trigger
gélido icy
gemelo twin

gemido groan, moan
género (literary) genre; (textiles)
  cloth, material, fabric
gesto expression; gesture; grimace;
  sign
gira outing; tour
girar to rotate, go round
gitana gypsy woman
gobernante *m, f* ruler
gobernar to govern; to run, conduct
golondrina swallow
golpe: de golpe suddenly, all of a
  sudden
golpear to knock; to hit
golpeteo *m* tapping, hammering,
  pounding
gorguera ruff; gorget
gorra cap, bonnet
gota drop
gotero dropper
gozar (de) to enjoy; to take pleasure
  (in)
grabar to engrave; to etch
**gracia: hacerle gracia algo (a
  alguien)** to strike (someone) as
  funny; **gracias: dar (las) gracias
  a alguien** to thank someone
grado degree; rank
granada pomegranate
grano grain; seed
grasa grease
gravedad seriousness
griego Greek
grisáceo grayish
grosería vulgar word or expression
grueso thick; coarse
gruta grotto, cave
guagua (*Chile*) baby
guanábana custard-apple (tropical
  fruit)
guerrera high-buttoned tunic; jacket
guerrero warrior, fighter; soldier
guía *m, f* guide; instructor; *f* guide,
  handbook, manual
guiar to guide
guiñar to wink
guión *m* script
guiso casserole dish, a kind of stew
gusano worm
gusto: a gusto at ease, comfortable;
  dar gusto to please; **por gusto**
  for the sake of it, for the pleasure of
  it; **sentirse a gusto** to feel
  comfortable, at ease

H

habitante *m* inhabitant
habitar to live; to inhabit
hacer: hacer a un lado to push to one side; **hacer compañía (a alguien)** to keep (someone) company; **hacer falta** to be missing; to need; **hacer la prueba** to give it a try; to try out; **hacer (las) limpias** to cleanse (of evil spirits); **hacerle gracia algo (a alguien)** to strike (someone) as funny; **hacer una pregunta** to ask a question; **hacer(se) cuenta de** to pretend, make believe
hacerse to become; **hacerse el propósito de** to resolve; **hacerse ilusiones** to have illusions, harbor hopes; **hacerse preguntas** to question oneself; to wonder
halago flattery
hallarse to be; to find oneself
harta: tener harta (plata) to have lots of (money)
harto *adv* very; **estar harto de** to be fed up with; to be sick and tired of
hazaña exploit, deed
hebreo Hebrew
heladera refrigerator, freezer
hereje *m, f* heretic; *(fig)* rascal
herencia inheritance; legacy
herida wound
herido wounded (man)
herir to hurt; to wound
hermosura beauty
hielo ice
hierba grass
higuera fig tree
hilera row, line
hilillo *dim de* **hilo** thin thread
hilo thread
hinchar to swell up, become swollen
historieta anecdote; comic strip; cartoon
hogar *m* home
hogareño *adj* domestic, related to the home
hojarasca fallen leaves
hojear to leaf through
holandés Dutch
holgazán *m* loafer, lazy bum
hombro shoulder; **encogerse de hombros** to shrug one's shoulders
homenaje *m* homage

hondo deep
honrar to (do) honor
horario timetable; schedule
horas: a altas horas de la noche in the small (wee) hours of the morning, very late at night; *(col)* **¿Qué horas son?** What time is it?
horizonte *m* horizon
hormiga ant
horno oven
hosco gloomy; gruff
huaso *(Chile)* peasant, cowboy
hueco empty space; hollow
huelga strike
huella footprint; track; trace
hueso bone
huésped *m, f* host, guest
hule *m* oilcloth
humareda cloud of smoke
húmedo humid
humildad humility, modesty
humilde humble
humillante humiliating
humillar to humiliate
humo steam; smoke
hundir to sink

I

idioma *m* language
igual same, alike; similar; like it; **igual que** the same as; **no haber visto cosa igual** to have never seen such a thing; **yo (tú, etc.) igual. . .** I (you, etc.) . . . all the same
igualdad equality
imagen *f* image; picture; **a imagen y semejanza de alguien** in someone's own image
impávido fearless
imperdonable unforgivable
impermeable *m* raincoat
imponente *adj* imposing
imponer to impose
importa: no importa it doesn't matter; never mind; **no me (te) importa** I (you) don't care; it doesn't matter to me (to you); **¿qué importa?** what difference does it make?; **¿qué me importa?** what do I care?
impresionante impressive
impresionar to impress; to be touched

imprevisto *adj* unexpected
impúdico shameless; impudent
impuesto tax
impunemente with impunity
inapelable without appeal
incapaz incapable
incendio fire
inclinarse to bend down
incoloro colorless
incómodo uncomfortable
inconfundible unmistakable
increpar to scold; to reproach
incrustar to imbed
indagar to investigate; to explore
indecencia obscenity; indecency
indecible unspeakable
indefenso defenseless
indeseable undesirable
índice *m* index (finger)
indicio indication; sign; instance
indocumentado without identification papers
índole *f* nature; kind; sort
indudable certain; indubitable
indultar to pardon; to excuse
inerme *adj* defenseless; disarmed
inesperado unexpected
inestable unstable
infame infamous; odious; wicked
infancia childhood
infelicidad unhappiness
infierno hell
inflar to inflate; to swell
influir to influence
ínfulas: darse ínfulas to put on airs
ingenio sugar mill
ingresar to enter
inicio beginning
inmundo dirty; filthy
inmutar to alter; to change
inolvidable unforgettable
inquietante *adj* disturbing, alarming
inquietar to disturb; to worry
inservible useless
insolación sunstroke
insoportable unbearable
insustituible irreplaceable
intempestivo untimely
intentar to try; to attempt
interesarse to be interested
interponer to interpose; to place between
íntimo private; innermost; cherished; **prendas íntimas** undergarments

intruso intruder
intuir to sense; to intuit
ir: ir de compras to go shopping; **ir de paseo** to go for a walk; **írsele la mano** to overdo it
ira anger
ironizar to ridicule; to treat ironically
isla island

J

jadear to pant; to gasp
jaqueca migraine headache
jarro jug
jaula cage
jefe *m* boss; leader; chief; **jefe de(l) departamento** department head
jengibre *m* ginger
jerarca *m* chief, leader
jeroglífico hieroglyphic
jinete *m* rider
jorobado hunchbacked
jorobar to bother, annoy; to get on one's nerves
jubilarse to retire
jugo juice
jugoso juicy
juguete *m* toy
juntar to join; to put together; to collect
jurado jury
jurar to swear; to take an oath
justamente just; exactly
juvenil youthful
juventud youth; youthfulness

K

kiosko newsstand

L

lacerante sharp; heartrending
lado: del lado de on the side of; **hacer a un lado** to push to one side; **por otro lado** on the other side; **por un lado** on one side (hand)
ladrar to bark
ladrillo brick
ladrón *m* robber; thief
lago lake
lamentar to regret; to be sorry
lamer to lick
lámina sheet; picture, illustration
lámpara lamp
lanzar to throw; to hurl; **lanzarse a** to begin to

lápiz *m* pencil
lástima: dar lástima to inspire pity;
  lástima que too bad that
lastimar to hurt
lastimero doleful; plaintive
lata tin can
latido *m* beating; throbbing
latir to beat; to throb
lavandera washerwoman
lavar to wash
lazo knot; loop
lealtad loyalty
lector, -ra *m, f* reader
lectura reading; reading matter
lecho bed
legado legacy
legítimo legitimate; lawful
lejano distant; remote
lejos: a lo lejos in the distance; **de
  lejos** from afar; **lejos de** far from
lenidad mildness
lenocinio brothel
lentes *m pl* glasses, spectacles
lento slow
leontina watch chain
leproso leprous
letra: al pie de la letra literally, to
  the letter
letrero sign; poster
levantarse: al levantarse el telón
  when the curtain rises
leve light; slight
libre: libre albedrío free will
librería bookstore
libretista *m, f* scriptwriter
liceo high school
ligar to tie together
limonero lemon tree
limosna charity, alms
limoso slimy; muddy
limpiar to clean; **sacar en limpio**
  to make a final copy
limpias: hacer (las) limpias to
  cleanse (of evil spirits)
línea line; **hacer la línea** to work
  the route (as an airline steward)
lío trouble; **¡qué lío!** what a mess!
listo ready
litera berth; bunk bed
litoral coast; shore
liviano light
locomotora locomotive
locura madness
lomo loin, back

loro parrot
lucir to dislay, show off
luchar to fight
luego: luego de after
lugar: en lugar de instead of; **tener
  lugar** to take place
lúgubre dismal; gloomy
lujoso luxurious
luna: luna de miel honeymoon
luneta orchestra seat
lunetario audience
lustroso shiny; glossy
luto mourning; **guardar luto** to be
  dressed in black (as sign of
  mourning)
luz: prender la luz to turn on the
  light

LL

llaga wound
llama flame
llamarse to be called
llano prairie; plain
llanto *m* weeping
llanura prairie; plain
llegada arrival
llevar: llevar la cuenta (de) to
  keep track (of); **llevar a alguien
  en brazos** to hold someone in
  one's arms; **llevar a cabo** to
  carry out; **llevarse a cabo** to take
  place
llover to rain
llovizna drizzle
lluvia rain

M

macizo solid; strong
madera wood
madreselva honeysuckle
madrugada dawn; early morning
madurar to mature; to ripen
maduro mature
maestra: obra maestra masterpiece
maestría master's degree
magia *f* magic
mago magician
maíz *m* corn
malabarista *m, f* juggler
maldad badness; wickedness
maldecir to curse
maldito cursed; damned
maleta suitcase
maletín *m* valise; small suitcase

malvado evil; wicked
malvavisco marshmallow
malla tights
manar to flow; to emanate
mancha spot; stain
mandar: mandar llamar (a alguien) to send for (someone)
mandíbula jaw bone
mando command
manejar to handle
manejo *m* handling
maniatado tied up
manifestación demonstration
mano: a mano by hand; **asidos (tomados) de la mano** holding hands; **echar mano de** to resort to; **estrechar la mano a** to shake hands with; **írsele la mano** to overdo it; **tender (extender) la mano** to offer one's hand; **«Más vale pájaro en mano que cien volando».** "A bird in the hand is worth two in the bush."; **atado de pies y manos** tied hand and foot
manosear to handle; to finger; to touch
manotazo slap, blow with the hand
mantel *m* tablecloth
mantener to keep up; to support
maqueta scale model (of a building, machine, etc.)
maravilla marvel
maravillar to astonish; to surprise; to amaze
marbete *m* label
marcadamente markedly
marco frame
mareado dizzy; seasick
mareos: tener mareos to be seasick
marfileño of ivory
margen *m* border, side, edge; **al margen de (esto)** aside from (this); outside
marinero sailor
marino: azul marino navy blue
mariscal marshal
mármol *m* marble
martillear to hammer
martillo hammer
máscara mask; disguise
mascarilla death mask; face moulding; half mask
matarse to kill oneself
materia matter

matiz *m* shade; tint
matorral *m* thicket
matrícula register; list
mayores: los mayores the grown-ups
mayoría majority
mayúscula capital letter
mecanógrafa typist
mecer to rock; to swing
media sock; stocking
mediante by means of
mediar to intercede, mediate
medicamento medicine
medida measure, measurement; standard; **a medida que** as; according as; **colmar la medida** to go too far; **hecho a la medida** made to measure; **tomarle las medidas (a alguien)** to take (someone's) measurements
mediodía *m* noon; **a mediodía** at noon
medir to measure
medroso fearful, frightful
mejilla cheek
mejorar to improve
mendigo beggar
mensaje *m* message
mensajero messenger
mensual monthly
mente *f* mind
mentir to lie
menudo: a menudo often
mercancía merchandise
merced *f* mercy
mesarse to pull one's hair (or beard)
meseta plateau
mesón *m* (*Chile*) shop counter
metro meter, unit of length; (*Mex*) subway
mezclar to mix
miedo: darle miedo (a alguien) to frighten (someone); **tener miedo** to be afraid
miel: luna de miel honeymoon
miembro member
mientras: mientras tanto in the meantime
mierda (*vul*) filth
milagro miracle
mimodrama *m* play in mime
mina (*col*) woman; unmarried lady
ministerio ministry; office; labor, work

minucioso meticulous
mirar: mirar por fuera to look on the outside
modales *m pl* manners
molestia bother; nuisance
monacal monastic; monkish
moneda coin
mono ape; monkey
montaje *m* assembly; mounting (a play)
montar to stage; to mount; to put together
morado purple; violet
moraleja moral; lesson (of a story)
morder to bite
mordida bite
morir: morir de pena (*fig*) to die of a broken heart; **morirse de (la) risa** to die laughing; **estar muriéndose de ganas** to be dying to
mosca fly
mostaza mustard
moteado speckled
moverse to move
mudarse to move; to change (away from)
mudo silent; mute
mueca grimace
muerte: pena de muerte death penalty
muerto dead (man)
mugre *f* filth; grime; dirt
multitud crowd
mullido soft
mundial worldwide; **guerra mundial** world war
mundo: todo el mundo everyone
muñeca doll
muñeco puppet; doll; dummy
murmullo murmur
murmurar to whisper
muro wall
musitar to mumble; to mutter
muslo thigh
mutis *m* exit of an actor or actress (theater); **hacer mutis** to exit

N
nacimiento birth
nadar to swim
naranja orange
nariz *f* nose
naturalidad ease; spontaneity
nena (*col*) girl; child; baby (girl)

nervio nerve
nevado snow-white
nevisca light snowfall
nido nest
niebla fog
nieve *f* snow
niñez *f* childhood
nivel *m* level
nomás (*col*) only; just
noticiosa: agencia noticiosa news agency
novelero curious; gossipy; news-mongering
nuca nape (of neck)
nudo knot; **nudo en la garganta** lump in the throat, great emotion
nuevamente once again

O
obrero worker
obstante: no obstante nevertheless
octavo eighth
ocurrencia idea; occurrence
ocurrir: ocurrírsele (algo a uno) to come (something) to (one's) mind
odiar to hate
odio hatred
oferta offer
oficio occupation; job; work
ofrenda offering; gift
oído: duro de oído hard of hearing
ola wave
oleaje *m* surf; waves
oler to smell
olfatear to smell, sniff
olor *m* smell, odor, fragrance
olvidarse (de) to forget (to)
olvido forgetfulness; oversight; oblivion
olla saucepan, pot
onda wave
opinar to think, judge, argue
oponerse a to be opposed to; to resist
oportuno timely, opportune
opositor, -ra *m, f* opponent
oprimido oppressed
opuesto opposite; contrary
orar to pray
orden: de primer orden first-rate; first-class
ordenado tidy, in order
ordinariez *f* vulgarity
ordinario ordinary; cheap, cheaply made; **de ordinario** usually
orgullo pride

orgulloso proud; haughty
orilla bank (of a river, sea, etc.), shore
orillar to border, go around the edge of
orla border; fringe
oscuridad darkness
oscuro dark
otorgar to grant, award
ovalado oval, egg-shaped
oxidado rusty; oxidized

P

pagable payable
pagar to pay
página page
paisaje *m* landscape
pájaro bird; «**Más vale pájaro en mano que cien volando**». "A bird in the hand is worth two in the bush."
palanca lever; crowbar
pálido pale
palmera palm tree
palo stick; piece of wood; «**de tal palo tal astilla**» "like father, like son"; «**astillas de un mismo palo**» "birds of a feather"
paloma pigeon, dove
palomar *m* dovecote, pigeon coop
palpar to touch; to feel; **palparse** to feel or touch oneself
palúdico malarious
pana breakdown (of a car); **quedarse en pana** to have a (car) breakdown
pantaletas *pl* panties
pantalla screen
pantorrilla calf (of the leg)
pañuelo handkerchief
Papa *m* Pope
papeleo paper work, red tape
paraguas *m* umbrella
pararse to stop; to halt; to stand up; **pararse en puntas** to stand on tiptoe
parchado patched
parecer: parecerle (a alguien) to seem (to someone); **parecerse a** to look like
pareja pair, couple
pariente, -ta *m, f* relative
parihuela stretcher
parpadear to blink; to wink
parpadeo *m* blinking; flickering
párpado eyelid

párrafo paragraph
párroco parish priest
partida departure; **punto de partida** point of departure
partir: a partir de from (a certain point on)
pasaje *m* passage; all the passengers (of a flight, for example)
pasajero passenger
pasatiempo hobby; pastime
paseo: ir de paseo to go for a walk
paso: dar un paso to take a step; **seguir el paso** to follow closely
pata leg (of an animal)
patilla sideburn, side-whiskers
patotero *(Chile, Arg)* member of a street gang
patria native land, fatherland; **madre patria** motherland
patricio patrician; aristocratic
patrón *m* master; boss; landlord; patron
patrullar to patrol
pauta guideline
paz: dejar en paz to leave in peace
pecado sin
pecar to sin
pecoso freckled
pedido order; request
pegar to hit, beat; to give (a kick, slap); to stick, glue; to pass on (a disease, bad habit, etc.); **pegarse un tiro** to shoot oneself
peinar to comb; **peinarse** to comb oneself
peineta ornamental comb
pelado bald; hairless; **a poto pelado** *(vul)* bare-bottomed, with the rear end uncovered
peldaño step (of a staircase)
pelearse to fight
película film
peligrar to be in danger
peligroso dangerous
pelirrojo red-haired
pelota ball; **estar en pelota** to be naked
peluca wig
pena: morir de pena *(fig)* to die of a broken heart; **pena de muerte** death penalty; **valer la pena** to be worthwhile
pensador, -ra *m, f* thinker
pensar: pensar de to think of, have an opinion about

pensativo pensive, thoughtful
penúltimo next to the last
penumbra shade
peñón *m* crag, steep rugged hill of rock
peón *m* farm hand; unskilled laborer
perchero coat and hat rack
perder: echar a perder to spoil, ruin; to break down (car, bike, etc.); **perder el tiempo** to waste time; **perder peso** to lose weight
pérdida loss
perdón pardon me; forgive me
pérfido perfidious, treacherous
perfil *m* profile; silhouette
perico parakeet
periodismo journalism
periodista *m, f* journalist
periodístico journalistic
peripecia vicissitude; change of fortune
perjuro perjurer, one that commits perjury
perrera doghouse, kennel
perseguidor, -ra *m, f* pursuer
perseguir to persecute; to follow
persiana Venetian blind
personaje *m* character (in a story); personality
pertenencia belonging; possession
perturbar to disturb; to perturb
pesadilla nightmare
pesado heavy
pesca fishing
pescado fish (when caught)
pescador *m* fisherman
pescar to fish
pese: pese a in spite of
pesero *(Mex)* multiple-party taxi
peso: ganar peso to put on weight; **perder peso** to lose weight
pestaña eyelash
pestañear to blink, wink
peste *f* plague, pest
pestillo bolt, latch
petardo bomb, petard
pétreo stony, rocky
pez *m* fish (alive)
piadoso merciful, compassionate; pious
picado piqued, annoyed
picaresco *adj* roguish; mischievous
pico beak
pie: al pie de la letra literally, to the letter; **atado de pies y manos**

tied hand and foot; **de pie** on foot; **ponerse de pie** to stand up, rise
piedad pity, mercy; piety
piel *f* skin; fur; hide; **a flor de piel** on or near the surface; **ser piel de Judas** to be a handful, be a little devil, be unruly
pierna leg
pifiar to boo, whistle at, jeer
píldora pill
pileta *(Arg)* swimming pool; water tank
pilote *m* pile
piloto pilot, navigator
pinchar to prick, jab
pintor, -ra *m, f* painter, artist
piscina pool
pista track, trail; **pista de circo** circus ring
pitar to whistle
plata silver; money; **estar podrido en plata** to be rolling in dough
platicar to discuss, to chat; to talk over
playa beach, shore
plegarse to follow (someone's ideas)
plena: en plena calle right in the middle of the street
plenamente fully, completely
pliegue *m* fold; pleat
plomizo leaden; gray-colored
plumacho *derisive form of* **pluma** feather
plumero penholder
población population
pobreza poverty
poderoso powerful, mighty
podrido rotten; **estar podrido en plata** to be rolling in dough
polaco Polish
polvo dust
pólvora gunpowder
polvoriento dusty
pómulo cheekbone
poner: poner en escena to stage, present (a play); **poner nervioso (a alguien)** to make (someone) nervous
ponerse to put on; **ponerse de pie** to stand up, rise
porfiado obstinate; persistent
portada cover, jacket (of a book or magazine)
portarse: portarse bien (mal) to behave well (badly)
porvenir *m* future

porrazo knock, blow
posarse to settle (dust, sediment)
posdata postscript
poseer to possess
posguerra postwar
posterior (a) after; later; subsequent (to)
postrado weakened; knocked flat
postre *m* dessert
postura posture; pose
poto: a poto pelado *(vul)* bare-bottomed, with the rear end uncovered
prado promenade; meadow
predecir to predict
predilecto favorite, preferred
pregunta: hacer una pregunta to ask a question; **hacerse preguntas** to question oneself; to wonder
preguntarse to ask oneself; to wonder
premiado rewarded
premio prize, award
prenda security; guaranty; **prendas íntimas** undergarments
prender: prender la luz to turn on the light
prensa press
preñar to make pregnant
preocuparse to worry, get worried
preparativo preparation
presa prey
prescindir (de) to do without; to leave out
presentir to forebode; to have a presentiment of
presión pressure
preso prisoner
prestarse (a) to lend itself (to)
presupuesto budget
pretendiente *m* suitor (for a woman's hand)
previsible foreseeable
principalmente mainly
principiante *m, f* beginner
principiar to begin
principio: al principio in the beginning; at first; **en principio** in principle
prisa: de prisa in a hurry
procaz *adj* impudent; bold, daring
prócer *m* (illustrious) person; national hero
prodigar to squander, waste
prodigio prodigy, wonder, marvel
profundizar to deepen

profundo deep
prolijamente meticulously; carefully
promedio average, mean
promontorio promontory, headland
propiedad property, attribute
proponerse to intend, plan
proporcionar to furnish, supply
propósito aim, purpose; **hacerse el propósito de** to resolve; **a propósito** on purpose
prorrumpir: prorrumpir en risas to burst out laughing
proteger to protect
protocolar *adj* formal, ceremonial
proveer to provide, supply
provenir to originate
provisión supply, stock, provision
próximamente soon, in the near future
prueba: hacer la prueba to give it a try; to try out
pudibundo modest, shy, bashful
pueblucho *derisive form of* **pueblo** village
puente *m* bridge
puerto port
puesto position, job
pulgada inch
pulgar *m* thumb
pulpo octopus
pulposo pulpy, fleshy
pulsera: reloj pulsera wristwatch
punta point; tip; **pararse en puntas** to stand on tiptoe
puntapié *m* kick
punto: a punto de on the point of; **a tal punto** to the point of; **punto de vista** point of view; **punto de partida** point of departure
punzante sharp; prickly
puñado handful
puñalada stab
puño fist

Q

quebrada ravine, gorge; stream, rivulet
quebrarse to break
quedar: quedarle (algo) to have (something) left; **no quedarle (a uno) más remedio que** to have no alternative (choice) but

quedarse to stay, remain; **quedarse con** to keep, take; **quedarse dormido** to fall asleep; **quedarse en pana** to have a (car) breakdown; **quedarse quieto** to keep quiet

queja complain; moan; grudge

quema *f* burn, burning

quemadura burn

quemar to burn

querella quarrel; complaint

queso cheese

quieto still, quiet; **quedarse quieto** to keep quiet

quietud tranquility; repose

quisquilloso fussy; touchy, irritable

quitarse to take off

R

rabia anger, fury

rabiar to be furious

racimo bunch; cluster

radicar to be, be situated

radiografía X-ray, radiograph

raído worn out

raíz *f* root

rama branch

ramo bouquet; **ramo de flores** bouquet, bunch of flowers

rapado shaved

rapar to shave

rapidez *f* speed

rascarse to scratch oneself

rasgo characteristic; feature; trait

raspar to scrape

rato: (de) a ratos from time to time; **ratos libres** free moments; **un rato** a while

raya stripe

rayado striped

raza race

rebanar to slice

rebuscado affected, pedantic

recado message, errand

recalcar to emphasize, stress

recámara bedroom

recargado (en) leaning (against), putting one's weight (on)

receta prescription, recipe

reciedumbre *f* strength, vigor, stamina

recién recently; just, just now; **recién casados** just married; newlyweds

reclamación claim, demand

reclamar to claim, demand

reclutado drafted, recruited

recobrar to recover

recogimiento (spiritual) withdrawal

reconocimiento recognition

reconvenir to reprimand, reproach; to countercharge

recortar to outline; to cut off

recostar to lean back, recline

recrecer to increase

recubrirse to cover up

recurso way, means

rechazar to reject

rechazo rejection

red *f* net, mesh; network, system; fishing net

redacción editorial office

redondo round

reemplazable replaceable

reemplazar to replace, substitute

reencontrar to meet again (as long-parted friends, enemies, etc.)

reflejar to reflect

reflejo reflection

refugio refuge, shelter

refunfuñar to grumble, growl

regalo present, gift

regar to water, irrigate

regatear to haggle over, bargain

regazo lap

regentar to manage, direct

régimen *m* system, rules; regime

registrar to examine, inspect

regla rule

regocijo joy, gladness

regordete, -ta *adj* chubby, plump, short and stout

regresar to return, come back

regreso return, coming back

rehacer to do over; to redo

rehusar to refuse, turn down

reírse to laugh

reja grating; *pl* bars (of prison)

relevo relief, change of guard

reloj: reloj de cebolla pocket watch; **reloj pulsera** wristwatch

reluciente shiny, gleaming

relleno stuffed, crammed

remedio: no quedarle (a uno) más remedio que to have no alternative (choice) but

remo oar

remolcar to tow, haul, drag

remolino crowd; whirlpool
remordimiento remorse
renacido reborn
renombre renown, fame
renovar to renew; to renovate
renunciar to renounce
reojo: de reojo out of the corner of
   one's eye
reparar to notice, remark, observe
repartición distribution, division
repasar to pass again; to go over, examine
repente: de repente suddenly
repentinamente suddenly
repentino sudden
réplica response, answer
replicar to answer
reponerse to put oneself back
   together
reposado calm, peaceful
reprimir to repress
reprochar to reproach
requisito requirement
rescatar to rescue
resoplar to snort, puff, breathe hard
respaldar to back, support
respecto: al respecto regarding,
   about the matter; **con respecto a**
   regarding; with respect to
respetar to respect
resplandecer to gleam, glitter
resto rest, remainder
restregarse to rub hard, scrub
resumen *m* summary
retablo altarpiece
retorcer to twist
retratar to paint a portrait of
retrato portrait
retroceder to retreat; to go backwards
reunirse to gather, get together
reverbero reflection
revés: al revés upside down, wrong
   side out; **vuelto al revés** turned
   upside down
revisar to check, examine
revista magazine
revivir to relive
revolcarse to roll about
revolver to upset, stir up; **revol-
   verse** to toss and turn
revuelo turn
riesgo risk
riesgoso risky
rincón *m* corner

ripio verbiage; padding (in writing,
   speech)
risa laughter; **morirse de (la) risa**
   to die laughing; **prorrumpir en
   risas** to burst out laughing
rito rite; ceremony
robar to rob, steal
robo theft, robbery
roca rock
rocoso rocky
rodar to roll
rodilla knee; **de rodillas** on one's
   knees
roer to gnaw; to wear away
rojizo reddish
romperse to break, break down
ron *m* rum
roncamente hoarsely
ropero clothes closet; locker
rosa rose-colored; pink
rubicundo reddish; rosy with health
rubio blond, fair
ruborizarse to blush, flush
rueda circle; wheel
rugir to roar, bellow; to rumble
rumbo course, direction
rumorear to rumor, spread a rumor
ruso Russian
ruta route; course, way

S

sabiduría wisdom; knowledge
sable *m* saber; cutlass
sabor *m* taste; flavor
saborear to savor; to flavor
sacar: sacar copias to make copies;
   sacar en limpio to make a final
   copy; **sacar fotos** to take pictures;
   ¿De dónde sacaste eso? Where
   did you get that from?
sacerdote *m* priest
saco jacket, sports jacket, coat
sacudida shake, jolt
sacudir to shake
sagrado sacred
sainete *m* one-act farce
salitre *m* saltpeter, niter
salón: salón de billar poolhall;
   salón de belleza beauty parlor
salto leap, jump
saludable healthy, wholesome
saludo greeting; salute
salvia sage
salvo except

sanatorio sanatorium, hospital
sangrar to bleed
sangriento bloody
secar to dry; to wipe dry; **secarse** to dry oneself
sed *f* thirst
seguido: (escribir) seguido (to write) often, frequently
seguramente surely; *(col)* probably
seguridad safety; security
sellado: papel sellado officially stamped paper
sello stamp, seal
semanario weekly (paper or magazine)
sembrar to sow, plant
semejanza likeness; **a imagen y semejanza de alguien** in someone's own image
seno breast
sentarse: sentarse a la mesa to sit at the table
sentido: en sentido contrario in the opposite direction; **(no) tener sentido** to be meaningful (meaningless); **sin sentido** meaningless; unconscious
sentirse: sentirse a gusto to feel comfortable, at ease
seña sign, signal, gesture
señal *f* sign; signal
ser *m* (human) being, person; **ser el colmo** to be the last straw
serio: en serio seriously
servidor, -ra *m, f* servant
servir: servir para algo to be good for something
siempreviva everlasting flower, immortelle
sierpe *f* serpent
sigilosamente secretly, stealthily
silbar to whistle
silbido whistle
silencioso silent
sillón *m* armchair
simpatía affection, fondness, liking
simpatizar to get along well together, be congenial
sinapismo mustard plaster
siquiera at least; **ni siquiera** not even
sitio: estado de sitio state of siege
sobrar to exceed; **sobrarle (algo) a uno** to have (something) left over

sobretodo overcoat; *adv* above all
sobreviviente *m, f* survivor
sobrevolar to fly over
sofocante *adj* suffocating
soga rope, cord
solamente only
solas: a solas alone, in private
soldado soldier
soledad solitude, loneliness
solicitar to ask for, request
soltero single, unmarried
sombreado shaded, shady
sombrío somber, dark; gloomy
sombrilla parasol, sunshade
someter to force to yield; to submit
sonido sound; noise
sonriente *adj* smiling
sonrisa smile
sonsonete *m* singsong
soñador *adj* dreamy, dreaming
soñar: soñar con (hacerlo) to dream of (doing it)
sopa soup
soplar to blow
soplo breath, blowing, puff
sopor *m* stupor; lethargy
soportar to put up with, to endure
sor sister (used before the name of a nun)
sordo deaf
sorprendente surprising; unusual, extraordinary
sorprenderse to be surprised, astonished
sortear to dodge; to evade, elude
sospecha suspicion
sospechar to suspect
sotana cassock, priest's robe
suavemente smoothly; gently
subdesarrollado underdeveloped
subirse to climb; to get on (a car, bus, etc.)
súbito sudden; **de súbito** suddenly
subrayar to underline; to emphasize
subsistir to subsist, live
subvencionado subsidized
subyugar to subjugate; to subdue
suceder *m* happening
suceso event, happening
sucio dirty
sudar to sweat
sudor *m* sweat
sueco Swedish
sueldo salary, pay

suelto loose, free
suerte: por suerte fortunately;
   tocarle en suerte to fall to one
   by chance or luck
sufrimiento suffering
sugerencia suggestion
sugerir to suggest
sujetar to secure, fasten, tie
sumergir to submerge, immerse
sumido: estar sumido en to be sub-
   merged in
suministrar to supply
suministro supply
sumiso submissive; obedient, docile
sumo: a lo sumo at the most
superficie *f* surface
suprimir to suppress, eliminate
supuesto: por supuesto of course
surcar to cut through; to plow, furrow
surgir to arise, spring up
suscitar to cause, provoke
suspender to hang; to stop tempo-
   rarily
suspirar to sigh
suspiro sigh
sustantivo noun
sustento sustenance, maintenance
susto scare, fright, shock
susurro whisper, murmur
sutil subtle, delicate
sutileza subtlety

T

tableteo rattling (of machine gun fire)
tacón *m* heel (of shoe)
taíno related to the Taino Indians of
   Puerto Rico (now extinct)
tajante categorical, definitive
   (answer, remark)
tal: a tal punto to the point of; **con
   tal (de) que** provided that; **de tal
   manera** in such a way; **tal
   como** just as, exactly the same as;
   ¿**qué tal si. . .?** what if . . . ?,
   what would you say if . . . ?
talón *m* heel (of foot)
tallado cut, carved
tallar to carve; to engrave
tamaño *m* size; *adj* so large; very big
tambor *m* drum
tapar to cover
tapete *m* rug; table cover
tapón: tapón de tránsito traffic jam
tarea task, job, work

tarjeta card
tartamudear to stutter, stammer
taza cup
techo roof; ceiling
tela material, fabric
telaraña cobweb, spider's web
telón *m* curtain (in theater); **al levantarse el telón** when the
   curtain rises
tema *m* subject, theme, topic
temblor *m* tremor, trembling
temible to be feared, frightening
temor *m* fear
temporada season, period of time
tenaz tenacious, unyielding
tender to tend, have a tendency; to
   make (a bed); to hold out; to stretch
   out, to extend (one's hand); **tender
   la mano** to offer one's hand
tenebroso dark, gloomy; obscure
tener: tener. . . años to be . . .
   years old; **tener cuidado** to be
   careful; **tener en cuenta** to keep
   in mind; **tener ganas de** to want
   to, feel like; **tener harta (plata)**
   to have lots of (money); **tener
   lugar** to take place; **tener
   mareos** to be seasick; **tener que
   ver con** to have to do with; **tener
   razón** to be right; **(no) tener
   sentido** to be meaningful (meaningless)
teñir to dye, tint
terminal *f* (bus) terminal; last stop
término term, word, expression
terno three-piece suit
ternura tenderness; love, affection
testigo witness
tibio lukewarm, tepid
tientas: a tientas gropingly, feeling
   one's way
tierno delicate; tender
timbrazo loud ring (of a doorbell)
timbre *m* stamp; doorbell; **tocar (el)
   timbre** to ring the (door)bell
tinta ink
tinte *m* tint, color
tintero inkwell
tipo type, kind; *(col)* character; guy
tira narrow strip (of cloth, for
   example); **tira bordada** embroidered lace edging
tirabuzón *m* corkscrew
tirarse to throw oneself

tiro shot; **pegarse un tiro** to shoot oneself
titulado titled, called, named
tobillo ankle
tocar: tocar (el) timbre to ring the (door)bell; **tocarle a uno** to be one's turn; **tocarle en suerte** to fall to one by chance or luck
todavía: todavía no not yet
toga (academic) gown, toga
tomar: tomar del brazo to grab by the arm; **tomar una copa** to have a drink (alcoholic); **tomarle las medidas (a alguien)** to take (someone's) measurements; **(no) tomarlo a mal** to (not) resent it, (not) take it badly
tomillo thyme
tontería foolishness
tonto: de puro tonto out of stupidity
toparse: toparse con to bump into; to run across
torcer to turn (in another direction)
tornasolado iridescent (fabrics, colors)
tornero turner, lathe maker
tornillo screw
torno: en torno a about, regarding; **en torno de** around
torpe clumsy; slow; awkward
torpeza clumsiness, awkwardness
tortuga turtle; tortoise
tos *f* cough
toser to cough
trabajador, -ra *m, f* worker
trabilla *dim de* **traba** tie; (shoe) strap
traductor, -ra *m, f* translator
tragar to swallow
trago drink (usually alcoholic)
traición treachery; treason
traicionar to betray
traidor, -ra *m, f* traitor
traje: traje de baño swimsuit
trama plot, scheme
tramar to plot; to plan
trampa trap
tranquilamente quietly, peacefully
transcurrir to pass, go by, elapse
transigir to compromise; to give in
tránsito traffic
trapo rag
trasfondo background
trasladar to transfer, move; **trasladarse** to move, change

trastornado upset
tratamiento treatment
tratante: tratante de blancas white slave trader
través: a través de through, across
travesía voyage, crossing
travieso mischievous
trazar to lay out; to draw; to plot
trazo line, stroke; outline
tregua truce
trémulo trembling, shaking
trenza braid, plait
trepar to climb, mount
trepidante shaking, vibrating
tristemente sadly
triunfador, -ra *m, f* victor
tronco trunk
tropa troop, crowd, band
tropezar to stumble, trip
trotacalles *f pl* streetwalker; *m, f pl* promenader, wanderer
trotar to trot, be constantly on the hustle
truco trick; *(Arg)* name of a card game (usually played for money)
trueno thunder
tuétano marrow
tumba grave
turbarse to get upset, disturbed
turnarse to take turns, alternate
turno turn; **de turno** on duty

U

ubicarse to be located, situated
últimamente lately, recently; finally
umbral *m* threshold
uniformado (man) in uniform
uña fingernail; claw (of bird)
uva grape

V

vacante *f* vacancy
vaciar to empty
vacilar to hesitate
vacío empty
vacuna vaccine, vaccination
vago vague, nebulous
vagón *m* railroad car
vaivén *m* swinging back and forth; oscillation
valer: valer la pena to be worthwhile
valerse (de) to make use (of), avail oneself (of)
validez *f* validity; soundness

valioso   valuable; highly esteemed
vara   cane; stick, staff
varón *m*   male (person)
vejestorio   very old, useless thing
vejez *f*   old age
vejiga   bladder; blister
velar   to watch, watch over
velorio   wake, vigil
vena   vein
vencedor, -ra *m, f*   conqueror; victor
vendaval *m*   strong wind, gale
ventaja   advantage
ventanilla   window (in railway coach, airplane, etc.)
ventilador *m*   fan
ver: a ver   let's see; **tener que ver con**   to have to do with
verdugo   hangman, executioner
vereda   sidewalk
vergüenza   shame, embarrassment; **darle a uno vergüenza**   to feel ashamed
vertiente *f*   flowing; spring
vertiginosamente   rapidly, in an accelerated fashion
vestido: vestido de   dressed in
vestigio   sign, trace, vestige
vestirse   to get dressed
vez: a la vez   at the same time; **a su vez**   in turn; **alguna vez** sometimes; ever (in questions); **de una vez**   once and for all; **de vez en cuando**   from time to time
vía   road, way; **vía férrea**   railroad
viaje: agencia de viaje   travel agency
viajero   traveler
vidrio   glass; window
vientre *m*   belly, stomach
viga   beam
vigilar   to watch; to keep an eye on
vileza   baseness, vileness
vincularse   to connect or associate oneself with
viraje *m*   turning point

visajes: hacer visajes   to grimace
visita: de visita   on a visit; visiting
visitante *m, f*   visitor
vista: lavantar la vista   to look up; **punto de vista**   point of view
vitrina   glass cabinet; shop window
viuda   widow
viudo   widower
volante *m*   ruffle, flounce
volar   to fly
voluntad: a voluntad   at will
volver: volver loco (a alguien)   to drive (someone) crazy; **volverse** to become
voraz   voracious, greedy
vos   informal form of address; 2nd person singular, used instead of "tú" in some Latin American countries
voz *f*   voice; **bajar la voz**   to lower one's voice; **cambiar de voz**   to alter one's voice; **en voz alta**   out loud, aloud; **en voz baja**   in an undertone
vuelo   flight
vuelta: a la vuelta de la esquina around the corner; **dar vuelta**   to turn around; **vueltas de carnero** forward rolls; head rolls; somersaults; **vuelto al revés**   turned upside down
vulgar   common; ordinary

Y

ya: ya que   since; now that
yeso   plaster
yodo   iodine
yugo   yoke

Z

zambullirse   to dive; to dip; to sink
zapatilla   slipper
zumbido *m*   buzzing, humming
zumo   juice